LES ALLÉES DU POUVOIR

MARIE-LAURE DELORME

LES ALLÉES DU POUVOIR

ÉDITIONS DU SEUIL
25, bd Romain-Rolland, Paris XIVe

ISBN 978-2-02-100121-1

www.seuil.com

Les conditions les plus aisées à vivre selon le monde sont les plus difficiles à vivre selon Dieu. Et au contraire rien n'est si difficile selon le monde que la vie religieuse, rien n'est plus facile que de la passer selon Dieu. Rien n'est plus aisé que d'être dans une grande charge et dans de grands biens, selon le monde. Rien n'est plus difficile que d'y vivre selon Dieu et sans y prendre de part et de goût.

PASCAL, *Pensées*, fragment 572
(édition Garnier, établie par Philippe Sellier)

Introduction

La plus belle promotion de l'histoire de l'ENA fut celle de 1947, la première de toutes, baptisée « France combattante » : une promotion de quatre-vingt-six jeunes résistants brillants et bravaches, cerclant leur dextérité intellectuelle de principes moraux. On y trouve Simon Nora, Yves Guéna, Jacques Duhamel, Alain Peyrefitte ou Jean Serisé. On savait, au sortir de la guerre, pourquoi on faisait l'ENA. Tout était à rêver puis à créer. Sabre au clair et sens de l'histoire. On voulait travailler pour la collectivité et mettre sa rage de réussir au service de quelque chose de plus grand que son intérêt personnel. Une société à rebâtir, un État fort, un amour de la France. L'ENA représentait la voie royale pour des jeunes gens ambitieux, volonté d'acier et tête bien faite, portés par des idéaux sincères. « Les hauts fonctionnaires ont été, durant les Trente Glorieuses (1947-1973), en position de démiurges puisque La France était à réinventer » (Marc Lambron, promotion 1985). Mais, aujourd'hui ? Un État contesté de toutes parts, une société en crise, une mondialisation sans frein. L'ENA, concurrencée par des cursus internationaux, a perdu de sa superbe.

Nombre d'excellents élèves, dont Alain Juppé est un prototype, ont longtemps mis en avant leur parcours scolaire. L'ancien Premier ministre de Jacques Chirac, fils d'agriculteurs né à Mont-de-Marsan (Landes) en 1945, a été premier prix de grec et latin au concours général des lycées, normalien, agrégé de lettres classiques, élève à Science Po, énarque (promotion 1972). Les diplômes représentaient alors une source de fierté légitime. On appartenait à l'élite républicaine. Le mérite scolaire justifiait l'ascension sociale. Mais, aujourd'hui ? Les choses, de ce point de vue-là, ont aussi changé. « On n'ose plus dire qu'on a fait l'ENA », remarque Alain Juppé. Le ministre Laurent Wauquiez, major de l'ENA (promotion 2001) et de l'agrégation d'histoire, ancien élève de la rue d'Ulm, n'aime pas, en effet, qu'on lui rappelle ses diplômes. L'ENA reste le symbole français, fantasmé ou non, de l'élite de l'élite. Il ne faut surtout pas passer pour arrogant, ne surtout pas appartenir à l'élite méritocratique dans une société où seule l'élite médiatique fait envie, ne surtout pas sembler coupé du peuple. Il y a inversion des valeurs. « Le cancre a du génie » (Régis Debray). La France est à l'image de Nicolas Sarkozy. Elle n'aime pas l'ENA.

Les énarques ont peu à peu intégré le mal que l'on pensait d'eux. Il est souvent de bon ton d'afficher, comme Laurent Fabius (promotion 1973) ou Jacques Attali (promotion 1970), un souverain mépris envers l'ENA. L'un préfère se dire normalien, l'autre polytechnicien. Louis Schweitzer (promotion 1970), PDG du groupe automobile Renault entre 1992 et 2005, a pu le constater à plusieurs reprises. « On n'a pas envie d'être assimilé à un groupe jugé peu sympathique par l'opinion publique. » Les normaliens et les polytechniciens ont toujours eu l'intelligence ou l'opportunisme de préférer leur première école à leur seconde. Louis Schweitzer se souvient du polytechnicien et énarque Valéry Giscard d'Estaing lui disant, lors de leur première rencontre : « Vous n'êtes qu'inspecteur des finances ! » Les gens vraiment bien étaient avant tout des polytechniciens comme lui. C'est donc aussi parmi les énarques qu'on trouve les plus sévères contempteurs de l'École et cela ressemble parfois à un « snobisme de vengeance » (Marc Lambron) pour avoir souffert entre les fourches caudines de l'ENA. On humilie l'ENA parce qu'on a été humilié à l'ENA. L'école reste un sujet de débat politique, mais pas un sujet de fracture politique. Les critiques fusent de tous les camps.

Mais alors pourquoi, lorsqu'on est une bête à concours comme Sophie Boissard (née en 1970) ou Alexandre Bompard (né en 1972), subir un parcours long et difficile pour entrer dans une école décotée et décriée par rapport à une grande école de commerce ? « Les gens qui font l'ENA veulent du pouvoir et du plaisir », affirme Alain Minc (major de la promotion 1975). Mais si le pouvoir est là, il est surtout ailleurs ; mais si l'argent est là, il est surtout ailleurs. Les raisons de faire l'ENA sont diverses. Elles vont des hasards de la vie aux convictions sincères en passant par une indifférence surjouée.

Les neuf énarques du livre sont des figures de proue de l'École : Nicolas Bazire (LVMH), Sophie Boissard (SNCF), Alexandre Bompard (Fnac), Jean-François Copé (secrétaire général de l'UMP), Martin Hirsch (Agence du service civique), Emmanuel Hoog (AFP), Denis Olivennes (Lagardère Active Médias), Matthieu Pigasse (banque Lazard), Laurent Solly (TF1). Ils ont tous fréquenté les bancs de l'ENA entre 1985 et 1999, mais ils ne sont pas tous représentatifs de l'ENA. Ils sont passés en majorité dans le privé (les chiffres d'une promotion varient d'une année à l'autre mais en gros 80 % restent au service de l'État, 20 % se dirigent vers l'entreprise privée, 3 % exercent une responsabilité politique) et sont plus ou moins connus du grand public (90 % des élèves qui sortent de l'ENA deviennent des fonctionnaires anonymes travaillant, parfois, dans des conditions difficiles). Mais, justement, ces neuf-là portent l'image de l'ENA sur le devant de la scène. Il y a fort à parier qu'on les retrouvera aux manettes de la France dans dix ans. Les médias, la politique, les affaires, la banque, le service public. Qu'on le déplore, ou non, l'avenir du pays sera fait d'eux et avec eux.

Ils se sont plus ou moins prêtés au jeu avec une parole plus ou moins contrôlée. Nicolas Bazire et Denis Olivennes ont été les deux plus durs à convaincre. Le premier n'aime pas faire parler de lui ; le second ne se sent pas du tout énarque. On les a tous rencontrés plusieurs fois entre 2008 et 2010. Beaucoup d'entre eux ont bougé durant cette poignée de mois. On aura vu Alexandre Bompard et Denis Olivennes seulement à leurs anciens postes. Ils ont été appelés à changer de fonction en novembre 2010. Le premier a quitté Europe 1 pour la Fnac ; le second a quitté *Le Nouvel Observateur* pour Lagardère Active Médias (Europe 1, *Paris Match*, *Le Journal du dimanche*, Newsweb). Emmanuel Hoog est passé de l'INA à l'AFP ; Martin Hirsch est parti du gouvernement de Nicolas Sarkozy en mars 2010 pour s'occuper de l'Agence civique ; Matthieu Pigasse est devenu directeur général délégué de la banque Lazard France et propriétaire des *Inrockuptibles* puis actionnaire du *Monde* ; Jean-François Copé a été nommé le 17 novembre 2010 secrétaire général de l'UMP ; Laurent Solly a pris la tête de la régie publicitaire de TF1. Tout cela donne l'impression de quelques noms se partageant quelques postes. On peut seulement dire à leur décharge que les propositions leur tombent du ciel sans qu'ils aient besoin de les solliciter.

Ils ont accepté de parler de leur enfance, de leurs rencontres majeures, de leur vision de la France. Il a fallu tenir compte de leurs mises en exergue et de leurs passages sous silence. Suivre leurs changements de pieds, leurs contradictions, leurs victoires et leurs échecs, leurs ambitions. Parcourir chemin de gloire et chemin de croix. Il a fallu veiller à revenir régulièrement sur l'idéal du service de la collectivité puisque certains d'entre eux, dans leur course, l'ont laissé tomber de leur poche. On a aussi tenu compte de l'image idéalisée et de l'image réalisée car « chacun de nous, à 20 ans, a rêvé de transformer le monde. Chacun de nous, à 40 ans, sait qu'il ne le fera pas » (François Jacob, en 1965, lors de la remise du prix Nobel de médecine). La société actuelle a le goût de la polémique et du manichéisme. Du gros trait. Il ne s'est agi ni de les adorer ni de les détester. La parole de certains d'entre eux est d'autant plus précieuse qu'inexistante dans les médias. Nicolas Bazire refuse de se prêter à l'exercice du portrait dans les journaux, Sophie Boissard reste méconnue du grand public, Laurent Solly se tient en retrait des médias.

Nombre de critiques ont été entendues durant l'enquête, dont certaines sont justes, peut-être : il manque des femmes énarques (Chantal Jouanno, Emmanuelle Mignon ou Valérie Pécresse), il manque la catégorie haut fonctionnaire à l'ancienne (la lignée Pierre Vimont, Jean-Marc Sauvé ou Xavier Musca), il manque la catégorie grand capitaine d'industrie (la lignée Stéphane Richard ou Frédéric Oudéa). C'est vrai. Mais Nicolas Bazire est le bras droit d'un capitaine d'industrie, Martin Hirsch poursuit sa carrière dans le service public, Sophie Boissard n'est représentative que d'elle-même tant les femmes restent minoritaires dans les allées du pouvoir. Les catégories et les castes se déclinent à l'infini à l'ENA. Il y a aussi ceux qui sont issus des concours internes ou ceux qui ont fait l'X avant de faire l'ENA ou ceux qui appartiennent à un milieu plus ou moins favorisé. L'équilibre politique a été privilégié avant tout, même si, comme il se doit, certains en doutent sur le ton de la plaisanterie. « C'est dommage qu'aucun des neuf énarques ne soit vraiment à gauche » (Martin Ajdari, promotion 1995).

Nombre de remarques ont été entendues, durant l'enquête, dont certaines sont justes, peut-être : « un livre sur l'ENA n'a aucun intérêt » (Alain Minc), « est-ce que c'est normal que je sois le plus pauvre de la bande ? » (Martin Hirsch), « les énarques que vous avez choisis, c'est quand même ma gueule et mon pognon » (un des neuf). D'une part, les cartes ont été tellement rebattues depuis la création de l'ENA, le 9 octobre 1945 sur la volonté de Charles de Gaulle, que faire un livre sur l'ENA, qui continue pourtant à former beaucoup de ceux qui sont aux postes de commande de la France, paraît incongru : c'est passé de mode. Et d'autre part, l'accélération du monde a siphonné tellement de valeurs qu'il faut avoir en tête que les gens de pouvoir ne s'arrêtent plus en si bon chemin pour réfléchir au sens de la vie : c'est pas pressés, portefeuille garni, états d'âme relégués au grenier. Il est ainsi forcément ardu, pour les uns et les autres, de s'arracher à leur propre époque et de se poser à eux-mêmes leurs propres limites pour sortir de « ma gueule et mon pognon ».

Leur ascension sociale suscite, dans un pays en crise, sarcasmes, jalousies, incrédulités. Alors qu'une majorité doit arriver à se contenter de peu, ils sont une minorité qui n'arrive pas à se contenter de beaucoup. Ils veulent non seulement le plus du plus mais aussi plus et plus. La réussite a mauvaise presse. Car pour arriver à la pointe du pouvoir il faut le vouloir de toutes ses forces (c'est vrai), avoir un nombre important de cadavres dans le placard (un certain nombre), s'être endurci au-delà du raisonnable (ils ont tous le cuir tanné), ne plus faire grand cas des idéaux de jeunesse (c'est l'ombre portée de certains).

La trahison des élites est le thème à la mode. On se l'arrache. Crise financière, scandale sexe-médias-politique, inégalités sociales. Dès qu'un pays va mal, le populisme et la démagogie relèvent la tête. Les élites sont alors, aux côtés des étrangers, une cible traditionnelle. Tous coupables, tous pourris, tous responsables. L'héritière Marine Le Pen renverra ainsi Jean-François Copé, lors des élections cantonales de mai 2011, le 28 mars sur LCI, au cliché de l'énarque déconnecté des réalités de la France. Elle le fera avec un rictus de haine : « Mais quel mépris ! Quelle arrogance ! Cette arrogance, monsieur Copé, fera que demain vous serez jeté de la vie politique. Que les Français vous tourneront le dos. Les candidats du FN étaient des étudiants, des chômeurs. Ils étaient des mères de famille, des travailleurs. Tous ceux à qui vous avez tourné le dos. Bien sûr, ce ne sont pas des énarques. Ah on préfère être entre énarques et entre hauts fonctionnaires, entre apparatchiks à l'UMP. Eh bien, tout ça, c'est fini… Ce soir vous en sentez le goût, eh bien aux législatives vous en sentirez l'odeur ! »

Les énarques du livre ont été confrontés tôt à la réalité du terrain. Aucun d'eux n'est un héritier. S'ils n'ont pas des vies de poings levés, ils ont des vies de manches relevées. Mais, symboles d'une élite désormais détestée, les connaît-on vraiment ? On les prend ici à mi-chemin. Ils avaient entre 36 et

51 ans quand on les a rencontrés la première fois. Nicolas Bazire (54 ans en 2011) a peu de chance de se métamorphoser en ce qu'il n'est pas, tant il a connu les responsabilités de haut niveau comme directeur de cabinet d'Édouard Balladur dès l'âge de 36 ans, mais il y a, inversement, peu de chance qu'Alexandre Bompard (39 ans en 2011) n'évolue pas dans un sens ou dans un autre, tant il a encore toute sa carrière devant lui. On les prend donc à mi-chemin entre passé et avenir. S'ils se sont ignorés dans les couloirs de l'ENA, ils vont se croiser dans les allées du pouvoir. Il y a entre eux amitié (Matthieu Pigasse et Alexandre Bompard) ou inimitié (Jean-François Copé et Martin Hirsch). Ils vivent dans un monde en accéléré où tout se fait et se défait en un tour de main. Ils sont cogne-dur et gagne-pain. Ils épousent, plus qu'ils ne contournent, les valeurs actuelles de la société. Mais ils se sont arrêtés, un court moment, sur la fulgurance de leur trajectoire.

I. Avant l'ENA

« Après l'enfance, c'est fini, on est fait »
(Nicolas Bazire)

Dans le garage de sa maison familiale, enfant, Matthieu Pigasse s'est juré de ne jamais ni fumer ni boire. Il a trop vu, dans son petit village normand, les ravages de la drogue et de l'alcool. Trente-cinq ans plus tard, il continue à ne vouloir ni fumer ni boire. Il est fier d'être resté fidèle à son serment. « Mon enfance m'a construit politiquement et socialement. » Il écoute toujours, en boucle, de la musique punk rock.

Aucun des neuf ne parle de son enfance et de son adolescence avec plaisir. Ils en bâillent d'ennui. C'est intime, c'est antédiluvien, c'est inutile, c'est psychanalytique. « On remonte aussi loin ? », s'étonne Nicolas Bazire. On remonte aussi loin qu'on peut parce qu'une vie se pèse et se soupèse, également, par ce qu'on emporte et ce qu'on déporte de son enfance. Ils savent tous qu'on pense immédiatement, face à leur trajectoire en or massif ou en fusée spatiale, au célèbre jeune homme s'écriant, à la mort du Père Goriot, « À nous deux Paris ! ». Eugène de Rastignac est un personnage balzacien sachant pousser sur le bas-côté les concurrents dangereux et se mettre dans le sillage des puissants pour enfermer, dans sa main gantée, argent, titres, gloire, pouvoir. Il est devenu, au fil du temps, l'image même du prêt-à-tout. Un arriviste ennuyeux puis un arriviste ennuyé. Mais évidemment, pour eux, ce n'est pas l'exemple mais le contre-exemple. Ils disent s'être construits dans une enfance heureuse et studieuse un socle de valeurs non négociables. Leurs principes sont incarnés par des paysages, des passions, des figures, des discours. « Avant de s'agrandir au-dehors, il faut s'affermir au-dedans » (Victor Hugo). Ce qui est valable pour un pays, l'est aussi pour un homme. L'enfance est déterminante pour chacun d'entre eux. Il suffit de rembobiner les fils de leur vie pour comprendre la passion de la presse de Matthieu Pigasse, le sens de l'État de Sophie Boissard, les opinions politiques de Nicolas Bazire, la valeur du travail pour Alexandre Bompard, l'importance de la préservation du patrimoine pour Emmanuel Hoog, le goût de l'écoute de Denis Olivennes. Les jeunes années représentent la période des idéaux. Le risque est de les perdre en cours de route. On veut tout pour les autres, puis pour soi ; on veut tout pour soi, puis pour les autres ; on veut tout pour soi. Les jeunes années représentent ce fragile « moment de grâce », dont parle Denis Olivennes, à propos de son engagement politique à l'extrême gauche.

1. Le regret de la médecine
« On sait à quoi on a servi dans la journée »
(Nicolas Bazire)

C'est leur tentation de Venise. Martin Hirsch et Nicolas Bazire ont tous deux voulu, à un moment donné, être médecins. Nicolas Bazire est né dans une famille bourgeoise et normande de trois garçons soudés comme les doigts de la main. Ses parents se sont mariés à 20 ans. Ils ont passé dix ans aux Antilles, où son père dirigeait une radio, et ont décidé, à leur retour, de s'installer définitivement en Normandie. La famille de Nicolas Bazire est composée de deux parties bien différentes. Du côté de son père, des propriétaires terriens implantés à Bourville (Haute-Normandie) bien avant la Révolution et, du côté de sa mère, des officiers et des chartistes, depuis une dizaine de générations, habitant Paris. Le père de

Nicolas Bazire, Albert Bazire, a fait sa carrière à la RTF (Radiodiffusion-télévision française), puis à l'ORTF (Office de radiodiffusion-télévision française). Albert Bazire est un ami de Jean Lecanuet. Ils ont fait une partie de leurs études ensemble. Albert Bazire appartient au MRP (Mouvement républicain populaire) qui est un parti démocrate-chrétien et centriste. Les trois frères sont d'excellents élèves. Ils ont tous trois fait Science Po. Le frère aîné est polytechnicien et énarque. Nicolas Bazire passe le bac C et le bac A à 15 ans, en 1973, puis fait maths sup et maths spé à 17 ans. « J'ai toujours marché dans les pas de mon frère. Quand je passais le bac, il avait fait maths sup et maths spé et il entrait à l'X à tout juste 18 ans. Je me suis dit : inutile de se fatiguer, je vais faire la même chose que lui. » Nicolas Bazire rate polytechnique. Il rêve depuis toujours d'être médecin. Il commence des études de médecine dans le but d'être neurochirurgien. « J'adore fréquenter l'hôpital. Les médecins ont des vies dures mais quand ils rentrent chez eux, ils savent à quoi a servi leur journée. Ce n'est pas le cas de tout le monde. Ils sont habités par une passion. J'ai énormément d'admiration pour eux. » Nicolas Bazire fait un an de médecine à Rouen puis arrête tout pour prendre en 1977, à 20 ans, une année sabbatique dans la maison familiale de Normandie. Son frère cadet, âgé de 15 ans, est en terminale. Il en profite pour quitter le lycée de Rouen et rester avec lui, à la maison, pour passer le bac. Le cheval, les études, le tennis, la lecture. « Mon frère aîné avait fini polytechnique. Il faisait l'ENSTA (École nationale supérieure de techniques avancées) et Science Po en même temps et, pendant ce temps-là, nous, on était en vacances perpétuelles. Je n'ai pas pris une année sabbatique pour aller découvrir Katmandou mais pour rester dans le pays de Caux. On a passé une année formidable. » Nicolas Bazire repasse, à la fin de l'année, en 1978, à 21 ans, le concours de l'École navale. « Je me suis finalement rabattu sur quelque chose qui me semblait plus atteignable que l'X. Je suis entré deuxième à Navale et j'en suis très mal ressorti. » C'est dans son caractère. Il minore, comme les vrais orgueilleux, tout ce qu'il fait. Nicolas Bazire passe deux ans à l'École navale puis un an à bord de la *Jeanne d'Arc*. Il fait le tour du monde. Il découvre le Japon, la Chine, l'Inde, Djibouti... L'École navale marque une rupture. Il passe d'un univers familial protecteur où la liberté est grande à une école militaire dure où les règles sont à suivre à la lettre. Il se définit d'ailleurs non pas comme un énarque, mais comme un diplômé de l'École navale. Un officier de marine. Nicolas Bazire se retrouve pensionnaire pour la première fois, porte l'uniforme, marche au pas, médite « honneur, patrie, valeur, discipline » inscrits sur le drapeau de l'École navale, applique la devise familiale « *nihil mirari, nihil lacrimari, sed intelligere* » (Spinoza), « ne s'étonner de rien, ne se lamenter de rien, mais comprendre ». Il fait quelques séjours au trou. Il a tendance à disparaître sans prévenir. Il apprend, lors d'une escale à Alexandrie, que son frère aîné est reçu à l'ENA. Après avoir passé un an sur l'escorteur d'escadre anti-sous-marin, Nicolas Bazire demande à travailler à Paris. Il est affecté au SIRPA (Service d'information des relations publiques des armées) et devient chef adjoint des reportages du journal des Armées, *TAM* (Terre Air Mer). Il passe le concours pour entrer directement en deuxième année à Science Po. Il a 25 ans et il est père de deux enfants. Un seul regret. « J'aurais dû faire des études de médecine à 16 ans, tout de suite après le bac, mais à l'époque cela semblait trop jeune à mes parents. »

Martin Hirsch regrette, lui aussi, de ne pas être allé jusqu'au bout de ses études de médecine. Il est né à Suresnes dans les Hauts-de-Seine et appartient à la grande bourgeoisie juive intellectuelle de gauche. « On ne se serait jamais définis ainsi. » Ils sont quatre frères et une sœur. On trouve, côté maternel, un arrière-grand-père fondateur de l'École normale supérieure de Fontenay ; un grand-père polytechnicien et ingénieur, directeur de l'École normale supérieure de Fontenay. On trouve, côté paternel, un arrière-grand-père professeur en maths sup ; un grand-père ingénieur, Résistant, haut fonctionnaire, commissaire général au Plan, président d'Euratom. Un milieu de professeurs, ingénieurs, hauts fonctionnaires. Les études y sont essentielles. Martin Hirsch, fils d'un haut fonctionnaire et d'une bibliothécaire, a été élevé dans le culte du service public. « Il n'y avait pas tant l'engagement politique que l'engagement public. » Le père a été résistant à l'âge de 16 ans, au premier bataillon de choc, et il a fait maths sup et maths spé en un an avant d'entrer à Polytechnique au retour de la guerre. Il sera directeur de l'École nationale des ponts et chaussées et chef du chantier de la ville nouvelle de Cergy. On met souvent en avant le père (Bernard Hirsch) pour le comprendre, mais le grand-père paternel (Étienne Hirsch) reste aussi une figure clé du parcours de Martin Hirsch. Étienne Hirsch est parti à Londres dès le 18 juin 1940 ; a travaillé aux côtés de Jean Monnet ; fait partie des quatre rédacteurs de la déclaration Schumann pour l'Europe. Martin Hirsch a hérité de ses valeurs et de ses passions. L'Europe, la musique, l'escalade, le service de l'État. Étienne Hirsch a refusé d'être ministre des Finances de De Gaulle en 1958. Il ne voulait pas être membre d'un gouvernement issu d'un coup d'État. Martin Hirsch refusera le poste de ministre dans le gouvernement de Nicolas Sarkozy, mais acceptera celui de haut commissaire aux solidarités actives contre la pauvreté, aussi pour rendre hommage à son grand-père. Plus d'un en sera agacé, considérant cela comme une pose inutile. Martin Hirsch appartient à une famille composée de figures tutélaires écrasantes ou stimulantes. Il avoue ne pas avoir fait maths sup parce qu'il était certain de faire moins bien que son père. Martin Hirsch a poursuivi sa scolarité à Pontoise, jusqu'en sixième, puis à Ville-d'Avray et Sèvres. Il passe son bac C au lycée de Sèvres et commence immédiatement des études de médecine. « J'ai voulu, à l'adolescence, être psychanalyste après avoir découvert Freud. J'ai commencé des études de médecine, en me disant que je ne serais pas forcément médecin. » À la fin de la deuxième année de médecine, il passe le concours de biologie de l'École normale supérieure. Il ne veut plus engranger des connaissances mais apprendre à raisonner. Il entre donc à Ulm, en 1983, et mène en parallèle cinq années de médecine et une licence et maîtrise de biochimie et de neurobiologie, psychopathologie et neurobiologie des comportements. « Mon rêve était de faire à la fois de la neurobiologie et de la psychiatrie. Je voulais essayer de faire la jonction entre les deux. C'était ma passion absolue. » Il travaille dans un laboratoire de recherche sur le métabolisme des enképhalinases. Les enképhalinases sont des enzymes neutralisant rapidement les enképhalines qui ont pour effet de calmer la douleur. Martin Hirsch s'arrête au bout de cinq ans de médecine, persuadé qu'il ne fera ni un bon chercheur, ni un bon médecin, ni un bon psychiatre. « Quand je faisais mes stages, je m'évanouissais à la vue du sang. Il y avait un chirurgien qui m'emmenait au bloc opératoire tenir les écarteurs jusqu'à ce que je ne m'évanouisse plus, mais je continuais à tomber dans les pommes. J'ai dû faire le diagnostic d'une femme avec un gros ventre. J'ai avancé un diagnostic savant d'une ascite. Elle était simplement enceinte. Je manquais sans doute de patience et de rigueur. » Martin Hirsch reprendra ses études de médecine une courte période, juste après être sorti de l'ENA en 1990, alors qu'il est au Conseil d'État, puis les abandonnera pour, peut-être, un jour y revenir. « Il y a dans la médecine tout ce que j'aime : un côté humain et un côté scientifique. »

2. Deux familles de médecins
« Je tente d'être médecin pour corps collectifs » (Denis Olivennes)

Denis Olivennes est né dans la moyenne bourgeoisie intellectuelle de gauche. Une famille d'origine juive allemande, russe, polonaise. Les souvenirs d'enfance disparaissent puis réapparaissent tout au long d'une vie. « Est-ce l'effet de l'âge qui, paraît-il, ramène à l'enfance ou est-ce l'effet de la psychanalyse qui, paraît-il, désinhibe ? J'ai passé des années sans penser à mon enfance alors que, maintenant, j'y pense de temps en temps. Je ne suis pourtant pas d'un tempérament mélancolique. » Ses proches le décrivent pourtant comme doté d'un caractère en demi-teintes. On le dit traversé, comme Verlaine dans « Le rossignol », de rêves enterrés. « De l'oiseau que fut mon Premier Amour,/Et qui chante encor comme au premier jour ;/ Et dans la splendeur triste d'une lune/Se levant blafarde et solennelle, une/Nuit mélancolique et lourde d'été,/Pleine de silence et d'obscurité,/Berce sur l'azur qu'un vent doux effleure/L'arbre qui frissonne et l'oiseau qui pleure » (*Poèmes saturniens*). Ils sont, comme dans la famille de Nicolas Bazire, trois frères. Les parents de Denis Olivennes sont médecins. Le père est psychiatre ; la mère est psychanalyste. L'une a été militante communiste ; l'autre compagnon de route. Ils sont enfants de la guerre (un effacement des origines juives et une envie de s'enraciner en France) et de la révolution de Mai 68 (un vif intérêt pour la psychanalyse lacanienne). « Mon père était un libertaire. Françoise Dolto était sévère à côté de lui. Il considérait que les parents avaient des devoirs et les enfants des droits. » Ses parents se séparent alors que Denis Olivennes a 8 ans. Sa mère mène sa vie. Les trois fils habitent sur le même palier qu'elle mais pas dans le même appartement. Elle refuse de mettre ses enfants au poste de commande de ses journées. Les trois frères sont entièrement libres. Une enfance socialement protégée et psychologiquement exposée. « Ma mère m'a dit un jour : vous étiez dans la piscine et moi je vous surveillais du coin de l'œil comme le maître nageur. Quand je vois la manière dont j'ai vissé mes fils, si l'on m'avait fait le quart de ça, j'aurais eu l'impression de vivre dans un pénitencier. » Les trois garçons sont très tôt confrontés à l'autonomie. « Je n'ai pas grandi sous une ombrelle. Je ne crains pas l'adversité. Je n'ai pas besoin d'être aimé par tout le monde pour me sentir bien. » On le dit, en effet, capable d'en venir aux mains. Bagarreur et orgueilleux. Denis Olivennes est le neveu de Claude Olivenstein. Le psychiatre a été un des pionniers de la lutte contre la toxicomanie, considérant le toxicomane comme un malade et non plus comme un coupable. Une figure importante pour les trois frères Olivennes. « Un type libre, original, chaleureux, courageux. J'ai beaucoup appris à son contact. » Nicolas Bazire souligne, de son côté, que Claude Olivenstein a marqué des générations entières par ses combats. Denis Olivennes passe son enfance dans le Ve arrondissement de Paris. Une période de fêtes et de filles. Il se retrouve rattaché au prestigieux lycée Henri-IV. « On était au lendemain de Mai 68. Il y avait une pléiade d'enseignants libéraux, de gauche ou d'extrême gauche, respectueux de notre diversité. Ils ont toléré nos mouvements d'indiscipline pour ne pas nous écœurer et nous écarter du système scolaire par un excès de rigueur. J'ai eu la chance d'être dans un lycée puissant du point de vue de l'exigence scolaire et libéral du point de vue des méthodes pédagogiques. » Denis Olivennes a songé, vers 12 ans, à devenir médecin. Son frère aîné, François Olivennes, est devenu un célèbre gynécologue-obstétricien. « J'ai pensé me tourner vers la médecine, mais mes parents voulaient tellement que je sois médecin que je me suis soustrait à l'injonction parentale. Mais, on reste des réparateurs dans la famille. Mon père et ma mère ont reçu, toute leur vie, des gens qui souffrent dans la perspective qu'ils souffrent un peu moins. Peut-être que je poursuis l'héritage familial par d'autres voies, en tentant d'être médecin pour corps collectifs. »

Jean-François Copé, fils d'un gastro-entérologue reconnu à l'étranger, appartient lui aussi à une famille juive de médecins. Un père ashkénaze, une mère sépharade. Il se définit comme un Juif non religieux. Il n'aime pas se pencher sur le passé, mais reconnaît que l'enfance est déterminante pour comprendre la psychologie d'une personnalité. Du côté du père, un grand-père médecin en Roumanie, arrivé à Paris en 1926 et, du côté de la mère, un grand-père avocat à Alger, arrivé à Nice en 1954. Jean-François Copé a grandi dans le VIIIe puis le VIIe arrondissement de Paris. Une famille optimiste et combative. Le service de la France est au centre de l'éducation des enfants. Le père est une figure atypique et altruiste. Il s'engagera notamment dans la lutte contre le sida. Jean-François Copé a fait une partie de ses études au lycée Victor-Duruy. Un milieu aisé fait de bonnes fréquentations et de maisons à la campagne. Il est l'aîné de trois enfants. Le cabinet médical du père est dans l'appartement même de la famille. Jean-François Copé n'a jamais songé à être médecin. La politique le taraude dès son plus jeune âge.

3. Deux enfances normandes

«J'ai appris la vie de trois façons» (Matthieu Pigasse)

Les terres sur lesquelles on grandit sont révélatrices de ce que l'on est, car elles sont la matrice de nos rêves. Julien Gracq a écrit des lignes puissantes, dans *En lisant, en écrivant* (José Corti), sur la force de projection des paysages. On voit et on s'y voit. « C'est ce qui fait que le paysage minéralisé par l'heure de midi retourne à l'inertie sous le regard, tandis que le paysage du matin, et plus encore celui du soir, atteignent plus d'une fois à la transparence augurale où, si tout est chemin, tout est aussi pressentiment. » Matthieu Pigasse et Nicolas Bazire ont étrenné leur vie d'adolescent et rêvé leur vie d'adulte en Normandie.

Nicolas Bazire a fait ses études au lycée Thomas-Corneille (Barentin), puis au lycée Pierre-Corneille (Rouen) à partir de la seconde. Il a ainsi habité la Normandie jusqu'à la fin de ses études secondaires. Son père travaillait à Paris mais ne voulait pas y vivre. Il est parti tous les matins à 6 heures et est rentré tous les soirs à 22 heures pendant vingt-cinq ans. Une force de la nature. Ils ont en commun de parler de leurs pères. Comme si le pouvoir, le goût de la conquête, l'énergie se transmettaient par lui. Nicolas Bazire souligne pourtant que sa mère était au moins aussi importante que son père dans l'équilibre de la famille. « On a fait de bonnes études sûrement pas pour plaire à notre père, mais grâce à notre mère. Je crois simplement qu'on est plus pudique avec sa mère qu'avec son père. » Nicolas Bazire est resté viscéralement attaché à la Normandie. Les paysages vert-de-gris, le cheval, les racines familiales. Il retourne dans sa maison de Bourville, bourgade tournant autour de trois cents habitants située dans le département de la Seine-Maritime et la région de Haute-Normandie, dès qu'il a un moment de libre. La Normandie qu'il aime est celle du pays de Caux. Une terre rurale. « J'ai l'impression de vivre en Normandie et de venir travailler à Paris, mais c'est évidemment une impression fausse. Ma famille possède la maison où je me rends tous les week-ends, depuis la nuit des temps. Le village s'est toujours appelé Bourville. L'acteur André Raimbourg, connu sous le nom de Bourvil, a pris le nom du village, le rendant célèbre, mais le village n'a, lui, jamais changé de nom. » Ils sont implantés là depuis 1870. Son père, son grand-père, son arrière-grand-père sont enterrés à une centaine de mètres de la maison. Nicolas Bazire pense à eux en Normandie, plusieurs fois par jour, en passant à proximité de leurs tombes. Il participe à la vie du village. Sa mère y vit toujours. « J'y retourne régulièrement avec le même plaisir. C'est soit l'origine, soit la conséquence de mon côté conservateur. C'est anonyme et tranquille, il ne s'y passe rien, c'est ça que j'aime, et pourtant impossible de s'y ennuyer. » Nicolas Bazire est un admirateur de l'œuvre de l'écrivain Jean de La Varende (1887-1959), connu pour sa célébration du terroir normand.

Matthieu Pigasse a grandi à Clichy, jusqu'à l'âge de 8 ans, puis a déménagé avec sa famille à Régneville-sur-Mer. Un petit village, de deux cents habitants à l'époque, situé dans le département de la Manche et la région de Basse-Normandie. Il a un frère et deux sœurs. Il est l'avant-dernier. Il retourne sur les pas de son adolescence, de temps en temps, dans un mélange de tristesse et de bonheur. Sa Normandie, c'est la côte ouest du Cotentin. Les averses cinglantes, les dunes de sable, le phare, les îles anglo-normandes avec Guernesey à gauche et Jersey à droite. Beaucoup de vélo et de bateau. C'est le goût de l'étendue : vivre à perte de vue. Il se dit façonné à jamais par les paysages de son enfance. « Car habiter dans un village de deux cents habitants, au bout de nulle part, face à la mer, dans une maison aux portes et fenêtres ouvertes, donne le sens de la liberté et de la responsabilité. » Il pense, comme tous, que l'enfance est fondatrice. Matthieu Pigasse raconte avoir construit, dès son plus jeune âge, sa vision politique de gauche. Il a eu le sentiment d'être considéré comme un étranger parce que Parisien d'origine dans un village normand ; il a fêté la victoire de François Mitterrand à 13 ans avec le visage s'affichant peu à peu sur l'écran de la télévision ; il a vécu l'apprentissage de la vie par la lecture parce qu'on est au bout de rien et qu'il y a peu de distraction ; il a pu observer de près les ravages de la pauvreté, de la drogue, de l'alcool, de la solitude. La dureté des existences. De tout ça est né son rapport au monde. C'est son obsession : croire en l'égalité des chances et changer la vie.

Sa famille compte de nombreux journalistes. Son frère est à la tête du magazine people *Public* et sa sœur a travaillé à *Globe*. On trouve, parmi ses cousins germains, l'animateur Sylvain Augier et le journaliste sportif Christian Jeanpierre. L'un de ses oncles, Jean-Paul Pigasse, a été directeur des *Échos* et de *L'Express*. Son père vient d'une famille nombreuse (14 sœurs et 1 frère) dont l'histoire a été marquée par le franquisme. Jean-Daniel Pigasse a quitté sa famille à l'âge de 15 ans. Il a terminé sa carrière comme secrétaire général de la rédaction de l'hebdomadaire régional, *La Manche libre*, à Saint-Lô. Saint-Lô est la deuxième plus grande ville de la Manche après Cherbourg et *La Manche libre* le premier journal hebdomadaire régional de France. Matthieu Pigasse aimera les samedis, durant son enfance, passer des heures à regarder tourner les rotatives. Sa mère travaille au service communication du groupe Carrefour. Elle l'a obligé à lutter contre sa nature profonde en le forçant à participer à des activés de groupe. Matthieu Pigasse prend allemand première langue pour éviter d'aller au collège du village, Montmartin-sur-Mer, et pour pouvoir suivre ses études au collège de la ville, Coutances. Le niveau y est meilleur. Il dit avoir conservé un anglais médiocre caractérisé par un accent épouvantable et avoir surmonté ce complexe-là. Sa mère est catholique et son père est protestant. Matthieu Pigasse passe ses vacances d'été dans le Mouvement scout protestant et, en l'occurrence, la FEUF (la Fédération des Éclaireurs unionistes de France). Une véritable école de vie. Un mouvement rigoureux avec des activités quasi militaires. On y apprend à résister sans aide extérieure. Une des épreuves consiste à marcher seul, durant une semaine, dans la forêt et hors de la forêt. Nicolas Bazire (Navale) et Matthieu Pigasse (la FEUF) ont ainsi en commun une résistance physique et psychique constituée bien avant d'entrer à l'ENA. Ils savent s'imposer, dans le travail, une discipline de fer. Matthieu Pigasse se souvient des courses d'orientation à la boussole faites de jour comme de nuit. On va d'un point A à un point B avec un azimut, c'est-à-dire une direction par degré. « Il y a, sur une boussole, 360°. On part d'un point donné et on doit suivre tel azimut, c'est-à-dire telle orientation sur des kilomètres. On est obligé de prendre des repères tous les 50 ou 100 mètres. Si l'on dévie, ne serait-ce que légèrement sur le repère que l'on prend, on peut se retrouver à 15 kilomètres du point d'arrivée. J'ai appris à me débrouiller seul et à prendre confiance en moi. J'ai retenu la leçon, notamment pour la vie en cabinet : tenir bon, ne jamais lâcher, il y a toujours un chemin. » On dit d'ailleurs beaucoup de Matthieu Pigasse, sur un ton admiratif ou dépréciatif, qu'il retombe sur ses pattes quoi qu'il arrive et se raccroche aux branches en toutes circonstances. Matthieu Pigasse dresse, en fin de compte, le tableau d'une enfance singulière avec un mode de vie particulier. Il se voyait, adolescent, faire de la musique toute sa vie. Il affirme qu'il aurait pu jouer de la guitare électrique, dans un groupe de rock en Normandie avec son voisin, sans que rien d'autre ne lui manque. Il est, aujourd'hui, à la tête de la banque Lazard. « J'ai appris la vie tôt de trois façons : seul dans la campagne de la Manche ; dans les forêts avec les scouts ; dans la lecture des classiques littéraires. » Ni Nicolas Bazire ni Matthieu Pigasse n'ont eu à souffrir d'habiter loin de la capitale. Ils disent tous les deux exactement la même chose : ils ont été façonnés essentiellement par leurs lectures. Ils mettent en avant la force de l'univers intérieur. Ils peuvent s'abstraire, si besoin est, de leur environnement. Ils savent travailler dans un milieu hostile.

4. Loin de Paris
« Il y avait la volonté » (Laurent Solly)

Ils sont seulement deux, Denis Olivennes et Jean-François Copé, à avoir suivi leurs études à Paris. Alexandre Bompard vient d'une famille d'entrepreneurs. Sa mère tenait une boutique de décoration et son père sera, entre autres, chef d'entreprise et président du club de football AS Saint-Étienne de 1997 à 2003. Alexandre Bompard a grandi à Megève. « J'étais avec des bandes de copains toute la journée dans un univers protégé. On faisait énormément de sport. J'ai appris, avec le sport, la compétition. » Il est admis à 14 ans en classe de seconde au lycée Berthollet et part vivre seul à Annecy dans une chambre d'étudiant. Il raconte une enfance et une adolescence de garçon turbulent et travailleur.

Ils sont quelques-uns à avoir fortement ressenti la coupure Paris/province. Sophie Boissard a suivi sa scolarité dans une école publique à Mulhouse puis a fait sa khâgne à Strasbourg. Elle a habité un temps une commune de 1 500 habitants entre Mulhouse et Bâle. Elle se rendait dans un collège qui drainait les villages alentours. Un univers très anti-français où l'adolescente a connu, entre 10 et 14 ans, une forme d'ostracisme puisqu'elle ne parle pas l'alsacien. « Je n'ai rien vécu de douloureux parce que j'avais ma famille derrière moi. Mais j'ai pu éprouver la réalité d'une forme de ségrégation sociale à rebours durant cette période. On était 24 élèves dans ma classe de troisième. Il y en avait 6 qui partaient au lycée général et tous les autres qui allaient en apprentissage au lycée technique. » Elle sera frappée dès son adolescence, comme Matthieu Pigasse, par ses vies transformées tôt en destin. Sophie Boissard trouve aussi refuge dans la littérature. « Je vivais dans un univers amical et social que je ressentais comme difficile. Je me suis donc construite, à côté, un univers mental protecteur et épanouissant avec la littérature. » Laurent Solly est né à Villefranche-sur-Saône dans le Rhône. Une ville située à 35 kilomètres au nord de Lyon. Un père professeur puis directeur d'établissement scolaire ; une mère danseuse puis créatrice d'un « club de forme » dans les entreprises. Ils sont trois enfants. La moyenne bourgeoisie de province. Du côté de la mère, une famille de Résistants. Le grand-père, comptable dans une entreprise d'assurance, était un fervent gaulliste. Laurent Solly écoute, durant son enfance, les récits de ceux qui ont vécu la grande histoire, dont un grand-oncle cheminot cachant des Résistants dans son wagon de charbon. La chose publique est naturelle dans cette branche familiale-là. Du côté du père, une famille attachée aux études et à la religion, avec un grand-père tailleur ayant fait sa formation à Paris. L'ascension sociale s'y est faite par le travail puis par les études puisque nombre de petits-enfants sont agrégés d'histoire ou de lettres. Pour résumer, une famille de droite gaulliste avec des racines catholiques, rurales, commerçantes où le sens de l'effort joue un rôle important. Laurent Solly a suivi sa scolarité jusqu'au bac en 1987, à Villefranche-sur-Saône, dans un établissement catholique, Notre-Dame-de-Mongré, dirigé par son père. Une enfance et une adolescence décrites comme heureuses. Laurent Solly se souvient avoir voulu, à un moment donné, faire un métier de la scène : comédien ou imitateur. Ça tombe bien. Dès qu'on parle de Laurent Solly, on évoque son physique d'acteur de cinéma. Ses tenues impeccables, sa haute silhouette, ses cheveux blonds, sa nonchalance travaillée, ses traits fins, son regard clair. Sa beauté lui coûtera plus qu'elle ne lui rapportera en politique. On évoque son visage lisse et on interroge : qu'est-ce qu'il y a derrière ? Laurent Solly éprouve fortement la coupure Paris/Province. Il arrive à Paris à 17 ans pour faire une année de classe préparatoire et entre à Science Po à 18 ans. « Il y avait la volonté de ne pas rester dans une ville moyenne de province et d'aller de l'avant. À quelques kilomètres, Lyon représentait trop la reproduction des codes sociaux, des règles de conservation où l'on vous demande d'où vous venez. Il y avait la volonté d'accéder à des connaissances nouvelles, d'avoir une existence passionnante, de briser le moule. Paris a représenté, pour moi, une formidable ouverture. Il y avait une part de fantasme : c'est la capitale ! Je me surprenais à beaucoup travailler à Paris parce que l'ambition n'est pas nourrie de la même façon dans une grande ville et dans le cocon familial de la province. J'ai compris tôt que la vie était un combat. Qu'il fallait lutter pour réussir ses études parce que c'était le meilleur moyen d'accéder à des hommes et femmes d'autres milieux sociaux, à des responsabilités, à des connaissances. Le combat et le travail sont, dans mon quotidien, des horizons normaux. »

Même discours du côté d'Emmanuel Hoog. Il a passé sa jeunesse à Versailles, à deux pas de la capitale. Ses parents travaillent dans un univers où la plupart des mères restent à la maison pour s'occuper de leurs enfants et il se sent de gauche alors que le maire de droite est réélu à 90 %. Paris représentait, pour lui, un eldorado. « Je retourne aujourd'hui régulièrement à Versailles, avec plaisir, pour des raisons familiales. Mais j'ai toujours le sentiment que c'est un lieu où tout le monde pense la même chose. C'est une des rares villes en France où il y a eu régulièrement un candidat monarchiste aux élections. Je n'ai jamais confondu les gens avec leur étiquette. Du moment qu'on reste dans le cercle de la République, j'entends les différences avec beaucoup de tolérance. Mais j'avais envie de partir et de gagner, par les études, mon autonomie. Versailles, c'est peut-être à côté de Paris, mais c'est un autre monde. »

5. La richesse culturelle
« Une forme d'imprégnation naturelle » (Emmanuel Hoog)

Le programme de la PISA (Programme for International Student Assessment) entend mesurer les performances des systèmes éducatifs dans de nombreux pays. Les scores de la PISA démontrent combien la France est un des pays où l'environnement familial compte le plus pour pouvoir faire de bonnes études. Connaissance des chausse-trapes du système éducatif, implication des parents, conditions matérielles de vie. Tout sert. Alors, c'est un fait. Ils vivent dans des milieux socialement et culturellement favorisés ou très favorisés. Les trois frères Bazire sont passionnés d'histoire. Ils ont passé leurs vacances, de 6 à 14 ans, à rassembler une documentation sur l'histoire de Rome. Ils fouillent dans la bibliothèque familiale pour trouver tout ce qui touche à la Rome antique. Des souvenirs joyeux pour Nicolas Bazire. « J'ai l'impression d'avoir fait les guerres Puniques à 12 ans. Notre grand jeu, c'était l'histoire de Rome et notre meilleur ennemi s'appelait Hannibal. Mon plus jeune frère faisait, à 6 ans, des cartes sur les guerres Puniques et recopiait, à 8 ans, les commentaires de César. On trouvait tout ça très amusant. » Le goût de la culture et le plaisir des études constituent, pour les trois garçons, un environnement familial naturel. C'est commun à tous. La question ne se pose pas de devoir se cultiver ou s'instruire puisqu'on le fait avec bonheur. Nicolas Bazire ne trouve rien d'extraordinaire à son parcours scolaire. « Mon frère aîné a deux ans de plus que moi, mais on s'est toujours suivis de près. On a eu les mêmes notes au bac dans toutes les matières sauf une. Je trouvais la trajectoire de mon frère – le bac à 16 ans, Polytechnique à 18 ans, l'ENA – tout a fait normale. »

Les parents d'Emmanuel Hoog sont conservateurs de

musées nationaux. La mère a été conservatrice au château de Versailles, durant quarante ans, de 1962 à 2002. Elle était spécialiste des statues et jardins. Le père était, lui, spécialiste des Impressionnistes. Michel Hoog a fait Science Po dans la même classe que l'ancien président Jacques Chirac et que le banquier de chez Lazard, Bruno Roger. Michel Hoog a été conservateur du palais de Tokyo puis de l'Orangerie et du Jeu de paume. Il est mort en 2000. Il a écrit des livres sur Monet et Cézanne, organisé de grandes expositions sur Fantin-Latour ou le douanier Rousseau, été un grand professeur à l'école du Louvre. Des générations de conservateurs sont passées par ses classes. Et partout où le fils se rendra, il y aura toujours quelqu'un pour lui parler de ses parents avec admiration. Emmanuel Hoog a grandi dans un milieu de fonctionnaires, avec une grande richesse culturelle, où l'argent n'est pas prioritaire. Le service public y est une valeur essentielle, comme dans les familles de Sophie Boissard et de Martin Hirsch. Il faut donner du sens à sa propre vie en la mettant au service des autres. Cela constituera, tout au long de leur carrière, un port d'attache. Le père est catholique pratiquant et appartient au centre gauche ; la mère affiche plus clairement ses opinions de gauche. « Ma mère aimait bien l'idée d'être une conservatrice républicaine et gauchiste à Versailles. » Emmanuel Hoog a habité Paris puis, à partir de 10 ans, à l'hôtel des Réservoirs, à côté du château de Versailles. Il fréquente les bonnes écoles. Il fait ses études, jusqu'au bac, au lycée privé de Versailles, Saint-Jean-de-Béthune. « Il existe une forme d'imprégnation naturelle qui vient du fait que j'ai arpenté le château et les jardins du château de Versailles : le sens de la grandeur, la présence de la France, la prégnance de l'histoire, la familiarité avec l'art. J'entendais parler tous les jours de Louis XIV à la maison, je côtoyais tableaux et sculptures. Mon père a été dans la transmission de son savoir. J'ai eu tôt une forme d'intimité avec les œuvres d'art. » Ils évoquent tous des environnements familiaux avec des livres à portée de main. Ils parlent de la bibliothèque familiale comme d'un meuble central dans lequel on puise à volonté.

6. L'ouverture sur le monde
« Une note historique en anglais » (Denis Olivennes)

Les voyages à l'étranger sont un marqueur social de première importance. La maîtrise d'une langue représente, en plus, un atout de taille dans le classement final de l'ENA. Matthieu Pigasse et Denis Olivennes n'ont pas fait de grand voyage à l'étranger avant leur entrée à l'ENA. Matthieu Pigasse se retrouvera avec un 1 sur 10 à l'oral d'allemand de l'ENA. Une note éliminatoire pour rejoindre le corps diplomatique. Denis Olivennes dit avoir eu une note historique en anglais puisqu'il a obtenu, lui, un 0,5 sur 10 à l'oral de l'ENA.

Les uns et les autres ont, sinon, voyagé à l'étranger avant d'entrer à L'ENA. Les États-Unis ont marqué la jeunesse de certains d'entre eux. Laurent Solly a passé un mois au Colorado à l'âge de 14 ans. Martin Hirsch est allé à New York à 10 ans, pour la première fois, et il passera plus d'un mois dans une famille américaine. Emmanuel Hoog a découvert, lui, New York à 17 ans. Un choc. Il s'est aussi rendu plusieurs fois en Allemagne à l'adolescence parce qu'une partie de sa famille y réside. Sophie Boissard a beaucoup voyagé en Europe du Nord, avec ses parents, durant son enfance. « Plus je vais vers le Nord, plus je vois de briques, plus je me sens chez moi. Je suis attachée aux Pays-Bas. » Jean-François Copé est sans doute celui qui, avec Nicolas Bazire dans ses fonctions d'officier de marine, a le plus voyagé à l'étranger durant ses jeunes années. Le futur secrétaire général de l'UMP a été au Sénégal, au Brésil, en Italie. Il ne cessera de demander, dans ses fonctions politiques, que l'on place et pense la France dans le monde. Il a sillonné, à l'âge de 21 ans, l'Argentine en famille. Il reste encore aujourd'hui particulièrement attaché à ce pays. Il s'emploiera à resserrer les liens avec l'Argentine dans ses fonctions de ministre délégué au Budget.

Matthieu Pigasse découvrira l'Argentine, bien plus tard, dans le cadre du conseil aux gouvernements à la banque Lazard. « J'ai un sentiment d'extrême occident en Argentine. J'ai l'impression d'être, en même temps, chez moi et à l'autre bout du monde. Il y a, là-bas, une dimension tragique qui me fascine. Le pays avait tout pour réussir et a, à ce jour, tout raté. Il a échoué par manque de confiance en lui-même, par interrogation sur lui-même. Il y a un paradoxe entre une immense arrogance nationale et un immense doute sur lui-même. L'Argentine est, comme les États-Unis, un énorme melting-pot, une terre d'immigration. Les Américains croient en eux-mêmes, alors que les Argentins ne croient pas en eux-mêmes. Cela explique la nostalgie d'un âge d'or. Il suffit de penser à leur amour du tango. Buenos Aires est la ville qui, avec São Paulo, a le plus de chirurgiens et de psychanalystes par habitant. » Matthieu Pigasse passe aujourd'hui une grande partie de son temps dans les avions.

7. Le salaire de la peine
« C'est coup de pied au cul » (Matthieu Pigasse)

Dans la fable « Le laboureur et ses enfants », de Jean de La Fontaine, un riche laboureur confie à ses enfants, avant de mourir, qu'un trésor est caché dans le champ. « Le père mort, les fils vous retournent le champ/Deçà, delà, partout.../Si bien qu'au bout de l'an/Il en rapporta davantage./D'argent, point de caché. Mais le père fut sage/De leur montrer avant sa mort/Que le travail est un trésor. »

Ils peuvent avoir la réputation de tourner en sous-régime (Denis Olivennes) ou de tourner en surrégime (Matthieu Pigasse), mais le goût et le sens de l'effort sont au centre de leur vie. Emmanuel Hoog résume leur rapport au travail et à l'argent en disant « que toute peine mérite salaire, mais qu'il ne doit pas y avoir de salaire sans peine ». Le travail est, pour eux, une valeur centrale. Sophie Boissard vient d'une famille marquée par la méritocratie républicaine et l'amour de l'Europe. « J'ai une double filiation : une filiation très service public (le père) et une filiation très européenne (la mère). » Du côté du père, des enseignants, des cadres dans la fonction publique, des directeurs d'école. « Ils croient à l'éducation et à la fonction publique. Ils ont la conviction qu'on peut s'élever en maîtrisant les savoirs pour être utile à la société en étant au service de l'État ou dans le secteur public. » Le père de Sophie Boissard a fait toute sa carrière à la SNCF dans des filiales françaises puis internationales. Du côté de la mère, professeure d'allemand d'origine néerlandaise ayant grandi en Allemagne, des avocats, des ingénieurs, des chefs d'entreprise. La famille a été marquée par la guerre avec un grand-père maternel néerlandais ayant fait ses études à Weimar dans les années trente, en pleine période de montée du nazisme. Il reviendra vivre en Allemagne, avec ses trois filles, après la Seconde Guerre mondiale. Si Sophie Boissard s'est fixée côté français, sa sœur, elle, s'est fixée côté allemand. Elle exerce aujourd'hui en psychiatrie, en Suisse, après avoir travaillé en Allemagne dans un hôpital. Leurs parents sont trilingues. « On a toujours eu dans ma famille un double regard, un point de vue interne au système français et une analyse de l'extérieur, portée par ma mère, forte de sa triple culture franco-néerlando-allemande. » Sophie Boissard a grandi en Alsace, a une passion pour les auteurs russes, raconte le choc du non à la Constitution européenne en 2005, s'interroge sur la France dans le monde. Elle est la moins franco-française des neuf par ses origines. Sa grand-mère paternelle a eu une trajectoire emblématique des valeurs d'efforts et de savoirs. Elle est un pur produit de la méritocratie républicaine. Elle a grandi dans une exploitation agricole en Bretagne. Elle se retrouve à 8 ans, après la mort de sa mère, seule avec une belle-mère avec laquelle elle ne s'entend pas. Son père a passé quatre années dans les tranchées. Il laisse sa fille rejoindre l'une de ses sœurs, directrice d'école, à la ville.

Elle se révèle une excellente élève et entre à l'École normale d'institutrice. Elle voulait, à tout prix, fuir la campagne. La jeune femme se retrouvera à Paris, veuve tôt, en train d'élever ses enfants dont le père de Sophie Boissard. « C'est une tranche de vie. On se croirait dans *Composition française* de Mona Ozouf. Ma grand-mère n'est pas une héroïne, mais elle porte en elle la foi absolue dans le savoir et l'éducation. »

Alexandre Bompard a passé enfance et adolescence à Megève. Sa famille s'est construite, sur deux générations, par le travail. On fait des affaires, on monte des restaurants, on s'occupe de boutiques de prêt-à-porter. Son père a commencé à travailler, sur les marchés, à l'âge de 16 ans. Alexandre Bompard a vu les siens prendre des risques. « Ils n'ont jamais été installés. L'inquiétude était quotidienne et les questions étaient concrètes : comment s'est déroulée la semaine ? Qu'est-ce qu'on peut faire de plus ? Il y avait une incertitude permanente. » Le travail est une valeur centrale. « J'ai vu ma grand-mère travailler tous les jours, jusqu'à 72 ans, et mes parents sept jours sur sept. J'ai découvert, bien plus tard, la notion de week-end. Je ne sais pas ce que c'est que de rentrer et de trouver ma famille réunie. Tout le monde travaillait tout le temps, mais ce n'était pas triste du tout. J'étais à la fois relié à chacun des membres de ma famille et seul dans mon organisation personnelle. Mon univers familial était bien celui-ci : des gens qui travaillaient du lundi au dimanche. » Ceux qui ont croisé Alexandre Bompard sont frappés par son souci constant de rendre hommage à ses parents. Aucun membre de sa famille n'est bachelier. « Mes parents m'ont toujours fait confiance. Les études n'auraient pas été au cœur de ma construction personnelle, si je n'avais pas décidé de les y mettre moi-même. J'avais certainement un manque d'information donc je découvrais les possibilités de concours au fur et à mesure. »

Matthieu Pigasse a reçu une éducation axée sur les valeurs républicaines. « Mon père m'a enseigné les valeurs républicaines pures et dures : l'absence de toute discrimination et de toute différenciation, la reconnaissance du mérite. Je suis, par exemple, contre les quotas car je ne peux même pas comprendre qu'on fasse une différence entre homme et femme, comme entre races et religions. Je n'ai jamais reçu un centime de mes parents. Mon père était persuadé qu'il y a seulement une chose essentielle à apprendre à ses enfants : se débrouiller par soi-même. Les parents doivent apporter culture et ouverture à leurs enfants pour qu'ils puissent se construire et, pour le reste, c'est coup de pied au cul. »

8. Des premiers de la classe
« J'avais envie de partir au Club Méditerranée » (Denis Olivennes)

Ils sont des premiers de la classe. Ils le sont par goût personnel ou par atavisme familial. Nicolas Bazire a fait toutes ses études avec deux ans d'avance. Sophie Boissard et Alexandre Bompard poursuivent une scolarité sans aucun accroc. Ils tiennent un discours similaire : c'est un domaine où si l'on veut, on peut, sans problème. Alexandre Bompard en parle simplement. « Les concours demandent avant tout de la concentration et de la compréhension. Je n'y ai jamais mis ma personnalité. » Il insiste sur le fait qu'il a lui-même décidé de privilégier les études. « Je l'ai fait parce que c'était dans mon caractère de le faire. Mais on peut vivre des vies formidables sans que cette case-là ait la moindre importance. Megève est un endroit de transmission de petits patrimoines : j'ai mon restaurant d'altitude, tu auras ton restaurant d'altitude ; j'ai mon magasin, tu auras ton magasin. Je ne me souviens pas, par exemple, avoir eu une seule discussion pour tenter d'élaborer un parcours scolaire. J'ai fait les choses étape par étape. » Jean-François Copé est un bon élève sans être un excellent élève. Les résultats scolaires sont au centre de son éducation. Le père commente, à voix haute, les bulletins de chacun des enfants de la famille. Mais on peut échapper au culte des études. Martin Hirsch a trois frères et une sœur. Ils se sont arrêtés, après le baccalauréat, pour suivre des voies diverses. Il est le seul à avoir poursuivi des études supérieures. Martin Hirsch assure n'être jamais arrivé en retard à l'école jusqu'en première année de médecine et n'avoir jamais manqué un seul cours sauf quand il avait plus de 40 de fièvre. « Je n'étais pas un élève exceptionnel, mais un bon élève discipliné et curieux. J'étais dans le moule. » Son père suit, pas à pas, ses études. Il le fait plancher avant chaque rentrée des classes. « Il me donnait des exercices particulièrement difficiles et me répétait qu'il ne comprenait pas pourquoi j'étais aussi mauvais ! Quand je suis allé, avec Éric Woerth, inaugurer une classe préparatoire intégrée de l'ENA pour les élèves socialement défavorisés, je leur ai dit que j'avais eu la chance de bénéficier d'une classe préparatoire intégrée à domicile : mon père me faisait travailler tous les jours. » Son père le fera travailler pour Normale supérieure comme pour l'ENA. Tous sont des compétiteurs. Ils ont ça dans le sang. Alexandre Bompard est le plus lucide de ce point de vue-là. « J'ai toujours aimé la compétition. C'est une partie de moi dont je ne suis pas très fier mais qui existe. » C'est une partie de soi qui peut, au mieux, faire avancer et, au pire, faire piétiner. Les deux. Matthieu Pigasse a la réputation d'avoir été, enfant, un petit génie des mathématiques. Il le nie. « Je n'ai pas été un excellent élève. J'avais de l'avance et je passais d'une classe à une autre sans problème, mais avec des notes moyennes. Je n'ai jamais travaillé. Je ne faisais pas mes devoirs le soir à la maison. J'étais libre, dehors. La première fois de ma vie où j'ai travaillé, c'est pour passer le concours de l'ENA. Il n'y avait, sinon, aucune discipline de cet ordre-là dans ma famille. J'ai trouvé les mathématiques difficiles jusqu'au jour où mon père m'a ramené un des premiers micro-ordinateurs tout public. J'avais 11 ans. Il fallait faire soi-même la programmation en basique et je me suis amusé à la faire. Ma formation mathématique, ça a été la programmation de cet ordinateur et des heures et des heures passées sur le Rubik's Cub. Ma philosophie est de dire que rien n'est compliqué. Il faut prendre le temps de comprendre que c'est simple. Mon véritable intérêt s'est toujours porté, non sur les mathématiques, mais sur la littérature et l'histoire. J'ai eu des enseignants qui m'ont marqué, dont mon professeur de latin, en cinquième, à Coutances. Elle avait une main en plastique qu'elle gardait en permanence dans sa poche. Elle enseignait avec profondeur et humanité. Elle n'était peut-être pas heureuse dans sa vie, mais elle a rendu ma vie heureuse. » Matthieu Pigasse aura aussi comme professeur de classe de terminale à 16 ans, au lycée Camille-Sée à Paris, le philosophe Christian Jambet. Il est spécialiste en philosophie islamique.

Seuls Denis Olivennes et Emmanuel Hoog ont eu une scolarité en dents de scie jusqu'en première. Emmanuel Hoog a connu une montée en puissance au cours de sa scolarité. « J'étais un élève très moyen et incapable de rester assis sur sa chaise. Je me souviens d'un professeur de cinquième qui faisait lire les rédactions et qui faisait voter les élèves de la classe. Il complétait sa note par la note de la classe. Une partie pour la composition de la rédaction (le professeur) et une autre pour l'intérêt du sujet (les élèves). Mes rédactions faisaient rire la classe et j'ai ainsi commencé à avoir de bonnes notes… Cette assurance du public m'a conforté. Je suis rentré dans le trio de tête et puis, peu à peu, ça a gagné les autres matières. Toujours très timidement pour les matières scientifiques. » Il choisit de ne pas passer un bac C mais un bac A. Le directeur de l'époque de Saint-Jean-de-Béthune trouve ahurissant de laisser tomber Ginette et Polytechnique pour des études littéraires. Emmanuel Hoog restera celui qui étonne, surprend, prend les autres de cours dans ses réussites. Denis Olivennes raconte avoir été un élève médiocre jusqu'en première. Pierre Jacerme, grand professeur de philosophie au lycée Henri-IV à Paris, a changé la donne pour lui. « Les études ne m'intéressaient pas. J'avais envie de partir au Club Méditerranée ou de m'engager dans l'armée. J'avais envie d'action. Pierre Jacerme m'a pris par l'orgueil et m'a converti à la chose intellectuelle. Ma gratitude à son égard est éternelle. »

Denis Olivennes : un écrivain sans livre

C'est leur destin. Les meilleurs de leur génération sont condamnés à décevoir à plus ou moins long terme ceux qui ont cru en eux. Denis Olivennes, né en octobre 1960, est une personnalité contrariée, contestée, contrastée. Son côté mains dans les poches agace nombre de personnes. Les mêmes phrases reviennent en boucle dans la bouche des uns (qui l'aiment) et des autres (qui l'aiment moins) : « il ne travaille pas assez » ; « il a beaucoup promis et peu produit en proportion » ; « il aurait dû devenir un grand serviteur de l'État » ; « il se repose trop sur ses lauriers » ; « il reste sans cesse en dessous de ses possibilités ». Ses camarades de l'époque témoignent qu'il a passé ses examens, haut la main, en fournissant un minimum d'efforts. Il préférait draguer les filles, fumer des pétards, provoquer les étudiants d'extrême droite. Dans cet ordre.

Denis Olivennes avoue qu'il y a une part de vérité et une part de fausseté dans cette image de garçon nonchalant trop sûr de lui. « Je devrais arriver encostumé avec le front plissé et les fiches à la main pour avoir la paix. J'ai toujours donné le sentiment d'une forme de désinvolture, alors même que je travaillais beaucoup. Mais, ce qui est juste, c'est que mon amour de la vie équilibre mon goût de la réussite. Il y a des choses plus importantes dans l'existence, beaucoup plus importantes que le pouvoir, la gloire ou, pire encore, l'argent. Les enfants, les femmes, les amis par exemple. Le fait d'être heureux, même un peu. Oui, c'est tellement plus essentiel. Et sur ces lauriers-là, je ne me repose jamais. Les autres, je les sais vains. Je ne peux pas avoir tous les défauts. Je suis donc moins ambitieux qu'on ne le croit. » Il se dit détaché de rien et en rien, intéressé par tous et tout.

Denis Olivennes a été marié à l'avocate Angélique Berès

dont le père, Pierre Berès, fut un éditeur et un collectionneur appartenant à la légende de la librairie. Ils sont les parents de trois garçons dont un normalien. « Je n'attends rien de mes enfants à part qu'ils soient heureux. Si accessoirement l'un d'eux pouvait être professeur de philosophie au Collège de France, j'en serais ravi. » Il préfère écouter qu'observer. Il croit aux mots. Denis Olivennes a pris de sa mère, psychanalyste à forte personnalité, une compréhension souterraine des êtres et de son père, psychiatre mais aussi poète et écrivain, une fantaisie et une drôlerie dont il se départit rarement. Son humour ne fait pas que des heureux. Sa lettre de départ du *Nouvel Observateur*, intitulée « Vous allez me manquer », fera grincer les dents de la rédaction. Il y mettait en scène, sur un mode humoristique, les journalistes de l'hebdomadaire de gauche.

Il se méfie des professeurs de morale et des donneurs de leçons. Il cite Choderlos de Laclos. « Voilà bien les hommes ! Tous également scélérats dans leurs projets, ce qu'ils mettent de faiblesse dans l'exécution, ils l'appellent probité » (*Les Liaisons dangereuses*). Denis Olivennes n'apprécie pas qu'on dise de lui qu'il est un « sarkozyste de gauche ». Il se réclame de la gauche tout court. Il souligne apprécier le maniement agile des idées et la fermeté dans le choix des engagements. Les deux périodes les plus formatrices intellectuellement de sa vie sont ses années adolescentes à l'extrême gauche (les comités rouges de la LCR, la Ligue communiste révolutionnaire) et son passage à la Fondation Saint-Simon dès 1987. La Fondation Saint-Simon (1982-1999), présidée par Roger Fauroux et François Furet, avait pour but de faire dialoguer entre eux universitaires, grands patrons, hauts fonctionnaires. Temple de la pensée unique pour les uns, pépinière de talents pour les autres. Denis Olivennes y entre par Pierre Rosanvallon et y rencontre François Furet. L'historien lui fait lire Tocqueville, Aron, Constant. Denis Olivennes pratique l'économie à haute dose. Il découvre le plaisir d'étudier, non pas pour passer des concours, mais par pure gourmandise intellectuelle. Il donnera à la Fondation Saint-Simon parmi ses notes les plus brillantes.

La Préférence française pour le chômage, publié en 1994, le fait adouber par ses pairs. Pierre Rosanvallon ne cachera pas sa déception de voir le fils prodigue passer dans le privé.

Leurs noms sont murmurés dès qu'un poste se libère. On reproche à Denis Olivennes et à Alexandre Bompard de ne pas rester longtemps au même endroit. Après Air France (1993-1997), le groupe Canal + (1997-2002), le groupe PPR (2002-2008), *Le Nouvel Observateur* (2008-2010), s'ouvre en janvier 2011 la période Lagardère Active Médias. Denis Olivennes prend la tête d'Europe 1 et dirige, aussi, *Paris Match*, *Le Journal du dimanche* et Newsweb. « J'ai de l'admiration pour des gens qui, comme mon ami Olivier Nora, PDG de Grasset et de Fayard, creusent un sillon avec une persévérance remarquable. Il possède une vocation et accumule une expérience qui en fait un des plus grands de sa génération dans son domaine. Il est imbattable. Sa trajectoire est visible. Ma vie ressemble aux vols des bécasses. On se demande où je vais parce qu'il y a une succession de plaisirs et de goûts. François Mauriac disait, à propos de ses chroniques, qu'il recherchait moins la cohérence que la sincérité. Je recherche moins la cohérence que l'intensité. Ma trajectoire est moins lisible que celle d'autres personnes, même s'il y a un fil rouge qui est la mission à risque et l'utilité sociale. Mais je concède que, vu de l'extérieur, je pourrais ressembler à Mario, le personnage des jeux vidéos. » Principe de fidélité contre principe d'intensité. Il dit privilégier, en toute chose, la passion. Canal + marque une rupture dans sa carrière. Tout ce qu'on lui reproche se concentre dans cette unique période : mondain et lointain. Il a aujourd'hui tiré un trait là-dessus. Pôle négatif et pôle positif. On met couramment à son discrédit Canal + ; on met unanimement à son crédit Air France. Il défend bien sûr, comme les autres, chacun de ses bilans. Il est arrivé, chaque fois, dans des secteurs en crise.

Denis Olivennes est devenu l'une des personnalités incontournables des médias en France. Il cultive un look savamment débraillé ; pose avec sa compagne Inès de La Fressange ; rappelle 1 personne sur 1 000 se faisant ainsi

999 ennemis en un temps record. Denis Olivennes possède, comme Matthieu Pigasse, un goût pour les paillettes et les vedettes : jolies femmes, belles maisons, grand monde. Mais ses intimes le décrivent comme un inquiet chronique. Rien n'est jamais acquis. « J'ai constamment vécu comme un homme comblé et menacé » (Jean Daniel citant Albert Camus dans *Avec Camus*). Il pourrait faire sienne cette phrase. Philippe Val, directeur de France Inter et ami de Denis Olivennes, met en avant son amour de la littérature. « Denis est une intelligence mélancolique et atypique. Il a toujours voulu être romancier. C'est sa singularité : il est un écrivain sans livre. » Denis Olivennes est orgueilleux, mais pas vaniteux. Il ne se présente pas pour ce qu'il représente. Il est trop bon lecteur des *Pensées* de Pascal pour faire bloc avec lui-même. C'est : pas de pause et pas de pose. On a ainsi l'impression qu'il ne cesse de se perdre et de se retrouver. Les doutes le fixent. Ses incertitudes l'empêchent de sombrer dans ses vicissitudes.

9. Les grands modèles
« Ça, c'est des vies » (Alexandre Bompard)

Leur panthéon des grands hommes est conventionnel parce qu'il est devenu, au fil du temps, inattaquable. On retrouve les mêmes noms de l'un à l'autre. Victor Hugo (Martin Hirsch, Matthieu Pigasse), de Gaulle (Alexandre Bompard, Denis Olivennes, Laurent Solly, Jean-François Copé), Léon Blum (Sophie Boissard, Denis Olivennes), Winston Churchill (Emmanuel Hoog, Matthieu Pigasse), André Malraux (Nicolas Bazire, Alexandre Bompard). Martin Hirsch est un lecteur de Victor Hugo. « J'ai lu tout Victor Hugo et tout ce qui traînait à la périphérie de Victor Hugo. On avait, dans ma famille, la collection complète des œuvres de Victor Hugo que je n'ai cessé de dévorer. *L'Aiglon* (1900) d'Edmond Rostand fait aussi partie de ces nombreux livres ou pièces de théâtre dont on aimait partager les meilleurs passages en famille. Nous étions plusieurs à les connaître par cœur. » L'Aiglon désigne le fils de Napoléon Ier et de Marie-Louise d'Autriche. Comment trouver son identité par rapport au père ?

La Résistance et/ou la littérature sont au cœur de leur avancée personnelle et intellectuelle. Martin Hirsch et Alexandre Bompard sont obsédés par la Résistance. C'est l'éternelle question du « Qu'est-ce que j'aurais fait à leur place ? » et l'éternelle réponse de « Personne ne peut répondre sans y avoir été directement confronté ». Alexandre Bompard connaît visages, actes, lieux, dates de l'histoire de la Résistance. Il met notamment en avant le discours de Pierre Brossolette du 18 juin 1943 à l'Albert Hall de Londres rendant un magnifique hommage aux « soutiers de la gloire. » On sent chez Denis Olivennes et Alexandre Bompard la nostalgie des époques autres que la leur. Denis Olivennes a été élevé dans la mythologie de la Résistance. Il est un admirateur de De Gaulle par goût, notamment, des « hommes qui font le contraire de ce pour quoi ils ont été programmés ». Le jeune Résistant Simon Nora et l'ancien communiste François Furet ont été des boussoles dans sa vie. Ils marquent un avant et un après dans sa trajectoire. Les deux hommes inoculeront « une piqûre de réel » à un garçon jugé bien trop romanesque à leur goût. Car si Alexandre Bompard voulait être Malraux, Denis Olivennes voulait être Proust. Les deux ont réellement songé, à un moment de leur vie, à devenir des romanciers avant de mettre un mouchoir sur ce rêve-là. Denis Olivennes s'en explique. « Je pense que quand on fait quelque chose, dans n'importe quel domaine, il faut être modeste. Il faut assumer sa médiocrité humaine. Mais si vous vous dites : *je serai Marcel Proust ou rien*, il faut arrêter parce qu'on est alors paralysé, et qu'on ne pourra pas aller de l'avant. » Alexandre Bompard n'a jamais désiré faire tel ou tel métier. « J'avais mon panthéon des grands hommes. Je ne désirais pas mener telle carrière mais mener telle vie. J'admirais déjà Malraux, Moulin, Sautet. Je me disais : *Ça, c'est des vies !* »

Sophie Boissard reste aussi admirative des grandes figures de la Résistance. Elle est une lectrice d'*Un fou s'évade. Souvenirs 1941-1942* (Éditions du Félin) d'André Postel-Vinay. L'inspecteur des finances raconte, dans son récit, comment jeune résistant arrêté par la Gestapo le 14 décembre 1941 à la suite d'une trahison, il fera une double tentative de suicide pour ne pas parler et réussira finalement à s'évader de Sainte-Anne, le 3 septembre 1942, totalement épuisé. Il rejoindra Londres et s'engagera dans les FFC. Léon Blum demeure pour Sophie Boissard l'incarnation d'un engagement au service de la chose publique à travers le droit. Le procès de Riom, la réconciliation avec l'Allemagne, le Front populaire. « Il a su garder hauteur de vue et rigueur morale même dans les situations extrêmes. » Sophie Boissard souligne, comme Nicolas Bazire, l'importance de l'Histoire. « L'Histoire permet de comprendre les passions humaines et les ressorts de l'action publique. Je dois beaucoup à *Notre siècle* de René Rémond dans la compréhension du XXe siècle. » Emmanuel Hoog a dévoré les biographies historiques de Foucher, Talleyrand, Marie-Antoinette. « J'avais déjà, à 16 ans, une idée de l'État et de la France. » On admire la figure de De Gaulle dans la famille de Jean-François Copé. Son premier souvenir politique remonte à la mort du Général, le 9 novembre 1970. Il a alors 6 ans. Mais c'est en regardant à la télévision, en novembre 1972, une conférence de presse de Georges Pompidou que son destin est scellé. Il a 8 ans et il sera un homme politique.

Matthieu Pigasse avait comme héros, durant son enfance, les auteurs classiques et les grands révolutionnaires. Le célèbre « enfant au renard » le fascinait. L'histoire est contée par Plutarque dans la *Vie de Lycurgue.* Un jeune Spartiate vole un renardeau et le dissimule dans son manteau. Il se laisse déchirer le ventre par le renardeau, sans un mot de plainte et sans une larme, pour ne pas être pris. L'histoire véhicule des valeurs d'endurance extrême à la souffrance. Matthieu Pigasse reste, encore aujourd'hui, attaché à cette histoire. « Je lis et relis cette histoire et je me dis : c'est ça, le truc. »

10. Les passions fixes
« Les choses définitives » (Alexandre Bompard)

On peut douter de la sincérité de leur amour pour l'art étant donné leur emploi du temps surchargé. Marc Lambron cite toujours, à propos des énarques, la phrase de Roger Nimier sur Louis Aragon : « Excellent dans toutes les matières du programme et même dans les autres. » *Non solum sed etiam* (pas seulement… mais encore). Car parler de son amour pour Stendhal ou de sa passion pour Mick Jones forge une image parfaite. C'est-à-dire décalée. On connaît par cœur le code du travail et les romans de Balzac. On peut soupçonner qu'ils ne lisent plus (beaucoup), mais on peut assurer qu'ils ont (beaucoup) lu. Si la plupart d'entre eux n'ont plus le temps de se plonger dans les mille pages des *Bienveillantes* de Jonathan Littell (Gallimard), il ne fait en revanche pas de doute que la littérature et l'histoire ont été essentielles dans leur formation.

La littérature est restée la passion dominante de Denis Olivennes à travers les âges. « Il m'a semblé, pendant de nombreuses années, que la réalité était subordonnée au romanesque. Quand je voyais une scène de la vie quotidienne, une discussion entre deux personnes, quand je rencontrais quelqu'un, je l'appréhendais à la lumière de cette grille de lecture-là. La littérature est ma formation principale. J'ai longtemps vu le monde à travers les lunettes des grands écrivains comme Chateaubriand, Pascal, Stendhal, Proust. J'ai un véritable intérêt pour les autres. J'aime rencontrer les gens, les connaître, percer leur mystère. Si j'avais du génie littéraire, j'en aurais fait des personnages dans un roman. » Denis Olivennes est un lecteur de Céline. Il connaît, sur le bout des doigts, *Voyage au bout de la nuit.* Il aime particulièrement un passage où Ferdinand Bardamu évoque, des années après, son amour pour Molly. « Tout de même, j'ai défendu mon âme jusqu'à présent et si la mort, demain, venait me prendre, je ne serais, j'en suis certain, jamais tout à fait aussi froid, vilain, aussi lourd que les autres, tant de gentillesse et de rêve Molly m'a fait cadeau dans le cours de ces quelques mois d'Amérique. » Il est sans doute celui qui, avec Emmanuel Hoog, possède la culture classique la plus solide.

Emmanuel Hoog est un grand lecteur de poésie : Rimbaud et Baudelaire. « Je continue à lire régulièrement la poésie de Rimbaud. L'émotion est intacte. Je peux même, encore aujourd'hui, verser une larme en lisant une poésie de Rimbaud. » Il prouvera concrètement, à plusieurs reprises, son intérêt pour la poésie. Il lance entre autres, en 1999 avec Jack Lang, le Printemps des poètes dont il s'occupe durant les trois premières années aux côtés d'André Velter.

Martin Hirsch, Jean-François Copé et Matthieu Pigasse sont des passionnés de musique. La musique est au centre des vies familiales de Martin Hirsch et de Jean-François Copé. La musique classique pour l'un ; la musique de jazz pour l'autre. Ils en jouent tous les deux. Jean-François Copé s'est mis au piano dès l'âge de 8 ans. Il tente de ne pas laisser passer un seul jour sans en jouer et se produit depuis peu en public. Il aime le jazz, la bossa, le tango. Il est aussi incollable sur les films d'avant-guerre avec une prédilection pour les seconds rôles. Martin Hirsch a aussi, de son côté, reçu en héritage l'amour de la montagne. « On fait de l'escalade en montagne depuis trois générations. C'est une activité qui véhicule des valeurs d'effort, de beauté, de risque, d'aventure. »

Matthieu Pigasse cite toujours et partout les mêmes auteurs. Il est un lecteur de Camus et de Michaux. Il aime « Je suis né troué » d'Henri Michaux (*Ecuador*). « Il souffle un vent terrible./Ce n'est qu'un petit trou dans ma poitrine,/Mais il souffle un vent terrible,/Petit village de Quito, tu n'es pas pour moi./J'ai besoin de haine, et d'envie, c'est ma santé./Une grande ville, qu'il me faut./Une grande consommation d'envie. » Il met *L'Homme révolté* et *Le Mythe de Sisyphe* de Camus au-dessus de tout. Il a été aussi marqué par *La Lettre volée* d'Edgar Allan Poe (nouvelle de 1844). Une lettre a été volée dans le boudoir royal. Une enquête est ouverte. Un policier perquisitionne, dans un petit appartement, pour retrouver le billet. Il démonte tout et ne trouve rien. La lettre était, tout simplement, sur le bureau du coupable. Elle était froissée et visible : on pouvait donc la penser sans valeur. La force de la réflexion logique est au cœur de l'histoire. La vérité est parfois sous nos yeux. On peut se perdre dans les méandres de la réflexion. On dira d'ailleurs « *back to basics* » durant la crise des subprimes de 2008.

Matthieu Pigasse a réussi à concilier ses deux autres centres d'intérêt, la musique et la politique, en rachetant *Les Inrockuptibles* en 2009. « L'art n'est pas esthétique mais politique. La musique, c'est du bruit qui pense. » Le concert de la Bastille en hommage à François Mitterrand, donné le 10 mai 2011, se fera grâce à Pierre Berger et à lui. Il est resté fidèle à la musique de son enfance, le punk rock, incarné notamment par Mick Jones et Joe Strummer des Clash. Il n'existe pas un seul article sur lui où il ne raconte pas le disque vinyle *The Clash by the Clash* offert à 13 ans par sa sœur, Virginie. Il dit que ça a changé sa vie. « J'ai compris qu'au fond de ma campagne perdue, en ne venant de nulle part et en n'étant rien, on pouvait changer le monde. Il est possible de hurler et de bouleverser les choses. Je suis né avec ça et je mourrai avec ça. » Régneville-sur-Mer est situé en face de Jersey et de Guernesey. On capte toutes les chaînes et radios anglaises sur les côtes du Cotentin. Matthieu Pigasse se souvient de soirées entières, passées avec son voisin, à écouter *Top of the Pop* sur la BBC. Il n'allait jamais au cinéma. Le cinéma le plus proche était un cinéma pornographique. Il aime *Elephant Man* (1980) de David Lynch et *Barry Lindon* (1975) de Stanley Kubrick. « Ce sont des films de révolte et de combat. Le cinéma, pour moi, ça commence et ça s'arrête là. Sinon, je n'aime que le divertissement en matière de cinéma. Je connais tous les films de Will Ferrell : *Ricky Bobby, roi du circuit* ; *Les Rois du patin* et *Semi-pro*. Je suis un fan absolu de Ben Stiller : *Zoolander* et *Dodgeball*. J'ai vu et revu *Mary à tout prix*, un chef-d'œuvre, *Les Femmes de ses rêves*, *Mon beau-père et moi*. Je suis hermétique au cinéma ennuyeux incarné, entre autres, par les films de Claude Sautet. »

Son ami Alexandre Bompard a deux passions fixes : les films de Claude Sautet et les paysages d'Italie. Il se rend régulièrement en Italie depuis ses 18 ans. « J'ai quelques endroits définitifs, et l'Italie et la Provence en font partie. Je me dis que si je vais en Inde dix jours, je vais connaître le pays uniquement de manière marginale. Alors, je retourne tous les ans dans les villes et les lieux que j'aime. Je sais que je peux y passer des milliers d'heures et que j'aurai toujours quelque chose à y découvrir. Je me dis : c'est chez moi. Peut-être est-ce une forme d'insécurité. » Alexandre Bompard connaît des répliques entières des films de Claude Sautet. Il aime, par-dessus tout, *Les Choses de la vie*. Pierre est un architecte partagé entre les deux femmes de sa vie. Catherine (le passé) et Hélène (l'avenir). Il a un accident de voiture et revoit sa vie défiler. Pierre aurait dû faire preuve de courage et partir avec Hélène. Quitter le passé et aller de l'avant. C'est le grand thème des films de Claude Sautet : se retourner sur sa vie et se rendre compte qu'on est passé à côté de l'essentiel. C'est peut-être dans le cinéma de Claude Sautet qu'Alexandre Bompard a puisé un regard légèrement critique et mélancolique sur leur course de vitesse à tous. On a peut-être perdu en cours de route l'essentiel – le goût du risque et du service – sans s'en apercevoir.

Alexandre Bompard : entre passé et avenir

Une grande salle de réunion impersonnelle où il est toujours vêtu de la même façon. Costume noir, chemise blanche, chaussures pointues. Il arrive à l'heure, ne touche pas à son portable lors d'une conversation, avale souvent ses mots, possède le souci constant de l'idée juste. Alexandre Bompard, né en octobre 1972, est partagé entre passé et avenir. Il possède une image de jeune loup ambitieux de droite. Elle est, comme toutes les images, vraie et fausse. Il est tranchant, secret, rapide, travailleur, rigide, discret. Il avoue avoir réussi à canaliser angoisses et inquiétudes par rapport à ses débuts. On le surnomme, dans toute la presse, Pentium 12. Une intelligence sans temps mort. Il a un physique d'éternel adolescent qu'on n'imagine pas vieillir. Il a plusieurs âges et, en même temps, profondément son âge. Il mène sa carrière à grandes enjambées, possède un carnet d'adresses tentaculaire, connaît par cœur les rouages de la communication. Il a acquis au fil de ses différents postes, comme Denis Olivennes, une petite réputation de coupeur de têtes. Il est aussi celui qui insiste le plus sur le travail : « Je ne me tournais pas les pouces à l'ENA. »

Sa connaissance de *Vincent, François, Paul et les autres* de Claude Sautet ou son admiration pour l'épisode du résistant Tom Morel et du plateau des Glières trahit son rapport au passé et aux passants. Il n'y a pas d'avenir sans racines ; il n'y a pas d'individualité sans collectivité. Il sait écouter et arrêter. Alexandre Bompard concède un rapport angoissé au passage du temps. Il voit bien que ce qui est devant lui va être passionnant à parcourir, il voit tout aussi bien que ce qui est derrière lui ne reviendra plus. Il est sans aucun doute le plus autocritique des neuf énarques, même s'il possède ses limites. Europe 1, baptisée « radio Sarko » durant la campagne présidentielle de 2007, continuera à être jugée trop proche du pouvoir sous sa présidence. Il balaie la critique d'un revers de la main. Mais il débauchera le journaliste de France Inter, Nicolas Demorand, jugé acerbe envers le pouvoir en place, pour animer la tranche 18 h 30-20 h 30 à la rentrée 2010.

Les chassés-croisés d'Alexandre Bompard (un ancien d'Europe 1 arrive à la Fnac) et de Denis Olivennes (un ancien de la Fnac arrive à Europe 1) ont aiguisé les commentaires sarcastiques à leurs propos. On parle d'énarques mercenaires, de génération nénuphar, d'énarques corsaires. Ils vont de poste en poste comme on va de liane en liane. Alexandre Bompard ne s'érige pas en modèle. Le PDG de la Fnac arrive à penser en dehors de sa propre trajectoire. Il admire la cohérence d'énarques persévérant dans la voie du service public et avoue un rapport empreint de culpabilité à l'argent. Tout cela forge la réputation d'un garçon posé, aimé, pressé. Les journalistes d'Europe 1 témoignent d'un directeur à la fois proche et distant. C'est une de ses caractéristiques. Il sait se réserver et se préserver. C'est toujours, dans un premier temps, portes et portables fermés. Le journaliste Marc-Olivier Fogiel a travaillé main dans la main avec lui durant la période Europe 1. « Il est un patron qui incarne une vision et personnalise un projet. Il s'investit sans compter en termes de temps. Il donne l'impression de ne penser qu'à l'entreprise qu'il dirige. Il mûrit longuement le projet avant d'agir vite. Il est le contraire d'un chien fou qui irait dans tous les sens. La réflexion est au cœur de son action. »

Alexandre Bompard prend peu de vacances, dort exactement quatre heures et demie par nuit, fait tout de manière rigoureuse. Il a un univers structuré avec ses mentors (Alain Minc et Étienne Mougeotte) et ses amis (Christophe Tardieu ou Jacques Veyrat). Il est inutile d'aller interroger les uns et les autres, puisqu'on a droit alors à une avalanche de dithyrambes. On dit souvent de lui « mais, Alexandre Bompard, tout le monde l'aime ». Alexandre Bompard souligne que ce sont les gens qui ne l'aiment pas qui disent de lui que tout le monde l'aime. Pas entièrement faux. On lui reproche, comme à Laurent Solly, son côté lisse. Bien mis, bien élevé. Marc-Olivier Fogiel souligne que seuls ceux qui ne le connaissent pas peuvent le trouver sans aspérités. Ses proches témoignent plutôt d'une extrême pudeur des sentiments. Il ne fait jamais étalage de ses états d'âme. Il préfère passer pour transparent plutôt qu'arrogant. La période bousculée et pailletée d'Europe 1 a contribué à lui faire savoir exactement ce qu'il voulait : moins de personnalités et plus de personnes. Les mises en cause lui servent de remises en cause.

11. Des jeunesses politiques
« Il y a un moment de grâce » (Denis Olivennes)

C'est aussi simple que ça. Ils ont la sensibilité politique de leur famille. Ceux qui ont grandi dans une famille de droite sont à droite ; ceux qui ont grandi dans une famille de gauche sont à gauche. Nicolas Bazire, Laurent Solly, Alexandre Bompard, Jean-François Copé sont à droite ; Emmanuel Hoog, Denis Olivennes, Martin Hirsch, Matthieu Pigasse sont à gauche. Sophie Boissard, qui a grandi dans une famille de centre gauche, peut être située au centre. Martin Hirsch a, un temps, divisé le monde entre les bons (à gauche) et les méchants (à droite). « Je ne comprenais même pas adolescent comment on pouvait être à droite. Je me suis, de ce point de vue-là, amélioré. J'ai gagné en tolérance, sans que cela affaiblisse mes propres convictions. Au contraire. » Il s'engagera quatre ans à la fin de la terminale, à 17 ans, au parti socialiste après avoir écouté un Michel Rocard flamboyant et émouvant. On est trois jours avant le 10 mai 1981. Sophie Boissard est politiquement modérée. La branche maternelle allemande de sa famille a connu la période du nazisme. Sophie Boissard revient sur les remords et les incompréhensions, au sein de sa famille, face à la trajectoire de son grand-père maternel qui a embrassé, dans les années trente, la pensée d'extrême droite. Elle apprécie les discussions politiques seulement lorsqu'elles sont argumentées. « Je n'aime pas les discussions politiques polémiques. Il faut se garder de la facilité des jugements à l'emporte-pièce. C'est très facile de conspuer, mais c'est beaucoup plus difficile de construire. Il y avait, du côté de ma mère, des secrets familiaux sur des compagnonnages avec l'extrême droite. Cela a engendré des drames personnels. Du coup, la politique a toujours été vécue, par ma mère, comme une ombre portée sur sa propre vie. » Sophie Boissard a un fort attachement aux structures de l'État, aux valeurs du service public, à l'intérêt général. Elle reste fidèle au devoir de réserve demandé au haut fonctionnaire. L'administration recommande, en effet, neutralité et impartialité politique. On reprochera d'ailleurs beaucoup aux énarques d'avoir été, notamment durant la présidence de Georges Pompidou, inféodés au pouvoir en place. Sophie Boissard et Martin Hirsch soulignent mettre le service public avant les convictions politiques. Sophie Boissard entend se déterminer, comme Martin Hirsch, autour de « quelques grands choix structurants ».

C'est pour certains d'entre eux le premier grand événement politique en direct. Tous n'ont pas ainsi vécu le 10 mai 1981 de la même façon. L'élection de François Mitterrand reste un bon souvenir pour Emmanuel Hoog. « Je me suis dit, c'est la première fois que je vote et je vote gagnant. J'avais des copains pour qui c'était le désespoir mais moi, non, je n'ai pas cru que les chars allaient débarquer place de la Concorde. J'étais un peu à gauche par mon père et complètement à gauche par ma mère. Je me sentais, à Versailles, en situation d'ovni. J'avais conscience qu'entre ce que je pensais et l'univers du lycée privé de Versailles où je poursuivais ma scolarité, il y avait un véritable écart. » Emmanuel Hoog n'a pas été militant. « Je n'ai jamais fait mystère de mon appartenance à la gauche mais le concept de fidélité m'est plus facile à manier, même une fidélité chahutée, que l'idée d'enrôlement. La dimension militante, où la pensée est freinée par une discipline idéologique, me rend absolument rétif. J'ai lu avec passion, à l'adolescence, Marx, Engels, Lénine. Je me suis senti, très tôt, social-démocrate. »

Denis Olivennes, Matthieu Pigasse, Jean-François Copé se sont intéressés à la politique très jeunes. Denis Olivennes est en sixième, à 11 ans, quand il fume, fait partie du Comité des luttes, squatte des appartements. « Je ne supportais pas l'injustice. L'héritage familial, les instituteurs communistes, Mai 68 se sont agrégés pour que je sois politisé dès mon arrivée en sixième. » Il s'engage à l'extrême gauche, durant sept ans, de la sixième à la terminale. Il est un temps compagnon de route de la Ligue communiste révolutionnaire (LCR). Et puis, acquiert un point de vue plus nuancé, avec ses lectures. Il date ce qu'il appelle « sa conversion à la démocratie » de la découverte de la philosophie en terminale. « Il y avait en moi une part de testostérone qui s'exprimait dans les combats de rues pour défendre mes idées. C'était très bien pour passer l'adolescence. Il y a un moment de grâce où l'on vit seulement pour autrui et puis, après, commence la fin du romantisme. » Denis Olivennes milite activement, depuis ses seize ans, pour que la gauche arrive au pouvoir. L'élection de François Mitterrand, le 10 mai 1981, clôt définitivement ses années de militantisme. Il a 21 ans. « L'accouchement de cette victoire de la gauche a signifié l'enterrement de mes vœux de militantisme. J'étais arrivé à un point de mon cheminement personnel où je voulais jouir de ma liberté intellectuelle sans être enrégimenté. » Il se rend à la fête de la Bastille, rencontre une jolie fille quelques jours après lors de la montée du Panthéon, a conscience de vivre la petite et la grande histoire. C'est beaucoup mais c'est tout. « J'avais déjà commencé à prendre conscience d'un certain nombre d'illusions contenues dans la victoire. Je n'ai jamais aimé François Mitterrand, même si je lui dois l'une de mes plus grandes émotions avec le 10 mai 1981. Une forme de cynisme, les amitiés condamnables, l'irresponsabilité économique, le clanisme, l'afféterie littéraire. J'ai pu reconnaître en lui l'animal politique mais jamais l'homme d'État. J'ai uniquement admiré son engagement européen, qui me semble être sa seule zone de conviction sans faille, et sa fermeté vis-à-vis des Soviétiques durant l'affaire des euromissiles en étant favorable à l'installation des Pershing II, en Allemagne, lors de son discours au Bundestag du 20 janvier 1983. » Denis Olivennes vivra, sans surprise, les derniers feux de la mitterrandie avec la multiplication des affaires et la découverte du passé vichyste de François Mitterrand.

On prête à Matthieu Pigasse (à gauche) et à Jean-François Copé (à droite) l'ambition d'avoir voulu, dès l'adolescence, devenir président de la République. Jean-François Copé, né dans une famille de droite gaulliste, aspire tôt à un grand destin politique. C'est lui qui a placé la politique au centre des intérêts familiaux. Il n'a jamais songé à voter à gauche. Le 10 mai 1981 est vécu dans l'inquiétude, surtout à cause de la présence des communistes. « La gauche a toujours signifié pour moi une omniprésence idéologique que je trouve dépassée. J'ai été horripilé par son discours sectaire et hypocrite sur l'argent et la réussite. J'ai cependant approuvé certains choix de François Mitterrand, dont la libéralisation de l'audiovisuel et la décentralisation. Laurent Fabius a fait passer de vrais messages de modernité. Mais j'ai été extrêmement choqué par le jeu de François Mitterrand avec le Front national et par la découverte tardive de son passé vichyste. J'ai approuvé plus tard le PACS (Pacte civile de solidarité) et j'ai été scandalisé par le fiasco des trente-cinq heures. La gauche porte une responsabilité historique dans l'évolution des mentalités de notre pays dans son rapport au travail. » Jean-François Copé adhère au RPR, en 1989, à la sortie de l'ENA.

Matthieu Pigasse pense que tout est politique. Il a été marqué enfant, en Normandie, par la misère sociale environnante. Il se souvient être allé à l'école avec des chaussures trouées, juste par je-m'en-foutisme, mais avoir subi une moquerie de classe. « Je me suis dit tout petit : il y a les bourgeois et il y a les autres. Je me suis dit, comme Flaubert, que j'agirais pour faire vomir le bourgeois. Je définis le bourgeois, non pas par son compte en banque, mais par son côté bien-pensant. Je déteste la norme. Les conventions ont défini ce qui est normal pour des raisons de régulation sociale, mais la réalité est que la ligne entre ce qui est normal et ce qui n'est pas normal est arbitraire. Il ne faut pas se laisser imposer l'idée qu'il existe une norme. » Le 10 mai 1981 a représenté, pour lui, un souffle nouveau. Il a vécu trois grands chocs politiques. L'élection de François Mitterrand en 1981, la nomination de Michel Rocard comme Premier ministre en 1988, le suicide de Pierre Bérégovoy en 1993. « Je me souviens précisément de la nomination de Michel Rocard comme Premier ministre. J'avais alors 20 ans. J'étais en train de me faire couper les cheveux à Rock Hair, dans le quartier des Halles, quand j'ai appris la nouvelle par la radio. » Matthieu Pigasse a l'obsession des lieux. Il est capable de dessiner avec une rare précision des villes pour y replacer rues, monuments, commerces. Matthieu Pigasse a pris sa carte du parti socialiste en 1981, juste après la victoire de François Mitterrand, et il l'a toujours. Denis Olivennes le lui reprochera dans un éditorial du *Nouvel Observateur*. Matthieu Pigasse et Denis Olivennes se retrouveront tous les deux, lors de la campagne présidentielle de 2007, enrôlés dans le mouvement des Gracques. Une véritable pépinière d'énarques de gauche, dont Bernard Spitz, Jean-Pierre Jouyet ou Guillaume Hannezo, œuvrant pour rapprocher Ségolène Royal et François Bayrou entre les deux tours de la présidentielle. La plupart des hauts fonctionnaires, appartenant aux Gracques, voulaient revenir à la politique à la veille de la présidentielle. Matthieu Pigasse a tout fait pour que Ségolène Royal passe (son idée : n'importe qui à gauche fait l'affaire) et Denis Olivennes a tout fait pour que Ségolène Royal ne passe pas (son idée : la gauche, mais pas à n'importe quel prix). Les deux ont pris du recul aujourd'hui avec les Gracques, au point de minorer leur engagement dans le mouvement.

Le père d'Alexandre Bompard a dirigé le RPR en Haute-Savoie et est devenu maire adjoint de Megève en 1983. Le fils dit avoir baigné dans un univers politique ouvert avec un père gaulliste, de gauche ou de droite selon les périodes, mais attaché à la figure transcendante de De Gaulle : La France n'est ni de gauche ni de droite, elle est la France. Aucun discours sectaire. Alexandre Bompard s'est construit en recherche de personnalités référentes. Il a été marqué par le discours de

François Mitterrand au Bundestag, par ses mots à la mort de Pierre Bérégovoy, par l'émission de Bernard Pivot où il parle de son amour de la France et par ses entretiens avec Jean-Pierre Elkabbach. Il y a ce moment où Jean-Pierre Elkabbach dit « et si Roger-Patrice Pelat va en prison ? » et où François Mitterrand lui répond, après un long silence, « eh bien, j'aurais un de mes meilleurs amis en prison ». Alexandre Bompard se souvient du discours de Jacques Chirac du 16 juillet 1995, pour la commémoration du 53e anniversaire de la rafle du Vel'd'Hiv, sur la reconnaissance de l'État français et donc de la France durant Vichy. Des moments clés.

La politique a aussi compté pour lui. Laurent Solly a participé aux campagnes électorales de Jacques Chirac. Il a collé des affiches de nuit, avec des amis, en faveur de Jacques Chirac pour l'élection de 1988. « Je n'avais pas un engagement politique – je n'avais pas, par exemple, ma carte du parti –, mais j'avais une conscience politique. » La promotion Victor Schoelcher, celle de Laurent Solly et de Sophie Boissard, organisera un vote interne, lors de l'élection de 1995. Ils seront 70 % à voter pour Lionel Jospin.

Le père de Nicolas Bazire a été dans les cabinets ministériels MRP juste après la guerre et le fils a épousé ses idées. « Les gens qui votaient MRP n'étaient pas extraordinairement fanatisés. » Nicolas Bazire a 24 ans en 1981. « J'ai quitté la France, en gros, du 20 octobre 1980 au 1er mai 1981. J'étais élève-officier sur le porte-hélicoptères *Jeanne d'Arc*. J'ai appris que ma femme attendait des jumeaux à Ceylan et ils sont nés alors que j'étais à Gibraltar. Je suis revenu, une semaine après leur naissance, le 1er mai 1981. Je n'ai donc absolument pas vécu cette campagne. Quand je suis parti, Valéry Giscard d'Estaing allait être réélu et, quand je suis revenu, il allait être battu. Je me souviens parfaitement du 10 mai 1981, mais j'étais plus occupé par mes enfants qui venaient de naître que par François Mitterrand qui venait d'être élu. Si certains de mes camarades de promotion à Navale l'ont très mal vécu, c'est parce qu'il allait y avoir des ministres communistes. C'était une autre époque. On avait en face de nous le pacte de Varsovie. Toutes nos cartes avaient des pions rouges sur la partie d'en face. Les pions rouges représentaient les communistes et on allait avoir des ministres communistes au gouvernement dont un ministre des Transports, responsable des plans de mobilisation. Je n'étais, moi, pas du tout traumatisé. Je trouvais juste que c'était une mauvaise idée de voter François Mitterrand parce que j'avais voté Valéry Giscard d'Estaing. »

Nicolas Bazire raconte être allé sur la tombe du général de Gaulle, à Colombey-les-Deux-Églises, avec ses trois enfants. Il est, à l'époque, élève de l'ENA. Un reporter de *Paris Match*, présent ce jour-là, insiste pour les prendre en photo comme représentants idéaux de la famille gaulliste moderne. « J'ai dû lui expliquer que non seulement c'était mauvais pour moi parce que j'étais fonctionnaire dans le département voisin mais que, en plus, c'était faux, parce que je ne suis pas gaulliste mais plutôt, comme mon père, dans la tradition MRP. » Il n'y aura pas de photo.

12. Le goût de l'action
« Une petite participation aux grands combats »
(Martin Hirsch)

Sophie Boissard et Denis Olivennes sont normaliens et agrégés de lettres. Aucun des deux n'a réellement songé à être enseignant. Denis Olivennes a rêvé d'être avocat, guérillero, grand reporter, écrivain. « Je me voyais dans l'action et dans le récit de l'action. » Sophie Boissard a pensé un temps embrasser une carrière de chercheuse comme son confrère de Normale, Thomas Piketty, déjà penché sur les inégalités de revenus. Elle a entamé des recherches sur Jules Moch. Une figure autoritaire de la SFIO et un parcours républicain de juif intégré. Mais Sophie Boissard désirait avant tout une spéculation intellectuelle portant sur un objet utilitaire. Réflexion et action. Elle trouvera ce besoin assouvi, à sa sortie de l'ENA, au Conseil d'État, dont la fonction est de trancher les litiges. « On y retrouve un artisanat intellectuel passionnant. On cherche, on écrit, on essaie d'arriver à une solution juste, mais sur un temps court. » Martin Hirsch est aussi normalien. Il refuse l'étiquette d'intellectuel. « Je manie malheureusement moins bien les concepts qu'un Denis Olivennes. J'ai une culture trop éclatée. Je ne suis pas à l'aise avec l'histoire des idées et je trouve qu'un véritable intellectuel, c'est quelqu'un qui est capable de refaire tout le fil de l'histoire des idées pour replacer ses propres idées dedans. Je ne me sens légitime que sur des sujets précis comme la solidarité. Mais cela ne m'empêche pas d'aimer discuter. Je cherche cependant avant tout, dans ce que je fais, une petite participation aux grands combats. » Car avoir le goût de l'action, c'est croire en la vie. Emmanuel Hoog lie pouvoir et action. « Je craignais en faisant Normale de partir dans le monde des idées et de ne plus revenir dans le réel. J'aime le réel. On possède, ou non, le goût de faire, construire, inventer. On a la conviction qu'en changeant, en changeant la vie, comme le dit Rimbaud, cela va être mieux. »

Les entendre parler durant des heures, c'est voir apparaître à la surface leurs tics de langage, leurs idées fixes, leurs croyances profondes. Sophie Boissard et le service de l'État, Emmanuel Hoog et la réalité, Nicolas Bazire et la famille, Denis Olivennes et la littérature, Alexandre Bompard et le travail, Martin Hirsch et le service public, Matthieu Pigasse et l'égalité des chances, Laurent Solly et la méritocratie républicaine, Jean-François Copé et la politique. C'est à la fois ce qu'ils pensent et ce qu'ils veulent qu'on pense d'eux.

13. Le passage par Science Po
« Il était joignable vers une heure du matin »
(Matthieu Pigasse)

Est-ce qu'il faut connaître les codes pour faire Science Po et l'ENA ? Sophie Boissard (sa mère est enseignante), Nicolas Bazire (les trois frères ont fait Science Po), Martin Hirsch (il est issu d'une lignée de hauts fonctionnaires), Laurent Solly (son père est directeur d'école) avaient, en leur possession, les us et coutumes du parcours dans les grandes écoles. Alexandre Bompard ne les avait pas. Il a ressenti son étrangeté, seulement une fois. « Quand je suis arrivé à Science Po, j'avais l'impression de ne pas maîtriser certains codes. J'y ai vu, au milieu d'une grande diversité, des élèves avec des comportements d'héritiers. Je ne les intéressais pas et je n'ai pas éprouvé le besoin de leur ressembler. C'était peut-être de l'orgueil ou, pire, de l'arrogance, mais je n'étais pas complexé par eux. » Jean-Pierre Jouyet est président de la haute autorité des marchés financiers (AMF) et appartient à la célèbre promotion Voltaire (1980) qui compte, en son sein, François Hollande, Ségolène Royal, Dominique de Villepin, Frédérique Bredin... Il va dans le même sens qu'Alexandre Bompard. Il a trouvé l'ENA beaucoup plus démocratique et moins parisianiste que Science Po.

L'Institut d'études politiques (IEP) passe pour l'antichambre de l'ENA. L'envie de faire l'ENA y naît souvent dans la filière « service public ». Les maîtres de conférences, admirés par les élèves, sont des hauts fonctionnaires. Seule Sophie Boissard a été déçue par Science Po. « On restait trop à la superficie des choses. » Ils ont tous, sinon, adoré Science Po. Ils se souviennent de professeurs excellents comme Michel Winock (Laurent Solly) ou Jean-Pierre Azema (Emmanuel Hoog). Ils s'amusent, comme Laurent Solly, du côté « vus à la télévision». «Je les voyais à la télévision, je lisais leurs livres et, tout d'un coup, je les avais en cours. Je suis encore fier aujourd'hui de dire que j'ai eu Michel Winock, et bien d'autres, comme professeur. Science Po représente un faisceau de bons moments: l'indépendance, l'amitié, la culture.» Emmanuel Hoog parle de «fête de l'intelligence». Il est arrivé à Science Po en même temps que la gauche au pouvoir. «Je me souviens de Jean-Pierre Azema nous disant: *Mitterrand, vous aimez ou vous n'aimez pas, mais c'est toujours deux* t *et deux* r.» On retrouve, dans cette simple anecdote, le goût d'Emmanuel Hoog pour les faits. Alexandre Bompard rencontre, à Science Po, sa future femme, aujourd'hui vice-présidente du TGI (tribunal de grande instance) de Bobigny, et y apprend mille choses. Il remarque quand même, comme Sophie Boissard, l'aspect saupoudrage. «Il y a un petit côté illusoire et artificiel. On se met à parler du Kosovo – qu'on a découvert trois jours plus tôt parce qu'on avait un exposé à faire dessus – comme si l'on était le spécialiste mondial du Kosovo. Mais c'est un lieu extraordinaire d'apprentissage et d'emmagasinement de savoirs avec d'excellents professeurs.» Denis Olivennes s'y passionne pour l'économie. Nicolas Bazire fait Science Po, à 25 ans, en demeurant militaire. Il se rend deux fois de suite, durant les vacances de Science Po, dans le cadre d'une opération militaire, en Afrique. Il participe à l'opération Manta, la France au Tchad, et suit, en 1983-1984, les opérations de la France au Tchad contre la Libye. Il envoie ses papiers à Paris. Deux de ses enfants feront Science Po. «Je ne pouvais pas me rendre aux cours parce que je travaillais à côté. Je ne regardais que les polycopiés. Je le regrette. Science Po a su évoluer avec son temps. Toutes les générations peuvent dire du bien de Science Po.» Jean-François Copé s'est fait nombre de relations à Science Po. Il y créera, avec ses amis François Werner et Jean-Baptiste Massignon, un groupe politique baptisé Comité du 11 mai. Ils veulent s'insurger contre l'élection de François Mitterrand. Le comité sera vite dissous. Matthieu Pigasse garde, comme les autres, un bon souvenir de Science Po. Il passe des heures dans la bibliothèque, se lie avec Jean-Louis Girodolle qui le rejoindra à la banque Lazare, écoute des professeurs inoubliables. Matthieu Pigasse donnera aussi des cours à Science Po durant les années 1995-1997. Il est alors au Trésor. Il arrive sans rien avoir préparé en piochant un sujet au hasard dans l'actualité du moment. « Je reconnais que c'était un peu le bordel. J'avais un truc : quand je ne savais vraiment pas quoi faire, je leur collais une interrogation écrite, ça me donnait une demi-heure pour trouver autre chose. » Un de ses élèves, devenu ministre dans le gouvernement de Nicolas Sarkozy, s'en souvient bien. « Matthieu Pigasse avait déjà ce côté brillant, propre d'ailleurs aux strauss-khaniens, qui faisait tout passer. Quand il n'arrivait pas en retard à ses cours, c'est qu'il les avait bel et bien oubliés. On pouvait sinon l'appeler, sans problème, vers une heure du matin pour lui poser une question. Il répondait. »

14. Le choix de l'ENA
« J'ai rencontré un homme remarquable » (Denis Olivennes)

Comment en est-on amené à faire l'ENA ? Il y a la voie classique, Science Po + l'ENA, empruntée par Jean-François Copé, Laurent Solly, Alexandre Bompard, Emmanuel Hoog, Matthieu Pigasse. Jean-François Copé a toujours pensé entrer en politique et donc à faire l'ENA bien qu'il n'y ait aucun haut fonctionnaire dans sa famille. « J'y songe depuis que je suis tout petit. Mon projet a été de faire de la politique. J'ai remarqué que les hommes politiques déjà en responsabilité à l'époque, comme Valéry Giscard d'Estaing ou Jacques Chirac, avaient au départ suivi une carrière de hauts fonctionnaires et qu'ils avaient fait pour ça Science Po puis l'ENA. J'ai donc mis mes pas dans les leurs. » Alexandre Bompard a envisagé de faire l'ENA, une fois à Science Po. Matthieu Pigasse est arrivé à l'ENA par un entrelacs de trois raisons : un prolongement géographique puisque Science Po a partagé dans le passé un jardin avec l'ENA ; la perspective d'une scolarité rémunérée ; une passion pour la chose politique et publique. « Je me suis dit : on fait Science Po, on fait l'ENA et, après, on verra bien. » Laurent Solly se souvient de son grand-père maternel, adjoint au maire dans une commune proche de Villefranche-sur-Saône dans le Rhône, et faisant des réunions d'élus pour parler des affaires de la commune. « J'avais un terreau familial (les affaires publiques) et personnel (une passion pour l'histoire) qui me prédestinait à faire Science Po et la filière "service public", mais je n'avais jamais songé à faire l'ENA, avant d'arriver rue Saint-Guillaume. Il y a, une fois sur place, un mécanisme naturel qui se met en place. Mais cela restait pour moi, à l'époque, l'Everest. Je ne me suis pas dit *il faut le faire*, mais je me suis dit *il faut tenter de le faire*. »

On peut établir la distinction entre ceux qui ont fait Science Po + l'ENA et ceux qui ont fait, au préalable, une autre école qu'ils préféreront systématiquement à l'ENA. Sophie Boissard a toujours voulu faire l'ENA, mais elle met en avant sa formation à Normale supérieure. « Je me souviens avoir assisté vers onze ans, dans mon petit village, au dépouillement des élections municipales. Cela m'a profondément marquée. J'ai eu envie de faire l'ENA dès le lycée, portée par l'intérêt de la chose publique. Mon goût de l'histoire y a sans doute contribué. J'ai été fascinée tôt par les figures de grands serviteurs de l'État. Je vais vous paraître immodeste : j'ai besoin de me sentir utile à la collectivité. Mais mes années en hypokhâgne puis en khâgne, faites à Strasbourg au lycée Fustel-de-Coulanges, ont été de loin les plus riches et les plus structurantes. » Denis Olivennes, lui, n'avait jamais réfléchi au service public. Il se lie d'amitié, à l'École normale supérieure de Saint-Cloud, avec Olivier Nora. Le futur PDG de Grasset et Fayard veut lui présenter son père. Denis Olivennes, marqué par ses années de gauchisme, se rend avec réticence dans le bel appartement bourgeois de l'avenue de l'Observatoire à Paris. On est en 1981. Simon Nora est le prototype du haut fonctionnaire. Il est inspecteur des finances ; auteur en 1978, avec Alain Minc, d'un rapport sur l'informatisation de la société ; a été directeur général du groupe Hachette. Charismatique, élégant moralement et physiquement, courageux. Il marque un tournant dans la trajectoire de Denis Olivennes. « J'ai rencontré un homme remarquable. Il avait été compagnon de route du parti communiste, connaissait l'œuvre de Trotsky bien mieux que moi, avait été dans la Résistance dans le Vercors, avait travaillé aux côtés de Pierre Mendès France et Jacques Chaban-Delmas. Je me suis civilisé à son contact. » Le haut fonctionnaire lui explique que si l'on veut réformer et moderniser la société, il faut servir l'État puisque c'est par la réforme de l'État qu'on va réformer la société. Simon Nora est sur le point d'être nommé directeur de l'ENA. Il en sera directeur de 1982 à 1986. Il convainc Denis Olivennes de faire Science Po puis l'ENA. Le normalien, agrégé de lettres modernes et de sciences économiques et sociales, entre à l'ENA en 1986.

Deux voies atypiques. Nicolas Bazire qui a fait l'École navale et Martin Hirsch qui a fait médecine. Nicolas Bazire se souvient de la première fois où il a rencontré Valéry Giscard d'Estaing. On est en 1993. Nicolas Bazire vient d'arriver à Matignon. Édouard Balladur organise un déjeuner et présente Nicolas Bazire à Valéry Giscard d'Estaing. « Il m'a demandé de quelles origines j'étais. Je ne comprenais pas le sens de la question. Je lui ai répondu que j'étais officier de marine. J'ai vu Édouard Balladur faire les gros yeux et rajouter aussitôt que j'avais aussi fait l'ENA et la Cour des comptes. » Martin Hirsch se trouve à Normale, en médecine, l'année où l'on ouvre la possibilité de passer directement de Normale à l'ENA. Il dépose en secret un dossier. « Je n'ai prévenu personne car je me suis dit qu'il y avait neuf chances sur dix que ça ne marche pas et que, comme ça, personne ne le saurait. » Il se retrouve face à un jury pour le Grand Oral. Il est à l'époque externe dans une maternité de Longjumeau. « Un des membres du jury s'est penché sur mon dossier et m'a dit : mais pourquoi êtes-vous dans une maternité de Longjumeau au lieu d'être dans une grande maternité parisienne ? Je leur ai expliqué que, dans une grande maternité, on était la douzième roue du carrosse alors que les mains avec lesquelles je parlais là avaient fait un accouchement lors d'une garde la nuit précédente. » Il est immédiatement reçu et s'en va donc avouer à son directeur de thèse, furieux, qu'il abandonne ses études de médecine pour entrer à l'ENA.

15. Le concours le plus dur de France
« Ce n'est pas une école de génies » (Alexandre Bompard)

Il y a plusieurs concours. Le concours interne (les fonctionnaires) et le concours externe (les étudiants de moins de 28 ans). Le troisième concours s'adresse, lui, à la société civile. La sélection est impitoyable. On peut se présenter jusqu'à trois fois au concours d'entrée. Il y a double correction pour les copies. Les examens se déroulent dans des salles immenses. Matthieu Pigasse évoque les quais de la Seine à Paris, désertés par les magasins Saint-Maclou, ainsi que d'immenses bâtiments impersonnels. Les épreuves s'étalent sur quatre mois. De septembre à décembre. On passe les écrits en septembre, on connaît les résultats de l'admissibilité à la mi-octobre, on passe ensuite les oraux qui se tiennent jusqu'à la mi-décembre. Les résultats sont donc proclamés vers le 15 décembre. Il faut être en forme au bon moment. C'est-à-dire à la pointe de ses capacités le jour même des épreuves. Il y a aujourd'hui 11 matières (5 épreuves écrites, 5 épreuves orales, une épreuve de sport). Autour de vingt-cinq heures d'épreuves écrites sur l'économie, le droit public ou la culture générale. Laurent Solly a passé le concours à 22 ans, après une année de classe préparatoire, et l'a réussi du premier coup. Jean-François Copé intègre Science Po en 1985, travaille tout l'été, entre à l'ENA en 1987. Nicolas Bazire est collé à Science Po en juin, mais réussit l'ENA du premier coup, sans difficulté. « Il y avait une option mathématiques statistiques dans laquelle j'ai eu une très bonne note. » Denis Olivennes et Sophie Boissard passent le concours après Normale supérieure, l'agrégation de lettres, Science Po. Denis Olivennes se livre à une critique du concours de l'ENA. « Je me souviens que cela s'est passé sans trop de problème. Ce n'est pas une sélection sur l'intelligence. Il faut juste savoir se conformer à un moule. Il faut faire preuve d'une intelligence caméléonesque et avoir une capacité mimétique de compréhension des attentes scolaires d'un jury. C'est une expérience scientifique et reproductible. J'avais compris comment tout cela fonctionnait donc j'étais capable de reproduire le schéma à l'infini. » Emmanuel Hoog et Sophie Boissard l'ont passé deux fois. Sophie Boissard a trouvé le concours de l'ENA moins dur que celui de Normale. « J'ai trouvé le concours de Normale extrêmement angoissant. J'avais l'impression de me retrouver face à l'Everest. Le concours de l'ENA est technique, et non intellectuel, comme celui de Normale supérieure. Une fois qu'on a compris comment ça marche, on sait faire. » Nicolas Bazire, Martin Hirsch, Sophie Boissard ont de l'admiration pour Normale supérieure. Nicolas Bazire remarque qu'« il n'y a pas de gens qui soient sortis d'Ulm maths et qui puissent avoir des faiblesses de raisonnement. Ils peuvent être des types biens ou des types moches. Ce sont des machines intellectuelles exceptionnelles. On ne peut pas dire ça de ceux qui ont fait l'ENA. De toute façon, j'ai toujours trouvé faciles les concours que j'ai réussis et difficiles les concours que j'ai ratés. » Alexandre Bompard et Matthieu Pigasse mettent en avant la somme de travail à fournir pour passer l'un des examens les plus durs de France. Alexandre Bompard a travaillé, de manière intensive, pour compenser le manque d'informations. « Je ne vais pas faire preuve de coquetterie : j'ai trouvé ça dur. C'est un concours difficile avec une dizaine de matières et on pioche dans ses réserves pour l'obtenir. J'ai travaillé comme un damné et j'ai eu la chance de l'avoir tout de suite. Si vous n'avez pas les codes, et c'était mon cas, il faut énormément réviser. L'ENA n'est pas une école de génies. Le don ne sert à rien. Il faut juste bosser et bosser. » Matthieu Pigasse avoue que la première fois de sa vie où il a travaillé, c'est pour passer les écrits de l'ENA.

Alain Minc parle de tout ça comme d'un jeu. Il a passé l'ENA après l'École des Mines. Il est sorti premier de Science Po et il veut entrer premier à l'ENA. Ce sera chose faite.

16. Le Grand Oral
« Je me suis dit, là, ce n'est pas bon du tout, du tout, du tout ! » (Nicolas Bazire)

Le Grand Oral a évolué au fil du temps. Il a été réformé en 2000. L'entretien porte, non plus sur des connaissances encyclopédiques, mais sur des aptitudes. La place faite à la culture générale est allée en décroissant. Le Grand Oral ressemble davantage aujourd'hui à un entretien de recrutement. Il s'agit de connaître personnalité et motivations du candidat. Les élèves remplissent une note de deux pages maximum, avec études et expériences professionnelles, remis aux cinq membres du jury dès qu'ils se savent admissibles. Le Jury discute avec le candidat sur son parcours. Il a été, à un moment donné, composé d'une dizaine d'examinateurs mais, depuis la réforme de 1986, ils ne sont plus que cinq. Il y a aujourd'hui, en général, trois hauts fonctionnaires, un professeur d'université, un journaliste. Le jury doit représenter un équilibre entre praticiens de l'administration, fonctionnaires, universitaires. Chacun des membres doit s'exprimer. Ils sont présents huit heures par jour, durant trois semaines, à entendre huit candidats admissibles en moyenne dans la journée. Dès que les candidats connaissent l'identité des membres du jury, ils se renseignent sur leurs personnalités afin de tenter de deviner leurs centres d'intérêts.

Le Grand Oral se déroule rue de l'Observatoire à Paris. Les jurés interrogent le candidat durant 30 ou 45 minutes selon les époques. Une horloge vert kaki en fer à quatre faces, appelée le scaphandrier, scandait les minutes écoulées. Elle a aujourd'hui disparu du décor pour se retrouver à l'intérieur d'une vitrine, dans le bureau du comité à Paris, au premier étage de l'ENA. Mais tous les candidats s'en souviennent ainsi que de la grande table ovale et du public dans le dos. L'histoire du « Grand O » est peuplée d'anecdotes vraies et fausses sur les questions des jurés et les réponses des candidats. C'est devenu un mythe. Guy Jacquemelle lui a consacré un livre (*Le Grand Oral de l'ENA*, Les Éditions du Mécène). Le Grand Oral représente un moment fort. On lui a longtemps reproché d'être fortement connoté sociologiquement. Le *back ground* social et culturel y était essentiel. Pierre Bourdieu l'avait dénoncé en son temps. Les choses ont changé mais il faut s'exprimer avec aisance et posséder une culture de fond. Savoir répondre aux questions et avoir l'air sympathique. Les élèves viennent s'écouter les uns, les autres avant de passer, pour s'encourager et se familiariser avec l'exercice. Ils ignorent le nombre de points qu'ils ont à rattraper lorsqu'ils se retrouvent devant les examinateurs. Ils sont convoqués 45 minutes avant le Grand Oral. Cela leur paraît interminable.

Emmanuel Hoog intègre Science Po en juin 1984, passe l'été à réviser le concours de l'ENA, réussit l'écrit, se plante à l'Oral avec une question sur les protections consulaires. Il se souvient du Grand Oral comme d'un passage clé de l'apprentissage. « On a une heure pour préparer son Grand Oral et après, pendant 30 minutes, en public, une dizaine de types vous tire dessus. Je crois que j'ai acquis, après ça, un capital force tranquille à vie. Le Grand Oral a été, pour moi, un moment de passage initiatique dans ma vie. Je me souviens que l'on m'avait demandé pourquoi le jardin des Tuileries s'appelait ainsi. L'idée même d'une fabrique de tuiles ne m'est pas passée par la tête. L'esprit de répartie m'est un peu étranger. » Mais, la deuxième fois, tout se déroule bien.

Laurent Solly passe l'épreuve du Grand Oral haut la main avec un 14 et demi. Ils sont cinq jurés dont un ancien ambassadeur de France au Mexique. L'ambassadeur interrompt un moment le débat juridique pour demander à Laurent Solly de lui expliquer pourquoi les Mexicains mangent de plus en plus de viande. Laurent Solly se lance dans un exposé sur le développement économique du Mexique. L'ancien ambassadeur le laisse parler et lui assène un « absolument pas. C'est à cause du pétrole ! ». Laurent Solly n'a toujours pas compris aujourd'hui ce que ça voulait dire. Il a écrit, sur la fiche à remplir avant l'Oral, sa passion pour la chanson française. On l'interroge sur ce qu'il aime le plus dans la chanson française. Il souffle, dans un éclat de rire général, le nom de Jacques Brel. On lui fait remarquer que comme chanteur français, il aurait pu trouver mieux qu'un chanteur belge ! Laurent Solly dit se rappeler de deux sentiments : l'impression que 45 minutes c'est long et la certitude qu'il ne faut pas mentir car les jurés seront au final les plus forts. Il a empêché sa mère de venir l'écouter, voulant y aller tout seul. Il découvrira à la fin qu'il y avait une de ses amies dans le public. Elle l'assurera que tout s'est bien passé.

Une image revient sans arrêt : on a l'impression d'être un gladiateur jeté dans une arène. Matthieu Pigasse se remémore une peur terrible avant de passer le Grand Oral. « Je trouvais surtout désagréable que ça se déroule en public. Tous ces gens venus pour assister à un spectacle me gênaient. » Matthieu Pigasse avait mentionné, sur la fameuse fiche descriptive, son appartenance passée au mouvement scout protestant. Il est alors persuadé qu'il sera questionné sur Voltaire et l'affaire Calas. Il connaît par cœur, à un jour près, cette affaire où Voltaire réussira à faire réviser, en 1765, le procès du protestant Jean Calas injustement accusé de meurtre. Aucune surprise. Matthieu Pigasse sera, en effet, questionné sur Voltaire et l'affaire Calas.

Nicolas Bazire se remémore parfaitement son Grand Oral. Son président de jury est Maurice Ulrich, homme politique proche de Jacques Chirac, qu'il sera amené à revoir par la suite. Le candidat planchait alors sur un texte tiré au sort. Nicolas Bazire dévisse une boule noire. Le numéro correspond à *L'État spectacle* (Flammarion, 1977) de Roger-Gérard Schwartzenberg. « Le texte avait, à mes yeux, un intérêt moyen. J'aurais plus de choses à dire aujourd'hui mais, bon, on ne peut malheureusement pas passer ses concours à 50 ans. J'ai fait, devant les jurés, un petit show dont j'étais content. Mais un des jurés m'a alors posé une question : *Quelle est l'institution importante qui se trouve place Royal ?* Je ne suis pas parisien. J'avais déjà été à la Comédie-Française, mais jamais au Conseil d'État. J'ai donc répondu, aussitôt, qu'il y avait la Comédie-Française. Tout le monde a éclaté de rire. J'ai alors compris mon erreur et j'ai enfin cité le Conseil d'État. Tout le monde a, de nouveau, éclaté de rire. Je me suis dit, là, ce n'est pas bon du tout, du tout, du tout ! Il faut savoir, au passage, que Maurice Ulrich était membre du Conseil d'État. Le Grand Oral durait, à l'époque, trente minutes. C'était militaire. Trente minutes et non pas trente-cinq minutes. Un des jurés me pose alors une autre question : *Vous êtes stagiaire de l'ENA, vous avez une entreprise, très CGT, qui veut licencier un tiers de son personnel. Si l'entreprise ne le fait pas, elle fait faillite ; et si l'entreprise le fait, c'est la révolution dans le département. Quel est votre plan d'action ?* La sonnette a retenti pour signifier la fin du Grand Oral. Je me suis dit que cela tombait bien parce que la situation n'était quand même pas simple. »

On est fin novembre 1995. Alexandre Bompard a passé un très mauvais oral blanc la veille à Science Po. « J'avais été épouvantable et je me disais : mon Dieu, si c'est comme ça demain ! » La période est particulièrement tendue. Il y a eu entre juillet et octobre 1995 huit attentats à la bombe en France dont le plus meurtrier fut l'attentat du 25 juillet 1995 à la station RER Saint-Michel. On est au sortir de la vague d'attentats de l'été et dans les grandes grèves de 1995. Les manifestations contre la loi Juppé sur les retraites et la sécurité sociale se sont déroulées du 24 novembre au 15 décembre 1995. Les élèves ont en tête que le RER peut avoir du retard ou être annulé à tout moment. Alexandre Bompard traverse les cortèges de manifestants, pour se rendre à son examen à l'ENA même, en costume et cravate. « J'avais mis une cravate improbable avec un costume qui l'était tout autant pour avoir l'air un peu crédible. Je crois que c'est souvent assez peu réussi à cet âge. On peut dire que chez moi, en tout cas, l'ensemble n'était vraiment pas harmonieux. J'ai traversé complètement endimanché tous ces flots de manifestants. » Il est venu auparavant, comme tous ses camarades, assister à des oraux. « J'avais compris que ceux qui passaient à côté, étaient ceux qui pensaient qu'on était à *Questions pour un champion*. Si vous êtes dans la logique du très bon élève, il y a toujours un moment de panique sur une question dont vous ignorez la réponse, et qui peut enclencher 40 minutes de cauchemar où, à la fin, vous ne savez plus si François Mitterrand est président de la République. Il faut, en fait, prendre la main. Donc, j'étais obsédé par ça. Je me disais : sois pilote, même si c'est un peu illusoire. » Alexandre Bompard dit avoir eu de la chance. On l'interroge sur Bernard Destremau. Un homme politique et un joueur de tennis. Premier coup de chance. Alexandre Bompard a joué une fois avec lui, au tennis, à Megève. On lui demande, à la toute fin, de défendre l'entrée de la Suisse dans l'Union européenne. Il s'entend dire un nombre de banalités effrayantes et, deuxième coup de chance, un des membres du jury lui fait remarquer qu'il n'a pas l'air convaincu de ce qu'il dit. Il lui reste une minute et il avoue penser l'inverse de ce qu'il vient d'affirmer. Il défend cette fois-ci ses idées avec passion et puis entend la sonnerie de la fin. Il est sûr d'avoir passé la rampe. Il se remémore le Grand Oral comme un de ses rares moments de satisfaction. « Le jour où j'ai réussi l'ENA est l'un des moments les plus festifs de ma vie. Je n'ai pas banalisé cette réussite-là, parce que je n'avais pas l'environnement familial pour la banaliser. Je n'ai pas de fausse pudeur là-dessus. C'est un des moments où j'ai été le plus content de moi-même. »

Matthieu Pigasse, à l'opposé de son ami Alexandre Bompard, ne fête pas sa réussite. Les résultats sont affichés depuis le matin, rue de l'Université, à l'extérieur. Il attendra la fin de la journée pour aller voir, seul, ses résultats positifs. « Je ne voulais croiser personne et je ne fête, de toute façon, jamais rien. Je déteste l'idée d'autosatisfaction. J'ai seulement eu conscience, en ayant réussi un concours important, d'avoir passé un obstacle. Je me suis dit : c'est la première fois que je réussis quelque chose. »

17. Le danger de l'arrogance
« On est tous frimeurs » (Martin Hirsch)

C'est fait. Ils ont réussi l'ENA. On va leur répéter à satiété : ils font partie de l'élite de l'élite. Et la pose la plus fréquente parmi eux est, sans surprise, de mépriser l'ENA, dès que le sujet vient sur le tapis (« une école d'ânes », dit Dominique de Villepin), mais de se croire supérieurs aux autres dans leur for intérieur (« le meilleur de ma génération faisait l'ENA », avoue quand même Alain Minc). Le problème du complexe de supériorité est même dans la tête des professeurs. Martine Lombard, présidente du jury du Grand Oral, avait voulu sanctionner le défaut d'arrogance lors des entretiens avec les élèves.

Jean-François Copé note que le danger de la grosse tête existe bel et bien. « On peut se dire : je suis dans une des écoles les plus difficiles de France donc je suis un des hommes les plus intelligents de France. On évolue heureusement. J'avais beaucoup plus de certitudes à 25 ans que je n'en ai aujourd'hui. L'ENA conforte les certitudes et, après, la vie fait la différence. » Sophie Boissard, Martin Hirsch, Denis Olivennes disent avoir gagné en tolérance et en mansuétude au fil des années. Ils ont perdu la certitude d'avoir toujours raison. Martin Hirsch souligne que sa cure psychanalytique de six ans, commencée à 17 ans, les études de médecine, où l'on est confronté à la souffrance des patients, les treize années de travail chez Emmaüs, lui ont fait passer le goût de l'arrogance. « On est tous frimeurs. J'ai appris à ne pas avoir de sentiment de supériorité lié à mes études ou à mon statut alors qu'on est dans un environnement qui pousse à cela. Quand j'ai été reçu à l'ENA, on m'a offert une partition ardue de violoncelle en me disant : essaie d'entrer au conservatoire. J'ai retenu la leçon. On peut toujours faire mieux que ce qu'on fait. Il ne faut pas s'attarder sur la réussite, mais passer tout de suite à autre chose. Lorsque j'étais jeune, j'avais envie de Normale en me disant que c'était le temple du savoir, et de l'ENA en me disant que c'était le temple du pouvoir. J'ai franchi la porte des deux et je me suis aperçu que ceux qui y étaient cherchaient le savoir et le pouvoir ailleurs. Mais, maintenant, je n'ai ni complexe ni fantasme quand je côtoie ces gens-là. Je connais par cœur leurs codes. » Martin Hirsch perd son père à l'âge de 24 ans. Il lui laisse une lettre où il lui demande de faire attention car « faire des ronds de jambes dans une ambassade, porter une casquette de préfet, couper les cheveux administratifs en quatre au Conseil d'État ou à la Cour des comptes, il n'y a pas de quoi meubler une vie » et aussi de faire attention « à ne pas entrer dans un univers fermé où un petit cercle pense qu'il résume l'univers ». Son père lui laisse en héritage la phrase de Jean Monnet : « Il y a deux catégories de gens dans la vie : il y a ceux qui font quelque chose et ceux qui sont quelqu'un. » Martin Hirsch se souvient que sa mère, bibliothécaire, avait mis un papier Kraft sur un livre qui lui avait été consacré pour qu'on ne le remarque pas. Quand on lui disait avoir vu son fils dans un journal, elle répondait systématiquement : « Lequel de mes fils ? » Denis Olivennes revient, lui, toujours à la culture. Il souligne avoir, avec la littérature et la philosophie, abandonné sa vision noir et blanc du monde. « J'étais un adolescent rustique, binaire, schématique. J'ai perdu de la fougue et acquis de la nuance. Je suppose que l'adolescent que j'étais ne serrerait pas la main à l'homme que je suis devenu. Il trouverait que je suis un social-démocrate ayant fait trop de compromis avec la société. Je me dis que j'ai heureusement changé. Je sais que toute lumière a sa part d'ombre et que toute ombre a sa part de lumière. Les gens ne peuvent se résumer à leurs étiquettes. » Sophie Boissard parle aussi de mansuétude « J'ai toujours été très exigeante envers moi et, donc, envers les autres. J'en ai pris conscience. Je tente d'aller vers plus de mansuétude. » Matthieu Pigasse dit être hermétique au concept d'arrogance. « Je sais qu'il y a plusieurs formes d'intelligence. Je ne pense donc pas que les uns sont supérieurs aux autres. Je pense que je viens de nulle part et que je ne vais nulle part. L'argent, le pouvoir, la notoriété sont des illusions. Je brasse de l'illusion sans être jamais dupe de rien. »

Nicolas Bazire souligne que le socle d'un caractère se forme durant les premières années de sa vie. « Après l'enfance, c'est fini, on est fait. » C'est d'ailleurs ceux qui auront été le plus imprégnés des valeurs du service public durant leur enfance et adolescence – Emmanuel Hoog, Sophie Boissard, Martin Hirsch – qui vont le plus persévérer dans cette voie-là.

II. Pendant l'ENA

« Un divorce entre le discours et la réalité »
(Emmanuel Hoog)

La productrice Marie Masmonteil, qui appartient à la même promotion que celle de Denis Olivennes et Emmanuel Hoog, fait un parallèle entre la scolarité à l'ENA et le Festival de Cannes. « On se retrouve à l'ENA comme au Festival de Cannes. Il y a ceux qui seront sur la photo et il y a ceux qui ne seront pas sur la photo. Je vais à Cannes, depuis que je suis productrice, régulièrement. Les gens sur la photo changent chaque année et on ne gagne jamais toutes les palmes en même temps. Il faut comprendre tôt que le pouvoir, comme le Festival de Cannes, est un jeu avec ses codes. Rien de plus. Sinon, on y laisse sa peau. » Un des élèves de la promotion de Nicolas Bazire s'est suicidé d'une balle dans la tête. Il avait été, lors d'un premier classement intermédiaire, le premier puis, six mois après, dans les derniers.

1. L'image de l'ENA
« On n'est rien sans l'ENA » (Pierre Mauroy)

L'ENA est l'école qu'on aime détester en France et admirer à l'étranger. On ne l'a pas découvert en cours de route. Il existe un nombre important d'articles et de livres au vitriol sur le sujet. L'École nationale d'administration suscite des torrents de critiques et ce parmi les énarques eux-mêmes. Il suffit d'écouter Pierre Joxe et Jean-Pierre Chevènement à gauche ou Dominique de Villepin et Jacques Chirac à droite. François Mitterrand et Pierre Bérégovoy rêvent, dès le début, d'un gouvernement avec un minimum d'énarques. On imagine la fin de l'ENA proche avec l'arrivée au pouvoir de socialistes. La réalité sera tout autre. L'énarque Simon Nora est nommé en 1982 directeur de l'École à 61 ans; l'énarque Laurent Fabius devient en 1984 Premier ministre à 37 ans; les énarques peuplent les postes importants du pays. Ils sont non seulement nombreux, mais ils sont aussi jeunes. Les nationalisations (1982) multiplient, dans le même temps, les opportunités de postes prestigieux.

Christian Frémont (promotion 1972) est directeur de cabinet de Nicolas Sarkozy depuis 2008. Il a été durant treize ans un directeur de stages à l'ENA extrêmement respecté par les élèves. Il raconte une anecdote révélatrice. Pierre Mauroy, alors Premier ministre (1981-1984), convoque un jour Simon Nora, directeur de l'ENA, à Matignon. Pierre Mauroy veut créer une nouvelle filière d'accès à l'ENA pour nommer des syndicalistes méritants. Simon Nora lui rappelle alors qu'il est inutile de créer une nouvelle filière pour cela puisque la Constitution permet au Conseil des ministres de nommer qui il veut, où il veut, quand il veut. Pierre Mauroy lui dit alors. « Mais, aujourd'hui, si l'on n'est pas passé par l'ENA, on n'est rien. » C'est toute l'ambiguïté des rapports des Français à l'ENA : école détestée, enviée, jalousée, admirée, vilipendée. Dominique de Villepin ou Nicolas Sarkozy détestent les énarques mais restent entourés d'énarques.

On peut dater la suprématie de l'ENA par un symbole fort. L'arrivée au pouvoir d'un énarque de 48 ans, Valéry Giscard d'Estaing, à la présidence de la République, en mai 1974. L'ENA connaîtra sa pleine puissance entre 1974 et 1986. La vague des privatisations, lancée en 1986 par le gouvernement de Jacques Chirac, marque l'amoindrissement de l'État. La décentralisation (1982) et l'ouverture du Grand Marché

(1992) y contribuent aussi. Le privé ouvre grand ses portes aux énarques. Roger Fauroux est nommé à la tête de l'ENA en 1986. On parle alors, à propos de l'École, de *business school*. Pour Christian Frémont, l'ENA a raté, à la fin des années quatre-vingt, les tournants de l'informatisation, de la décentralisation, de l'Europe, de la modernisation. L'administration de l'ENA a été, par exemple, une des dernières à être informatisée.

Mais les énarques s'adaptent aux différents gouvernements et résistent aux différentes avanies. Ils sont de toutes les alternances politiques. C'est pourquoi le même discours tourne en boucle comme un vieux disque rayé depuis des années. On veut réformer ou supprimer l'école – un des thèmes récurrents de maintes campagnes électorales comme celles de 1972 ou 2007 – et en finir avec un énarque symbole de la faillite de l'élite. Exemple : François Bayrou n'est pas passé par l'ENA et il propose de supprimer l'ENA pour la remplacer par une grande école de services publics. On reproche aux énarques de se mimer et de se coopter. On entendra d'ailleurs souvent dire qu'il faut être du sérail pour écrire un livre sur l'ENA, tant il y a de rites, de réformes, de codes. Les énarques semblent inamovibles. On en veut de moins en moins, dans l'opinion publique, et ils sont de plus en plus là, dans les sphères décisionnaires. Valérie Pécresse (promotion 1992) est nommée ministre du Budget et Laurent Wauquiez (promotion 2001) ministre de l'Enseignement supérieur et de la Recherche en 2011.

2. L'arrivée à L'ENA
« Mais tu nous emmerdes ! » (Alexandre Bompard)

La plupart des élèves arrivent avec, en moyenne, un bac + 5. L'année se déroule au pas de charge. Une réforme de 2005 a amoindri la coupure entre une année de stage suivie de quinze mois de scolarité. Il y a aujourd'hui une meilleure articulation entre des enseignements qui visent à approfondir, pour chaque module, l'expérience des stages à travers des exercices de simulation, des études de cas, des mises en situation. Mais, avant 2005 : on reste une semaine ; on part en stage pendant une année ; on se livre au baptême de la promotion, au retour des stages, à Puy-Saint-Vincent ; on enchaîne sur une année de cours avec au bout le classement de sortie. Un énarque bouge en moyenne une dizaine de fois au cours de sa scolarité. Les élèves sont rémunérés. Ils coûtent cher à l'État. Les élèves reçoivent 1 370 euros net par mois pour ceux issus du concours externe et 2 100 euros net pour ceux issus du concours interne. Ils s'engagent en contrepartie de ce salaire à travailler pour l'État pendant dix ans, sinon ils devront rembourser les sommes perçues.

Le déménagement à Strasbourg (Bas-Rhin), le 5 janvier 1993, sous l'impulsion d'Édith Cresson, a été vécu comme une volonté d'affaiblir l'ENA. La promotion Saint-Exupéry (1994), celle de Matthieu Pigasse, fut la première à se rendre à Strasbourg pour un court séjour en janvier 1992. La promotion Victor Schoelcher (1996), celle de Sophie Boissard et de Laurent Solly, s'est partagée entre Strasbourg et Paris à 50/50. Ils ont logé à l'hôtel Ibis, à côté de l'ancienne prison Sainte-Marguerite, avant qu'on ne rénove un bâtiment pour l'ENA. La commanderie des Hospitaliers de Saint-Jean-de-Jérusalem fut, avant d'accueillir l'ENA, un lieu de commerce, un hôpital, une prison. Laurent Solly n'a jamais été convaincu de la nécessité du déménagement. « On était dans une période de délocalisations. Mais les administrations centrales, où l'on doit passer une partie de notre temps quand on est élève de l'ENA, restent à Paris. J'ai donc trouvé la mesure coûteuse et démagogique. L'ENA a dû gérer, pendant de nombreuses années, deux sites donc deux budgets. La politique est affaire de symbole et le symbole était fort. On est aujourd'hui en pleine crise financière des déficits publics et des dettes souveraines. On a enfin compris que l'argent public est rare. Cela a peu apporté à Strasbourg, qui était déjà une grande ville universitaire, et cela n'a rien apporté aux élèves de l'ENA, qui ont toujours autant besoin d'aller à Paris. Le déménagement de l'ENA est un symbole coûteux et ce qui reste, aujourd'hui, c'est plus le coût que le symbole. » Tous lui reconnaissent au moins une chose positive : le vivre-ensemble. La ville de Strasbourg consolide les liens entre élèves d'une même promotion. Quand l'ENA était à Paris, chacun avait tendance à rentrer chez lui dans son quartier plus ou moins favorisé. Il existe à Strasbourg une maison des élèves où tous se rejoignent. Sophie Boissard en garde d'excellents souvenirs. « On a été une promotion assez festive. On redevenait un peu des étudiants avec un esprit potache. On a été logés dans cet hôtel Ibis durant la première semaine. On se retrouvait hors contexte. C'était au début. Il n'y avait encore aucun enjeu. On était juste contents d'être là. La vie culturelle et sociale à Strasbourg est extrêmement riche. C'est vraiment une ville étudiante où l'on peut tout faire à pied. » La ville de Strasbourg a aussi amené une ouverture européenne à l'ENA. L'École bénéficie de la présence, une semaine par mois, de tous les parlementaires européens. La Cour européenne des droits de l'homme et le Conseil de l'Europe s'y trouvent.

Ils n'ont pas aimé l'ENA (Jean-François Copé, Denis Olivennes, Emmanuel Hoog) ou ils ont aimé l'ENA (Matthieu Pigasse, Alexandre Bompard, Laurent Solly, Sophie Boissard) ou ni l'un ni l'autre (Nicolas Bazire, Martin Hirsch). Est-ce qu'il y a des promotions où l'ambiance est plus ou moins bonne ? Ceux appartenant à la promotion Michel de Montaigne (Emmanuel Hoog, Denis Olivennes, Marie Masmonteil, Thierry Consigny) n'ont pas aimé l'ENA ; ceux appartenant à la promotion Victor Schoelcher (Laurent Solly, Sophie Boissard) ont aimé l'ENA. Les jeunes générations sont plus amènes envers l'ENA que les anciennes. La pression a un peu desserré son emprise au fil du temps.

Emmanuel Hoog arrive à l'ENA en janvier 1986. Il a eu immédiatement envie de passer à autre chose. Il a été dispensé de service militaire à cause d'un problème à l'œil et a donc dû enchaîner l'ENA à la suite de ses études. « Je ne garde pas un bon souvenir de ma scolarité à l'ENA, c'est le moins que je puisse dire. L'ambiance était tendue. J'avais fait une année de préparation, trois ans à Science Po, je me retrouvais avec encore une année à bachoter. À peine arrivé, j'ai eu envie de partir, fatigué par les livres et désireux de vie. » Emmanuel Hoog se souvient juste du préfet Jacques Gandouin donnant, la première semaine, un cours de protocole dans l'hilarité générale. Jacques Gandouin a été préfet de la Sarthe et a été relevé de ses fonctions, suite à une prise d'otages, pour s'être adressé au preneur d'otages en disant : « Ne fais pas le con ! » Mais Emmanuel Hoog note qu'à part ce moment-là l'ambiance est glaciale. Même discours du côté de Denis Olivennes. À peine avait-il franchi la porte de l'École, qu'il a songé à faire ses valises. « Je me suis tellement embêté à l'ENA. J'ai trouvé ça tellement con. Il n'y avait pas ce goût de la joute intellectuelle que j'avais trouvé à Normale supérieure. » Jean-François Copé garde aussi un souvenir exécrable de l'ENA. « Je n'en pouvais plus. J'avais fait une année d'hypokhâgne, deux années à Science Po, une année de service militaire. J'avais envie d'en finir et d'entrer dans la vie active. » Car si certains font des pieds et des mains pour échapper au service militaire, Jean-François Copé, exempté par la médecine militaire, fera des pieds et des mains pour faire son service militaire. Martin Hirsch passe, lui, directement de Normale supérieure à l'ENA. Ils sont trois, cette année-là, à bénéficier de cette voie qui sera supprimée au bout de deux ans. Il y a lui, Renaud Dutreil et Dominique Méda. « J'étais un des seuls à n'avoir pas passé le concours. Je me sentais comme un mouton noir. Je pensais : hou là là, je ne suis pas à la hauteur ! Je me disais : pourvu qu'on ne découvre pas l'imposture et pourvu que je ne finisse pas dernier. Je n'ai, sinon, ni adoré ni détesté l'ENA. Je n'ai pas de rapport affectif avec l'ENA. » Nicolas Bazire se souvient n'avoir strictement rien fait. « Je n'ai jamais travaillé le soir à l'ENA. L'ENA, par rapport à maths sup ou maths spé, c'est de la gnognote. »

La compétition, plus ou moins exacerbée selon les promotions, est palpable dès la première semaine. Si vous voulez oublier la pression du classement, vous trouverez toujours quelqu'un pour vous en rappeler les enjeux. Alexandre Bompard raconte une anecdote révélatrice. « Un énarque apprend que je suis en train de faire Science Po et croise ma grand-mère à Megève : *C'est bien, mais le plus important, c'est de réussir à faire l'ENA*. Et puis, je réussis l'ENA. Il croise à nouveau ma grand-mère à Megève et il lui dit, alors : *C'est bien, mais l'important, c'est le classement de sortie.* Au bout d'un certain temps, j'ai commencé moi-même à être contaminé et à dire à mes parents : *Ce qui compte, c'est le classement de sortie.* Je crois que le cri du cœur a été : *Mais tu nous emmerdes à la fin !* »

3. L'obsession du classement
« On peut s'engager dans les services secrets »
(Marie Masmonteil)

On ne pense qu'à ça, on ne parle que de ça, on ne veut que ça. L'ENA est, selon l'expression de Christian Frémont, « une machine à classer ». Denis Olivennes a aimé Normale supérieure (« une exigence intellectuelle ») et Science Po (« des jolies filles et d'excellents professeurs »), mais s'il n'a absolument pas aimé l'ENA, c'est justement à cause de l'obsession du classement qui donne, ou non, accès aux grands corps. Il faut être en gros dans les vingt premiers pour avoir une chance d'accéder aux places les plus prestigieuses. Denis Olivennes a été écœuré par l'ambiance de bachotage. « Les élèves sont tournés vers le seul objectif du classement et les cours sont orientés vers les *cases studies* à l'américaine. Je n'ai pas cessé de vouloir démissionner. » Simon Nora le convainc de rester. Christian Bourgois (promotion 1960) avait démissionné en 1959, au bout de quelques mois, pour devenir éditeur à la suite de sa rencontre avec René Julliard. Il était sorti, au préalable, deuxième de Science Po. Le premier était Jean-Yves Haberer et le troisième Jacques Chirac.

Les classements des élèves ne sont pas affichés durant leur scolarité à l'ENA. On peut donc être en possession de sa place dans le « Top 50 » parce qu'on a ouvert l'enveloppe contenant son classement intermédiaire, on dit alors qu'on a « désocculté », et mentir dessus par pure stratégie. Les derniers mois à l'ENA sont tendus. Tout le monde se méfie de tout le monde. La productrice Marie Masmonteil se montre sévère sur son passage à l'ENA. « L'ENA peut être une école de la paranoïa qui laisse des traces à vie. On apprend à dissimuler à l'autre puis on apprend à tuer l'autre. On peut s'engager après l'ENA, sans problème, dans les services secrets. » Emmanuel Hoog dit être resté loin de tout ça. « J'ai été exempté du service militaire donc j'ai enchaîné les années d'études. Il a dû y avoir un mélange de fatigue et de déception car je suis resté extérieur à l'ENA. J'ai eu le sentiment d'être embringué dans un jeu avec des règles qui n'étaient pas les miennes. Le classement flatte les instincts les plus bas. Le dispositif mis en œuvre ne repose ni sur la générosité, ni sur le savoir, ni sur l'intelligence, ni sur la culture. C'est petit. » Jean-Francois Copé se souvient aussi que tout tournait autour du classement. « Le classement était exacerbé durant nos années de promotion. On était classé pour tout, même pour notre présence aux cours. Nicolas Bazire était deux promotions avant moi. Il a eu la chance d'échapper à ce calvaire. On a même fait une grève pour arrêter le classement. » Laurent Solly souligne, à leur suite, l'obsession du classement. « On se dit que si l'on sort à la vingtième place, on est déjà morts sur le bûcher de la République. On est tellement obnubilé par le classement qu'on oublie que la vie professionnelle commence réellement après l'ENA. Et que l'énergie, le sens du risque et du mouvement, la valeur humaine feront la différence. On peut se dire : si je sors 52e, je suis foutu. Le sujet n'est pourtant pas celui-là. Le sujet, c'est vous et votre vie. »

Alexandre Bompard s'est servi de son goût de la compétition pour tenir la barre. « J'étais déjà construit avant d'arriver à l'ENA. J'avais une passion pour le sport, donc le sens de la compétition. Je savais que tout ça demande concentration, focalisation, compréhension. On se retrouve en concurrence avec 150 premiers de la classe. Je me suis dit que j'avais deux choses à gérer : mon temps et mon anxiété. J'ai compris que c'était une course de fond. Le classement a un seul tort. On est tous obsédés par notre rang de sortie et ça rend la scolarité utilitariste. » Martin Hirsch avoue aimer également les défis. « Je me disais qu'il fallait que j'arrive à ne pas être trop mauvais sur des matières que je n'avais jamais pratiquées. J'ai dû gagner une place grâce à un 10 en tennis. »

4. Le souvenir des stages « Le héros des temps modernes, c'est l'énarque » (Denis Olivennes)

Ils s'accordent tous à dire que le meilleur de l'ENA réside dans les stages auprès des décideurs publics et privés. Ces derniers sont, de leur côté, ravis d'accueillir des jeunes gens payés par l'État et motivés, puisqu'ils sont évalués, pour effectuer le travail. Il y a, d'un côté, l'apprentissage des responsabilités en suivant une figure (préfet, ambassadeur, patron...) et, de l'autre côté, l'exemple donné par cette figure dans l'exercice de ses responsabilités. Il y a trois stages : le stage en entreprise, le stage en préfecture ou sous-préfecture, le stage en ambassade. On parle aujourd'hui de stages Europe, territoires et entreprises. La plupart ont découvert, durant ces stages, ce qu'était l'État au quotidien. Ils se sentent libres et exercent de vraies responsabilités. La note de stage compte pour 30 % dans le classement final. Christian Frémont a vu défiler, en tant que directeur de stages, 1 492 élèves parmi lesquels François Hollande ou Henri de Castries. « Les élèves arrivent un peu comme au supermarché, prêts à passer une commande pour leurs stages. Je me souviens d'une excellente élève me demandant de ne pas l'envoyer dans une ville où il n'y aurait pas de robes à acheter. Elle s'est retrouvée à Mende, en Lozère. Elle reconnaît aujourd'hui que cela a été pour elle une chance puisqu'elle a réellement découvert la France. »

C'est l'un des classiques de l'ENA. Il y a un entretien préalable au départ avec le directeur des stages. On demande quelque chose, on obtient autre chose. « Qu'est-ce que vous voulez faire ? » demande Christian Frémont à Nicolas Bazire. « J'ai trois jeunes enfants et j'ai fait le tour du monde sur la *Jeanne d'Arc*, donc n'importe où en France, cela m'irait », répond Nicolas Bazire. Il sera envoyé à l'étranger, à l'Ambassade de France à Londres, où il restera neuf mois. Un bon souvenir même si la vie y est chère. « J'ai ensuite passé trois mois à Troyes. On était en 1985, sous Laurent Fabius qui avait lancé la politique des TUC (travaux d'utilité collective). Michel Delebarre, alors ministre du Travail, nous avait réunis à l'ENA : *Vous serez noté notamment sur le nombre de TUC que vous ferez*. Alors, moi, je faisais des TUC toute la journée. Et les TUC, à la préfecture de Troyes, on n'en manquait pas. » Jean-François Copé a grandi dans le VIIe arrondissement de Paris. Christian Frémont fait en sorte qu'il voie une autre réalité du pays. Le futur secrétaire général de l'UMP passe sept mois à la préfecture de Martinique en 1987. Il rencontre pour la première fois, durant ce stage, Jacques Chirac. Le Premier ministre y est venu en visite. Son deuxième stage se déroulera dans un groupe coopératif agro-alimentaire à Landerneau (Bretagne). Une usine de légumes surgelés pour un enfant des beaux quartiers. Il y restera cinq mois. « C'était extraordinaire. Je me suis retrouvé à suivre un stage ouvrier dans l'entrepôt B.O.F. (beurre, œufs, fromage), à faire du comptage et à charrier des palettes. » Il s'adapte à toutes les situations et aura une excellente note à ces deux stages.

Denis Olivennes a découvert la province française et le fonctionnement de l'État lors de son stage en préfecture à Angers, dans le Maine-et-Loire, sous les ordres du préfet Alain Ohrel. «Je connaissais la France profonde par mon père qui vivait dans un petit village du Midi. Une France communiste, méridionale, solaire, républicaine, faite de petits paysans. Je suis allé, durant mon stage, à la rencontre d'une France que je ne connaissais pas. L'aristocratie terrienne ne parlait pas à la bourgeoisie qui elle-même ne parlait pas au prolétariat. Un roman de Balzac. J'ai effectué mon stage en 1986, lors d'une sorte d'éclipse au sommet de l'État. Je me souviens avoir dû gérer une crise des ardoisières d'Angers où il fallait négocier avec les syndicats pour un plan de retraite anticipé. Je me suis retrouvé, comme Fabrice Del Dongo à 17 ans à Waterloo, un jeune homme au centre de l'action. Je ne suis pas rentré une seule fois à Paris. Je vivais en plongée sous-marine à Angers. Je remerciais alors tous les jours Simon Nora et je me disais : *le héros des temps modernes, c'est l'énarque.*» Mais le romanesque Fabrice Del Dongo, dans *La Chartreuse de Parme* de Stendhal, comprend dès le début qu'il lui faudra se confronter à ses rêves d'héroïsme ailleurs. Denis Olivennes se retrouve sous-préfet de l'arrondissement de Ségré. Il empruntera, plus d'une fois, l'écharpe tricolore du maire de la ville. Il raisonnera un paysan enfermé avec son fusil et ses enfants dans sa chaumière parce que son voisin empruntait son chemin vicinal, ou consolera une femme divorcée en butte à l'hostilité générale. «J'ai partagé la vie du fin fond de la province en étant l'autorité républicaine à une époque où cela avait encore un sens.» Il ira ensuite en Poitou-Charentes auprès du directeur général des services de la région, Olivier Cazenave, dont il est encore proche aujourd'hui. Denis Olivennes fera un dernier stage de trois mois en entreprise, chez Matra Transports, dont il ne garde aucun souvenir.

Emmanuel Hoog fait un stage de onze mois au Puy-en-Velay, préfecture de Haute-Loire, auprès du président du conseil général, Jacques Barrot. «Cela s'est joué entre le Puy et Pékin, et cela a été le Puy.» On se retrouve donc au moment des législatives et du changement de majorité.

Jacques Barrot est en période de campagne électorale pour se faire réélire. « Il m'a fait entrer dans la réalité de la politique au quotidien, dans ses dimensions stratégiques et fondamentalement tactiques. Il m'a déniaisé. » Jacques Barot met le haut-parleur quand Valéry Giscard d'Estaing appelle pour que le stagiaire de l'ENA puisse entendre la conversation. Emmanuel Hoog suivra heure par heure la constitution du gouvernement de Jacques Chirac. Jacques Barrot, proche de Raymond Barre, n'a pas voulu y entrer. Emmanuel Hoog et Thierry Consigny fondent, à 23 ans, le Festival de poésie du Haut-Allier à Saint-Arçons-d'Allier. Tous deux appartiennent à la même promotion et font leur stage dans la région. Le publicitaire Thierry Consigny est le fils du haut fonctionnaire Pierre Consigny. Il a fait son service militaire dans un sous-marin avant de rejoindre l'ENA. Il s'est mis à donner des conférences sur les poètes aux sous-mariniers durant trois mois. « On est sevré d'étoiles, de femmes, de montagnes, de nuages dans un sous-marin. » Thierry Consigny se souvient avoir récité « L'étranger » (*Petits poèmes en prose*) de Baudelaire : « – Qui aimes-tu le mieux, homme énigmatique, dis ? ton père, ta mère, ta sœur ou ton frère ?/– Je n'ai ni père, ni mère, ni sœur, ni frère/– Tes amis ?/– Vous vous servez là d'une parole dont le sens m'est resté jusqu'à ce jour inconnu/– Ta patrie ?/ – J'ignore sous quelle latitude elle est située/– La beauté ?/– Je l'aimerais volontiers, déesse et immortelle/– L'or ?/– Je le hais comme vous haïssez Dieu/– Eh ! qu'aimes-tu donc, extraordinaire étranger ?/– J'aime les nuages… les nuages qui passent… là-bas… là-bas… les merveilleux nuages. » Thierry Consigny et Emmanuel Hoog ont dû vite apprendre à travailler avec des bénévoles, à décharger des camions, à organiser des spectacles. Mains dans le cambouis. Le festival prendra beaucoup d'ampleur et recevra des poètes comme Yves Bonnefoy et Jean-Michel Maulpoix ou des personnalités comme Laurent Terzieff et Léo Ferré. Le stage est prolongé de deux mois, à la demande de Jacques Barrot, et Emmanuel Hoog se rendra, le dernier mois, à l'inspection académique de Niort. Il fera un troisième stage, de trois mois, en entreprise, dans les usines Chibret rachetées par Merck. Son rapport, passant en revue les problèmes sociaux, ne sera pas bien accueilli par l'entreprise. Comme si un énarque était là pour passer sous silence les problèmes plutôt que pour les mettre au grand jour afin de les résoudre. Emmanuel Hoog continuera à se rendre en Haute-Loire durant sept ans, jusqu'en 1992, pour s'occuper du Festival de poésie. Thierry Consigny y participera durant quatre ans. Jacques Barrot mettra plus tard le pied à l'étrier à un autre énarque, Laurent Wauquiez, sorti major de sa promotion en 2001. Laurent Wauquiez fera parler de lui en remettant en cause, en mai 2011, le RSA (revenu de solidarité active) de Martin Hirsch.

Alexandre Bompard a aussi obtenu exactement le contraire de ce qu'il avait demandé : une petite préfecture et une ambassade à l'étranger. Il est envoyé à la préfecture de Lyon et au cabinet de conseil McKinsey. On est en 1996. Il se retrouve stagiaire de l'ENA, à Lyon, lors du sommet des G7. « J'ai rencontré le préfet Paul Bernard, alors président de l'Association du corps préfectoral. Il incarnait pour moi le grand préfet et le serviteur de l'État. Je prenais tous les jours, avec lui, une leçon de service public. On ne peut pas sortir d'un stage comme celui-là sans avoir envie de servir l'État. » Pendant le sommet du G7, Paul Bernard va permettre à Alexandre Bompard d'être tout le temps à ses côtés. « Quand *Air Force One* s'est posé à 23 heures sur l'aéroport de Bron, avec Bill Clinton à son bord, c'était un grand moment. C'était les premières images de lui après l'attentat de Dhahran en Arabie Saoudite. Toutes les forces de sécurité entouraient l'avion. Il a salué les uns et les autres. J'avais 22 ans et, quand le président des États-Unis m'a salué à mon tour, je me suis senti pendant une demi-seconde le centre du monde. » Il va ensuite chez McKinsey (deux mois à Paris et trois mois à New York). « J'ai été d'une inutilité absolue. Quand je suis arrivé à New York et que je leur ai dit : *I'm a stagiaire in township of ENA*... ils ne savaient pas ce que c'était. Il a fallu être plastique parce que je n'avais pas de rôle établi. »

Martin Hirsch se retrouve en préfecture à Saint-Étienne dans la Loire. « Je n'ai pas aimé le formalisme qui entourait tout ça. Je me souviens m'être fait engueuler parce que j'avais envoyé des fleurs à la préfète, pour le premier déjeuner, avec de petites tiges alors qu'elle avait de grands vases. » Le deuxième stage de six mois à Washington, dans l'entreprise de voitures Chrysler, sera le bon. On est en septembre 1988. On vient de passer du gouvernement Chirac au gouvernement Rocard. Le *Washington Post* a peu de temps auparavant titré sur cette France qui change sans changer. « Ils disaient qu'on était passés d'un Premier ministre de droite à un Premier ministre de gauche, mais que tous deux étaient sortis de l'ENA. Ils croyaient chez Chrysler, où ils n'avaient jamais entendu parler de l'ENA auparavant, que j'appartenais à l'école des Premiers ministres. » Martin Hirsch s'y est fait des amis avec qui il continue à avoir des liens forts. « Je quittais un endroit où il fallait que je dise tous les matins *Je vous présente mes respects, Monsieur le Préfet* à un endroit où je disais *Hi, Bob !* au vice-président de Chrysler, Robert Perkins. »

« Qu'est-ce que vous voulez faire ? » Laurent Solly ne se trouve pas bon en anglais et demande donc à partir dans un pays de langue anglo-saxonne où il pourra perfectionner son anglais : « Bien sûr, monsieur, vous avez raison. Vos notes en anglais sont moyennes. » Laurent Solly est envoyé au consulat général de France à Québec. « Un Français parlant anglais au Québec a toutes les chances d'être remis dans l'avion, au bout de quarante-huit heures, direction Paris. » Laurent Solly ne parlera pas un seul instant anglais sauf durant ses trois jours à l'ambassade de France à Ottawa. Le jeune énarque poursuivra ensuite son stage à la préfecture de Corse à Ajaccio. Il va découvrir, lors de son stage en Corse, une région et un fonctionnement. « On apprend beaucoup de choses en préfecture, dont la culture administrative. On oublie souvent que dans ENA, il y a « A » pour Administration. Il s'agit d'abord d'être un fonctionnaire avec tout ce que cela représente de culture, de hiérarchie, d'utilité et parfois de lourdeur. Avec le côté positif, mais aussi, comme dans toute chose, avec le côté négatif. On découvre aussi une province et le rôle de l'État. Et en tant qu'élève de l'ENA, on a un statut, un petit statut, mais, en province, ça compte. On doit faire face à des responsabilités. On a tous les avantages (statut et indépendance) sans les inconvénients (concurrence et bachotage) de l'école. On mange son pain blanc. »

Sophie Boissard a fait son stage de six mois à New York à la Mission permanente de la France auprès de l'ONU. La période est riche et lourde en événements. Crise du Rwanda, sanctions contre la Serbie lors de la guerre croato-serbe, sanctions contre l'Irak. « Le plan de charge de la mission était très dense. Les stagiaires successifs avaient donc un portefeuille en propre, celui du suivi des dispositifs de sanction mis en place par l'ONU. C'était un stage extraordinaire parce qu'il y avait une vraie responsabilité dans un milieu passionnant. » Sophie Boissard se rend, après, en préfecture à Orléans. Son stage de cinq mois se déroule aux côtés du préfet Bernard Gérard, ancien directeur de la DST.

« Qu'est-ce que vous voulez faire ? » Il n'a aucune idée précise, aucun désir particulier. Le directeur des stages annonce à Matthieu Pigasse qu'il part huit mois en stage au Crédit lyonnais à New York. « Il y avait un double effet *Kiss Cool* négatif. J'avais fait allemand en première langue pour ne pas être dans le collège du village (Montmartin-sur-Mer), mais dans le collège de la ville (Coutances). Je ne me sentais donc pas du tout à l'aise en anglais. J'étais aussi terrorisé à l'idée de me rendre au Crédit lyonnais Securities. Mais j'ai vécu, là-bas, une aventure extraordinaire. Elle m'a marquée à vie. » Matthieu Pigasse arrive en 1993, à New York, sans une indication ou une connaissance. Il a juste le nom du président du Crédit lyonnais Securities, Thierry de Villehuchet, qu'il doit contacter lui-même. C'est le New York des années quatre-vingt-dix. Wall Street, les salles de marchés, la folie. Thierry de Villehuchet incarne cette démesure. Il balance les téléphones dans la pièce, saute sur sa sacoche de rage, jette les cendriers contre les murs. Le choc est donc triple : la ville de New York, la déraison des marchés financiers, la personnalité hors norme de Thierry de Villehuchet. On est dans le *Wall Street* d'Oliver Stone (1987). Matthieu Pigasse vit le tout comme un complet déracinement. Il remplace un assistant-trader durant un mois. Il se retrouve auprès d'une grande « traideuse », qui « traide » les obligations publiques françaises sur le marché américain. Il doit passer la Serie 7, un examen imposé par la SEC (Securities and Exchange Commission) pour pouvoir opérer sur les marchés financiers. Il révise la nuit, toujours handicapé par son anglais, et réussit le test. On lui confie le rôle de secrétaire du comité exécutif de la banque. Il se retrouve donc en charge des comptes rendus des réunions du comité exécutif. « Je comprenais mal l'anglais et j'étais terrorisé à l'idée de mal le comprendre, ce qui revient à mal comprendre l'anglais. J'allais voir chacun des types, à la fin des réunions, et je leur disais : est-ce que vous pouvez répéter ce que vous venez de dire, mais de manière lente ? » Il rencontre des stars de la finance comme Leon Black qui a coutume de dire « autant j'ai adoré étudier Shakespeare, autant j'ai détesté étudier le business ». Matthieu Pigasse pourrait dire la même chose. Leon Black sera le co-fondateur, en 1990, d'un fonds d'investissement Private Equity, baptisé Apollo, mondialement connu. Il y a la face lumineuse de la réussite, mais il y a aussi la face sombre de la réussite. Thierry de Villehuchet se suicidera en 2008, dans son bureau, au 22e étage du 509 avenue Madison. Sa société, Access International Advisors, a perdu 1,4 milliard de dollars dans le scandale Bernard Madoff. Matthieu Pigasse se souvient du jour où il a appris sa mort. « J'avais tenté de le joindre, lorsque j'avais vu son nom apparaître dans les journaux lors de l'affaire Madoff, mais il ne m'a pas rappelé et je n'ai pas insisté. J'ai ressenti, en apprenant son suicide, une immense tristesse. Il fait partie des gens qui m'ont marqué. On venait de deux univers différents : il venait d'une grande famille aristocratique bretonne de financiers et moi d'un petit village de la Manche de deux cents habitants. Il fait partie de ceux qui m'ont formé. Il m'a appris à ne pas avoir peur. » Le stage new-yorkais se termine. Matthieu Pigasse hésite, un moment, à démissionner et à rester à New York, puis il y renonce. Son deuxième stage de quatre mois se déroulera auprès du préfet de l'Yonne à Auxerre, Jean Arribaud. « Je n'ai pas découvert la France, parce que je viens d'un petit village, mais j'ai découvert l'organisation et le fonctionnement de la République. » Matthieu Pigasse fait l'intérim, deux mois sur quatre, du sous-préfet d'Avallon, nommé ailleurs. « Je me suis retrouvé dans une sous-préfecture, dans une maison d'une infinie tristesse, à faire des choses tellement diverses et improbables pour moi : à ouvrir le bal des pompiers avec la femme du capitaine de gendarmerie alors que je ne sais pas danser ; à faire un discours grotesque à une foire du saucisson alors que, dans ces cas-là, mieux vaut ne pas faire de discours du tout ; à être appelé par la gendarmerie à 4 heures du matin parce que des agriculteurs venaient manifester trente minutes plus tard dans la cour de la préfecture. » Il se souvient surtout avoir dû se rendre sur les lieux d'un accident de voiture sur l'autoroute du Sud avec deux décès. Il se retrouve confronté, pour la première fois, directement à la mort. Il suit ensuite Henri Nallet durant quinze jours, maire de Tonnerre et ministre de la Justice, l'observant et rédigeant un rapport sur le développement économique du Tonnerois. « Mes deux stages à l'ENA m'ont appris la réalité et la responsabilité. Ils m'ont forgé à jamais. J'ai découvert le monde de l'entreprise et le fonctionnement de la République. »

5. Le baptême de la promotion
« Un moment de dépucelage » (Laurent Solly)

Ils se réunissent pour trouver un nom à leur promotion. Le baptême de la promotion se déroule dans la station de Puy-Saint-Vincent (Hautes-Alpes) au retour d'une année de stages. La promotion est livrée à elle-même. Il faut organiser les modalités du vote et se mettre d'accord sur un nom. Cela commence vers 21 heures et peut se terminer vers 5 heures du matin. Les personnalités apparaissent : les leaders, les excités, les politisés, les jouisseurs, les sérieux, les indifférents, les manipulateurs, les timides. Laurent Solly appartient à la même promotion que celle de Sophie Boissard. Il se souvient avoir voulu cultiver un esprit potache. « On était un petit groupe d'amis qui s'étaient connus à Science Po. On voulait se rappeler qu'avant d'être des élèves de l'ENA, on était de jeunes étudiants. On avait choisi de baptiser notre promotion Cyrano de Bergerac pour être dans l'autodérision, puisque Cyrano de Bergerac représente le panache et qu'on reproche souvent aux énarques de manquer de panache. On envoyait une camarade de notre groupe, qui récitait des tirades entières de la pièce d'Edmond Rostand, pour convaincre les récalcitrants. La candidature de Cyrano de Bergerac monte, monte, monte, au point de se retrouver dans les trois derniers noms à 3 heures du matin. Mais, très vite, ceux qui se rappelaient qu'ils étaient des élèves de l'ENA avant d'être de jeunes étudiants s'y sont opposés. Il y a eu des alliances, des discours, des reports. Un esprit de sérieux. Un élève a imploré la promotion de ne pas donner le nom de Cyrano de Bergerac : *On va s'appeler comme ça toute notre vie et c'est une honte !* C'est très révélateur : quelque chose de sympathique et potache s'est transformé en tractations et en compétition avec beaucoup de postures. On y était déjà. Yasmina Reza dans *L'Aube le soir ou la nuit* (Flammarion/Albin

Michel) écrit : *En politique on joue beaucoup plus que soi-même, l'idée même que l'on se fait de soi-même.* C'est pareil. Certains jouent déjà ici la projection qu'ils ont d'eux, leur rêve d'être quelqu'un. Le baptême de la promotion est un moment de dépucelage dans cette arrivée à l'ENA. C'est une nuit symbolique. » La promotion 1996 sera finalement baptisée Victor Schoelcher et, trois ans plus tard, celle d'Alexandre Bompard, Cyrano de Bergerac.

La promotion d'Emmanuel Hoog se réunit, elle, peu de temps après la mort de Malik Oussekine, survenue dans la nuit du 5 au 6 décembre 1986, après une manifestation contre le projet de réforme universitaire d'Alain Devaquet. Beaucoup de noms sont avancés, des sérieux et des pas sérieux, et puis le nom de Malik Oussekine monte en puissance. Mais à 2 ou 3 heures du matin, un représentant de la direction de l'ENA arrive et les sermonne pendant vingt minutes sur le thème « il est impossible qu'une promotion d'énarques se nomme promotion Malik Oussekine ». La promotion 1988, celle d'Emmanuel Hoog et de Denis Olivennes, s'appellera Michel de Montaigne. Cela s'est joué, dans les derniers moments, entre Camille Claudel, Michel de Montaigne, Nelson Mandela. Les souvenirs des uns ne sont pas forcément les souvenirs des autres. Marie Masmonteil ne se rappelle pas la bataille autour du nom de Malik Oussekine, mais Thierry Consigny s'en souvient, lui, parfaitement. Denis Olivennes dit être resté extérieur à tout ça. Plusieurs élèves de sa promotion dépeignent pourtant un Denis Olivennes apparaissant déjà comme un leader et réussissant à faire gagner le nom de Michel de Montaigne contre celui de Malik Oussekine. Au petit jeu, propre aux jeunes énarques, de « qui veut devenir président de la République ? » et de « qui va devenir président de la République ? », les élèves de la promotion Michel de Montaigne auraient avancé, en majorité, le nom de Denis Olivennes. Sa personnalité était celle qui, avec celle de son ami Nicolas Baverez, ressortait le plus à l'époque. Nicolas Bazire, lui, n'a rien à dire sur le baptême de la promotion. « J'avais connu le bizutage à Navale. Il dure deux mois et on rampe dans la bouillasse toutes les nuits. Alors, à côté, le baptême de la promotion à Puy-Saint-Vincent, j'ai trouvé cela charmant. J'avais fait des propositions, du type Colbert ou Hugues Capet ou Richelieu, qui ne plaisaient pas du tout. Il y a bien sûr, tous les ans, des élèves qui proposent Marilyn Monroe. »

6. Les amitiés durables
« Ils n'avaient pas besoin de ce bouseux ! » (Martin Hirsch)

On peut travailler seul (Matthieu Pigasse, Alexandre Bompard, Nicolas Bazire) ou en groupe (Denis Olivennes, Martin Hirsch, Jean-François Copé). On constitue, dans ce cas-là, des groupes de travail avec des élèves choisis. Denis Olivennes a noué des amitiés avec Nicolas Baverez (essayiste), Marc-Antoine Jamet (LVMH), Alexandre de Juniac (ancien directeur de cabinet de Christine Lagarde), Gilles Richard (Barclays Capital). « J'avais constitué un groupe de travail avec eux. Je leur dois une fière chandelle. Sans eux, je ne serais jamais allé jusqu'au bout de l'ENA. » Martin Hirsch sympathise avec Bertrand de Talhouët (fonds Indev). Ce dernier forme un groupe de travail avec Gilles Glicenstein (ancien BNP-Paribas), mort en 2009, et Marie-Ange Debon-Jay (Suez Environnement). « Il y en avait un qui avait fait Polytechnique, l'autre HEC, le troisième Science Po. Ils se disaient qu'à eux trois ils étaient bons. Ils ne voulaient pas de moi. Ils n'avaient pas besoin de ce bouseux qui avait fait médecine et biologie et qui n'avait même pas passé le concours. » Devant son insistance, les trois élèves délibèrent et acceptent finalement que Martin Hirsch les rejoigne. Ils iront jouer au ping-pong et travailler en Bretagne dans la maison de Bertrand de Talhouët. Ils se lient d'amitié pour toujours. Ils sont tous les quatre sortis dans les Grands Corps. Jean-François Copé travaille avec

François Werner (fonds de garantie) et Nicolas Warnery (ministère des Affaires étrangères). Les trois amis bossent dur. François Werner sortira cinquième de l'ENA et choisira l'Inspection des finances. Nicolas Bazire et Didier Selles (ancien administrateur général du musée du Louvre) sont passés ensemble par Science Po, l'ENA, la Cour des comptes. Nicolas Bazire s'est lié à l'ENA avec Stéphane Richard (France Telecom) et Henri Plagnol (député de Saint-Maur). Mais il étudiera essentiellement seul parce qu'il est père de deux puis de trois enfants et ne peut donc passer ses soirées entières à travailler. Sophie Boissard s'est, elle, bien entendue avec Martin Briens (ONU) ou Hervé de Villeroché (Trésor). On fait beaucoup circuler sous le manteau des histoires de suicides d'élèves (vraies), de coups bas (vraies), d'affaires personnelles dissimulées (vraies), mais il y a aussi des histoires de solidarité à l'ENA.

Est-ce qu'il y a, parmi les neuf énarques, des amitiés ? Leurs liens ne se sont pas forgés à l'ENA, mais, quand ils existent, après l'ENA. Denis Olivennes et Emmanuel Hoog ou Sophie Boissard et Laurent Solly s'adressaient à peine la parole à l'époque, alors qu'ils appartenaient à la même promotion. Matthieu Pigasse, Alexandre Bompard, Laurent Solly sont, eux, devenus amis à force de se croiser dans les allées du pouvoir. Ils appartiennent à la même génération et partagent une même appétence pour les médias. Ils se parlent et se voient. Alexandre Bompard se rendra à la fête donnée par Matthieu Pigasse pour la nouvelle formule des *Inrockuptibles* en septembre 2010. Il sera un des rares hommes de droite présent. Laurent Solly se décommandera peu de temps avant. Jean-François Copé connaît bien, de son côté, Denis Olivennes, Nicolas Bazire, Alexandre Bompard. Mais il y a aussi, entre eux, des inimitiés. Denis Olivennes et Matthieu Pigasse sont en froid. Leur vision contraire de la présidentielle, en 2007, et leur affrontement, à l'été 2010, pour devenir propriétaires du *Monde* ont créé des frictions. Martin Hirsch a mis en cause, dans *Pour en finir avec les conflits d'intérêts* (Stock), Jean-

François Copé. Il lui reproche de cumuler les fonctions antagonistes d'homme politique et d'avocat d'affaires. Le député-maire de Meaux répliquera à Martin Hirsch qu'il a lui-même fait voter, lorsqu'il était haut commissaire aux solidarités actives au gouvernement, une loi prévoyant la création de l'Agence du service civique et fixant la rémunération de son directeur.

Les autres se contentent de se croiser de loin en loin. Ils ont en commun de fréquenter la terre entière. On serait bien en peine de dire qui, de Denis Olivennes ou d'Alexandre Bompard, connaît le plus de monde. Ils ont des attaches dans tous les milieux socio-professionnels. Aucune sphère ne leur échappe. Un journaliste du *Nouvel Observateur* en plaisantait lorsque Denis Olivennes dirigeait l'hebdomadaire : « Cela évitait les pressions car si Denis Olivennes avait dû passer un coup de fil, à chaque fois qu'on parlait d'un de ses amis, ses journées entières n'y auraient pas suffi. »

7. Les séminaires collectifs
« Que le plus faible souffre ! » (Laurent Solly)

Les séminaires collectifs sont sources de tensions puisqu'il y a une partie de note collective et une partie de note individuelle. Il y a toujours la peur que l'autre vous plante. Ils sont constitués, par l'école, de groupes de 5 à 7 personnes. Mieux vaut alors tomber avec les meilleurs. Le gros du travail consiste en la rédaction d'un mémoire collectif. Il faut avoir à la fois bon esprit et esprit critique. Martin Hirsch se retrouve dans un groupe d'une dizaine d'élèves en train de devoir travailler sur la tarification des cliniques privées. Bertrand de Talhouët et lui décident de se prendre une soirée pour boucler le tout. Ils passeront trois jours et trois nuits à travailler sans s'arrêter. « Ma femme m'a appelé en me disant : *Mais où est-ce que tu es ?*

Je lui ai répondu de commencer à dîner sans moi. Elle m'a dit : *Il ne s'agit pas de commencer à dîner sans toi car cela fait deux jours que je ne sais plus où tu es.* » Martin Hirsch, lors d'un deuxième séminaire collectif, fait venir tout le monde dans son appartement. « Je trouvais que les autres ne travaillaient pas assez et je ne voulais pas finir le mémoire tout seul. J'ai fermé l'appartement à clé et je suis parti dormir en leur disant : *Vous ne sortirez d'ici que quand vous aurez fini !* Il restait des trucs pas sympas à faire, du style l'index, parce que j'en avais marre. Ces travaux de groupe étaient de véritables cauchemars. » Jean-François Copé donne la même version. « On en voulait toujours à celui qui n'avait pas fait son travail. C'était très désagréable. » Laurent Solly ne trouve pas non plus que les séminaires collectifs fassent ressortir le meilleur de chacun des élèves. « On joue le jeu de la collectivité alors que tout est un jeu d'individualité. Que le meilleur gagne mais, aussi, que le plus faible souffre ! »

Matthieu Pigasse réussit à se débrouiller pour se retrouver, lors des trois séminaires collectifs, avec son ami Jean-Louis Girodolle. Jean-Louis Girodolle, fils d'instituteur, suivra Matthieu Pigasse chez Lazard. Les deux amis ont donc fait ensemble Science Po, l'ENA, trois séminaires collectifs, la banque Lazard. « On doit émettre, avant les séminaires collectifs, trois choix de sujets sur une dizaine de sujets pour un thème général. Il suffit de prendre les trois mêmes sujets, dans le même ordre, dont vous pensez qu'ils seront les moins choisis par les autres pour avoir des chances de se retrouver ensemble. Cela a marché, pour nous, dans 100 % des cas. » Matthieu Pigasse rend hommage à d'excellents maîtres de séminaires dont Pierre Vimont. Il fut ambassadeur de France auprès des États-Unis. Les maîtres de séminaires sont les professeurs avec lesquels les élèves passent le plus de temps. Les élèves enquêtent sur le terrain. Matthieu Pigasse et Jean-Louis Girodolle se rendent, lors d'un séminaire sur l'insertion sociale, dans les banlieues les plus dures de Lyon pour comprendre les mécanismes de l'insertion sociale. « Ça a été passionnant de bout en bout. On a juste failli se recevoir un coup de truelle sur la tête parce qu'on nous prenait pour des flics. » Matthieu Pigasse fait la connaissance, lors de ce séminaire sur l'insertion sociale, de Xavier Lacoste qui a notamment dirigé Altedia. Il se souvient de négociations interminables pour la rédaction du rapport de séminaire. Chacun rédige une partie puis chacun relit la partie de l'autre afin d'unifier un rapport de plusieurs personnes. Ce sont des nuits entières passées à négocier des virgules et des mots. « C'est du style : moi je voudrais mettre un point virgule au lieu de deux points. » Tout cela reste, pour Matthieu Pigasse, un bon souvenir. « On était partis en Russie pour un séminaire collectif et, par esprit potache, on était revenus en mettant sur nos notes de frais des choses du style *nuit avec Irina, tant de roubles*. On s'était fait convoquer. » Sophie Boissard se souvient des thèmes sur les collectivités locales et l'emploi. Ils enquêtent auprès des comités de bassins d'emplois et des associations intermédiaires. Laurent Solly se rappelle un séminaire collectif sur les administrations comparées. Il ira, avec un de ses meilleurs amis, aux Pays-Bas pour comparer l'administration française et l'administration néerlandaise. Ils ont passé un bon week-end à Amsterdam. Ses camarades dépeignent un Laurent Solly séducteur, fêtard, joueur. Avide de vie. Alexandre Bompard doit plancher sur la nouvelle distribution. Ils font le tour des grands patrons d'enseigne avec un rendez-vous mémorable dans un café avec Gérard Bourgoin. Il note que c'est un exercice qui tend la relation entre l'élève externe (les étudiants pensent écrire mieux que les élèves internes) et l'élève interne (les fonctionnaires pensent avoir plus de bouteille que les élèves externes). « J'en garde un bon souvenir même si l'on se rend compte des difficultés du travail collectif. Mais les problèmes naissent surtout si le sujet est porteur de positions idéologiques, car il faut à la fin livrer un rapport collectif avec une dizaine de signatures. »

Nicolas Bazire s'est retrouvé dans le même groupe que Florence Parly (femme politique socialiste, directrice générale adjointe d'Air France Cargo) lors des séminaires collectifs. S'ils sont nombreux à dire leur hantise de tomber dans un groupe avec des moins bons qu'eux, Nicolas Bazire dit son plaisir de tomber dans un groupe avec des plus forts que lui. « Quand vous ne travaillez pas énormément, vous vous dites qu'il y en aura toujours un qui travaillera plus que vous ou qui sera meilleur que vous et qui remontera la note. » Nicolas Bazire a une réputation inoxydable de bon camarade, passeur de ballons, chef de bande partout où il est passé.

Nous sommes en 1987. La promotion d'Emmanuel Hoog se divise en deux gros thèmes pour les séminaires collectifs. La santé et l'enseignement découpés, comme chaque fois, en plusieurs sujets. Il se souvient de la présence de Marc-Antoine Jamet dans son groupe de travail. Emmanuel Hoog travaille sur enseignement privé et public, sous la direction de Bernard Toulemonde. Ce dernier a été directeur des affaires générales au ministère de l'Éducation nationale (1982-1987). La loi Savary a rassemblé contre elle plus d'un million de personnes dans la rue en juin 1984. Ils rencontrent nombre de personnes et obtiendront une excellente note (4,5 sur 5) pour leur rapport. « J'en garde un bon souvenir même si, au moment de rédiger le rapport final, c'est toujours la même histoire. On est deux, trois à travailler sur un groupe de six. » Les autres séminaires porteront sur les problèmes de dépendances (le logement des personnes âgées) et sur l'avenir des musées (la problématique du mécénat). Le fils de deux célèbres conservateurs découvrira à la toute fin de l'ENA, puisqu'il n'ouvrait pas les enveloppes contenant ses notes, qu'il a obtenu une note désastreuse pour son travail sur les musées.

8. Les cours et les conférences
« Utile toute sa vie » (Matthieu Pigasse)

Les enseignements sont aujourd'hui réduits à 24 mois. Ils vont des cours de langue aux exercices de simulation. Les professeurs sont des hauts fonctionnaires, des syndicalistes, des universitaires. Les cours magistraux sont découpés à l'époque selon quatre modules : Europe, Territoires, Gestion et Management public, options de spécialisation. La rapidité, l'esprit de synthèse, la capacité de travail sont au cœur de l'apprentissage. On apprend à faire des notes administratives, suivies de séances pour commenter ces notes de synthèse. On distribue aux élèves cinq documents et il faut en faire, en l'espace de quatre heures, une note de deux pages dans l'optique de faciliter la tâche à un ministre. Laurent Solly explique l'exercice. « On a en sa possession 80 pages de circulaires, d'arrêtés, d'articles de presse et on doit en faire une note de synthèse expliquant l'état des lieux et avançant une proposition. On apprend une méthode de travail. » Nicolas Bazire résume les choses de la même manière. « On se retrouve confronté à un problème technique avec des informations, des coupures de journaux, des tableaux, des courbes, sur le problème afghan ou sur les retraites par exemple, et il faut tenir compte du maximum d'informations contenues dans le dossier pour en faire une note simple avec une proposition pour un décideur. » Les énarques sont des as de la note de synthèse. Matthieu Pigasse trouve essentiel d'apprendre à faire des notes sur dossiers. « C'est un exercice intellectuel utile tout au long de sa vie. On passe son temps à compiler des informations dans tous les domaines. J'ai beaucoup appris auprès de David Kessler, professeur de droit public, qui m'a marqué par sa clarté et son esprit de synthèse. » Matthieu Pigasse s'en souviendra des années après puisqu'il nommera, en février 2011, David

Kessler (promotion 1989) directeur général des *Inrockuptibles*, dont il est devenu entre-temps propriétaire. L'ancien directeur de Radio France, même promotion que celle de Jean-François Copé, succède ainsi à Louis Dreyfus parti diriger *Le Monde* dont Matthieu Pigasse est devenu l'un des actionnaires.

Les élèves sont peu assidus aux conférences. Alexandre Bompard ne s'est jamais réellement installé à Strasbourg et donc s'y est peu rendu. Matthieu Pigasse a pourtant rencontré, lors d'une conférence sur la gestion financière, Nicolas Théry. Il est l'un des plus jeunes majors de l'histoire de l'ENA et inspecteur des finances au Trésor. Matthieu Pigasse travaillera sous ses ordres au Trésor, au bureau de la dette de l'État et des marchés monétaires, et sera son conseiller technique au cabinet de Dominique Strauss-Kahn. Nicolas Théry soufflera aussi son nom à Laurent Fabius devenu ministre de l'Économie. Matthieu Pigasse se souvient aussi de Frédéric Gagey, qui enseignait l'économie, et qui est aujourd'hui directeur financier adjoint d'Air France KLM. Nicolas Bazire aura, lui, Hubert Védrine comme maître de conférences sur les sujets de stratégie militaire. Il le retrouvera en politique (Hubert Védrine sera secrétaire général de la présidence de la République durant la cohabitation de 1993-1995) et dans les affaires (Hubert Védrine est, depuis 2005, administrateur du groupe LVMH).

9. Le rite de la désoccultation

«Je me jetais sur l'enveloppe!» (Nicolas Bazire)

On peut retirer tout au long de l'année une enveloppe cachetée et, dans l'enveloppe, se trouve la note et le classement intermédiaire de l'élève. Il y a des notes une à deux fois par mois. On a donc le choix entre ouvrir l'enveloppe – la désocculter – ou ne pas l'ouvrir. Il y a ceux qui n'ont pas désocculté

(Alexandre Bompard, Laurent Solly, Emmanuel Hoog) et il y a ceux qui ont désocculté (Martin Hirsch, Denis Olivennes, Nicolas Bazire, Jean-François Copé, Sophie Boissard, Matthieu Pigasse). Certains veulent collecter le maximum d'informations, auprès de ceux qui acceptent de donner leur classement, pour reconstituer le classement général. En moyenne, 90 % des énarques d'une promotion désoccultent. Nicolas Bazire, Martin Hirsch, Jean-François Copé ont désocculté tout du long. Jean-François Copé se rend régulièrement Chez Edgard, un restaurant du VIIIe arrondissement, dont le patron, Paul Benmussa, est un ami, pour faire le point sur son classement provisoire. Martin Hirsch voit, dans le fait d'avoir désocculté, un trait de son caractère. « J'ai une tolérance zéro à la frustration, donc je désoccultais. Je voyais ainsi que cela ne se passait pas trop mal. Cela me surprenait à chaque fois et j'ai été étonné que cela dure jusqu'au bout. » Il y avait un professeur de sport qui vendait des raquettes. Martin Hirsch a eu un moment le projet de lui en acheter une pour avoir une bonne note en sport, mais il a laissé tomber en voyant qu'il pouvait faire sans. Nicolas Bazire ne croit pas ceux qui disent ne pas avoir désocculté durant leur scolarité à l'ENA. « Je pense que tout le monde désoccultait et puis, après, il y a les menteurs et les pas menteurs. Je n'arrive pas à croire à un tel manque de curiosité. Moi, je me jetais littéralement sur l'enveloppe ! » En vérité, la plupart l'ont à la fois fait et pas fait, selon les périodes. Denis Olivennes a désocculté seulement sur le tard. « Je voulais sans cesse arrêter l'ENA donc, à la fin, j'ai désocculté en me disant que si je n'étais pas trop mal classé, je resterais, car cela me donnerait la liberté de relire Stendhal. » Matthieu Pigasse, lui, désoccultait seulement après les oraux. « J'adore les oraux. J'aimais préparer l'oral, y aller, me battre et puis voir la note tout de suite après. » Sophie Boissard a désocculté uniquement pour ses notes de stages et n'a plus regardé après pour ne pas être absorbée par le rang de sortie.

Alexandre Bompard, lui, n'a pas ouvert, tout du long, les fameuses enveloppes. Les notes sont données à peu près trois semaines après les épreuves avec la dernière note contenant le classement. « Cela a été ma façon de gérer le stress. J'ai vite compris que ce n'était pas parce que ça montait ou que ça descendait que j'allais pouvoir avoir un impact dessus sauf à me mettre une pression supplémentaire si cela se passait bien et à m'inquiéter si cela se passait mal. Je ne me projetais absolument pas dans l'avenir. Je pensais au corps préfectoral parce que j'avais adoré mon stage. » Alexandre Bompard partira à la fin seul, aux Tuileries, avec un café dans un gobelet en plastique. Sur lui, toutes ses enveloppes, du premier au dernier jour. Il reconstituera sa scolarité en entier, sur un banc, en ouvrant la quinzaine d'enveloppes du début à la fin. « J'ai toujours mis en scène ce genre de moment. »

10. La question de la pression
« On ne se fait pas casser le nez à l'ENA » (Nicolas Bazire)

Il faut tenir nerveusement. Christian Frémont résume la situation. « Les élèves sont comme des purs-sangs : ils courent très vite et ils sont très fragiles. » La scolarité à l'ENA est caractérisée par le stress, l'anxiété, la fatigue. Les énarques sont, sans surprise, peu à l'avouer. Martin Hirsch vit sous pression ses deux années à l'ENA, mais c'est son habitude de se mouvoir sans filet. « Je suis continuellement en situation de survie. D'un côté, je me dis que je vais toujours m'en sortir et, de l'autre côté, j'ai peur de rater. » Martin Hirsch fera pour se détendre, durant sa scolarité à l'ENA, du patin à roulettes entre les colonnes de Buren, dans la cour d'honneur du Palais-Royal. Est-ce qu'il imaginait, à l'époque, rejoindre le Conseil d'État qui s'y trouve ? Chacun possède sa manière de faire face à la pression. Il faut non seulement travailler, mais réfléchir à la façon dont il faut travailler. Martin Hirsch décide, par exemple, de miser sur l'anglais. « C'est une matière non aléatoire et cela sert toujours dans la vie. » Il prend donc des cours particuliers, à haute dose, avec un étudiant anglais. L'apprenti professeur remarque qu'il est comme un diesel : il devient bon en anglais à la cinquième heure d'anglais. Les quatre heures précédentes, il patauge. L'étudiant lui dit donc : « Quand tu sauras à quelle heure tu passes ton épreuve d'anglais, tu m'appelleras et je viendrai quatre heures avant pour qu'on converse non-stop. Comme ça, à la cinquième heure, tu seras bon. » Martin Hirsch découvre qu'il passe à 8 h 30 du matin. L'étudiant est venu à 3 heures du matin. Ils parleront non-stop de 4 heures à 8 heures du matin. Martin Hirsch aura une très bonne note en anglais.

Sophie Boissard s'est mariée la deuxième année de sa scolarité à l'ENA. « J'étais dans une promotion sympathique et j'arrivais au bout de huit ans d'étude. C'était le dernier sas avant de passer à une vie professionnelle. J'en avais envie et je l'ai bien vécu. » Elle ne se fait aucun souci pour l'avenir. « J'avais une espèce de camaïeu de possibilités selon mon classement. Je me disais que si j'étais bien classée, je choisirais le Conseil d'État, mais je n'osais pas trop y rêver. J'étais aussi intéressée par des postes à l'IGAS (Inspection générale des affaires sociales), au ministère du Travail, ou par une carrière diplomatique. Je n'ai pas vécu dans une angoisse permanente. » Sophie Boissard a longtemps pratiqué la danse. Elle en a gardé la discipline, le maintien, la grâce, la maîtrise. Une sorte de sourire ferme. Elle s'habille de manière classique, possède une voix douce, garde toujours la mesure. Elle est la plus cérébrale de tous. Elle ne se perd pas dans les détails, ne raconte pas une anecdote, ne pratique pas l'humour. Elle restera jusqu'au bout dans son sujet : le service de l'État. Alexandre Bompard, une fois admis à l'ENA, a aussi plutôt bien vécu sa scolarité. « C'était l'année de la coupe du monde de football 1998. On était toute une équipe de footeux et on se retrouvait à la cafétéria pour regarder les matchs et en discuter pendant des heures. L'avenir professionnel, quand on est à l'ENA, est assuré même s'il ne faut pas perdre de vue que la vie permet de rebattre les cartes au moins une bonne dizaine de fois. » Nicolas Bazire n'a pas ressenti compétition, stress, angoisse durant sa scolarité à l'ENA. « Il n'y a absolument pas de pression si ce n'est celle que l'on s'inflige. Si vous acceptez l'idée de sortir dernier, vous passez les deux meilleures années de votre vie. Je trouve l'ENA très *smooth*. L'objet du bizutage, dans une école militaire, c'est de pousser à bout les élèves pour constituer un véritable esprit de corps. Je me suis fait casser le nez à Navale alors qu'à l'ENA, on ne risque vraiment rien. On sait qu'il y a un classement de sortie mais on lutte, non pas contre les autres, mais contre le destin. On n'essaie pas d'être meilleur que les autres : on essaie d'être bon. Je ne faisais partie d'aucun groupe de travail, mais je me souviens avoir travaillé avec les autres à la bibliothèque. »

Nicolas Bazire : l'art de la distance

Il reçoit dans son bureau de LVMH où se trouvent les photos de ses enfants, fait part de ses doutes sur le livre car « est-ce que ça ne va pas être trop *show off* ? », reste d'une courtoisie toute britannique. Il a un visage extrêmement mobile. Ses admirations et ses détestations s'y lisent avant même qu'il n'en fasse part. Il est vif, mais pas à vif. Il manie l'art de la pirouette, de l'esquive. Quand on le rencontre la première fois, pour savoir s'il accepterait de participer au projet du livre, c'est un bon jour pour lui. Deux énarques de sa promotion sont sur le devant de la scène. Frédéric Oudéa vient d'être nommé à la tête de la Société générale (6 mai 2009) et Stéphane Richard va arriver à la direction de l'international de France Telecom (1er septembre 2009).

Nicolas Bazire, né en juillet 1957, est connu pour son humour distancié, sa liberté de parole, ses salaires mirobolants, sa loyauté vis-à-vis de ses patrons. Fait rare : il n'a jamais eu envie de devenir calife à la place du calife. Il est urbain dans les relations personnelles, impitoyable dans les relations professionnelles. On le dit fin connaisseur de la nature humaine. Il sait deviner et deviser. Il met la famille au-dessus de tout. Il est père de six enfants et déjà grand-père. « J'avais deux enfants quand je suis entré à Science Po et trois quand j'en suis sorti ; j'avais trois enfants quand je suis entré à l'ENA et quatre quand j'en suis sorti. Je conduis tous les matins, depuis vingt-cinq ans, mes enfants en classe. Ce n'est pas parce qu'ils restent longtemps en classe, mais c'est parce que j'en ai beaucoup. Quand ça s'arrêtera, cela me manquera. » Ses jugements ne sont pas politiques. Il admire la trajectoire d'un ex-gauchiste comme celle de Daniel Cukierman. Il garde un bon souvenir de la socialiste Florence Parly. Ils ont appartenu à la même promotion d'énarques. « On s'entendait très bien. Elle savait que je n'étais pas de gauche et moi je trouvais qu'elle n'était pas de droite. C'est tout. »

Ils auraient dû être ennemis. Nicolas Bazire et Olivier Orban sont devenus amis autour d'un brûlot. Le PDG de Plon a pris rendez-vous à Matignon, avec Nicolas Bazire, pour le prévenir qu'il allait publier *Les Deux Nicolas* (Plon, 1994) de Ghislaine Ottenheimer. La journaliste politique, actuellement rédactrice en chef de *Challenges*, a écrit un livre impitoyable sur Nicolas Sarkozy au Budget (un as des médias à 39 ans) et Nicolas Bazire à Matignon (un as des réseaux à 37 ans). Nicolas Bazire a assuré et prouvé à Olivier Orban que cela ne lui posait aucun problème. Rien de grave, jamais. Le directeur de cabinet d'Édouard Balladur décevra en revanche beaucoup de monde avec son *Journal de Matignon* (Plon) en 1998. Il en a tellement plus vu et plus entendu et plus vécu, à son poste entre 1993 et 1995, que ce qu'il a écrit et décrit ici. Sa force est ainsi sa faiblesse. Il fait preuve en toutes circonstances, comme Alain Juppé, d'une fidélité sans faille.

Nicolas Bazire est, selon ses proches, multicarte : un homme de confiance, un cavalier hors pair, un hobereau de province, un conseiller politique, un officier de marine. Autant dire tout, sauf un énarque. Olivier Orban parle d'une personnalité indépendante malgré le poids des responsabilités. « Il possède un humour caustique et un jugement aristocratique. Il est, à la fois, loyal et libre. C'est aussi un homme d'habitude. Il aime rester dans le cercle des intimes et se rendre dans les mêmes lieux. » Ses fils poursuivent la passion familiale en étant d'excellents cavaliers. Ils participent à des concours dans toute l'Europe. Nicolas Bazire aime ça : les valeurs de la compétition et les valeurs de la campagne. On conserve la même vision des choses dans un monde changeant à toute allure. On reste ancré dans le vent.

11. Qu'est-ce qu'on apprend à l'ENA (I) ?
« On apprend l'ambition » (Emmanuel Hoog)

Les élèves de l'ENA tiennent en boucle le même discours depuis toujours : on n'apprend rien à l'ENA-on n'apprend rien à l'ENA. Nicolas Bazire loge à cinquante mètres de l'ENA. Ils habitent, à cinq, dans 43 mètres carrés. « Je partais à 8 heures du matin et je rentrais à 8 heures du soir. Je passais toute la journée à la bibliothèque de l'ENA. » Il n'a strictement rien appris à l'ENA, mais cela reste un assez bon souvenir. « Il y avait un formidable professeur de sport. » Denis Olivennes n'a, en dehors des stages, rien aimé à l'ENA. « L'ENA est un instrument de sélection. À part le stage, je n'y ai rien appris. J'aurais été un aussi bon référendaire à la Cour des comptes à la sortie de Science Po plus le stage sans avoir fait le reste. L'ENA m'a simplement déprimé pendant deux ans. J'avais l'impression que Simon Nora m'avait vendu de la camelote. Il avait recyclé mon messianisme politique dans le service public. J'ai découvert une bureaucratie dont je serais un petit rouage bientôt grippé. J'ai eu le sentiment d'un univers immobile. Mais l'ENA a quand même réussi à me changer. Je me suis retrouvé perdu. Je voulais être Marcel Proust avant l'ENA, mais après, je ne savais pas du tout ce que j'allais devenir. Je suis arrivé en intellectuel et je suis ressorti en technocrate. C'est une boîte noire. J'espère que *Le Nouvel Observateur* aura été, de ce point de vue-là, mon sas de décontamination. » Alexandre Bompard dit avoir appris beaucoup de choses mais, là aussi, essentiellement durant ses stages. Emmanuel Hoog s'interroge, à travers l'enseignement à l'ENA, sur le façonnage des élites. « Comment la République française sélectionne-t-elle et forme-t-elle ses soi-disant meilleurs éléments, pour produire aussi peu d'intelligence collective ? La seule chose que j'ai apprise à l'ENA, c'est l'ambition. C'est bien, mais c'est un peu juste. J'ai touché du doigt ce que c'était. J'ai vu les ravages de l'ambition et, en disant cela, je me mets dedans pour le pire comme pour le meilleur. » Les mots « ambition » et « risque » scandent leur discours d'un même pas. L'ambition bien comprise appelle le risque. C'est l'Agrippine de Racine disant : « Vous dont j'ai pu laisser vieillir l'ambition dans les honneurs obscurs de quelque légion » (*Britannicus*, I, 2).

Jean-François Copé note un paradoxe. « On nous demande de savoir tellement de choses pour y entrer, qu'une fois parvenus à l'ENA on ne sait plus quoi nous y apprendre. Il y a au départ une demande d'omniscience un peu ridicule. Les enseignements théoriques sont médiocres et redondants. On apprend des choses uniquement durant les stages. On ne nous pousse pas à prendre des risques. Le rendez-vous avec le risque, plus on le prend tard dans la vie, moins on est apte à l'assumer. On nous enseigne le culte de l'État infaillible. Le message qu'on retirait finalement en sortant de l'ENA, c'était pour l'essentiel de reproduire le modèle de nos prédécesseurs. De laisser l'État dans la même situation qu'en y entrant. Tout cela a engendré des comportements conservateurs chez ceux qui ont vocation à servir l'État. Les fonctionnaires ont un rapport de force malsain avec les décideurs politiques, qui ont certes le pouvoir hiérarchique, mais sont beaucoup plus éphémères. Je milite pour qu'il y ait une stabilité des ministres au gouvernement afin qu'ils exercent de véritables fonctions de commandement et portent les réformes jusqu'au bout.

L'ENA permet d'avoir accès à une expérience de l'administration et c'est nécessaire quand on veut se lancer dans une carrière en politique. La combinaison Science Po plus l'ENA enseigne aussi une méthode de travail. On apprend à comprendre vite un dossier, à en tirer l'essentiel, à proposer une solution. » Laurent Solly est sur la même longueur d'onde. « On n'apprend rien au sens où l'on n'emmagasine pas des connaissances universitaires, puisqu'on est censé déjà les posséder, mais on apprend une méthode de travail, d'analyse, de synthèse. »

L'ENA est, en effet, une école professionnelle. On y arrive avec un savoir académique validé par un concours difficile. On doit donc s'y familiariser avec une première pratique de l'administration et le poids des responsabilités. L'ENA est une école d'application et elle privilégie, en toute logique, les mises en situation et les cas pratiques. Sophie Boissard le rappelle. « L'école prend des gens qui ont une bonne formation et les prépare à intervenir dans des fonctions d'administrateurs et de généralistes à un certain niveau d'aide à la décision publique. » Sophie Boissard dit avoir assimilé, à l'ENA, une série d'expériences à travers les stages et les séminaires collectifs, puis avoir commencé à comprendre les mécanismes de décision publique. Elle note aussi qu'on découvre des univers comme, dans son cas, l'univers diplomatique et préfectoral. Martin Hirsch, ayant fait des études de médecine, a assimilé de multiples choses à l'ENA. « Je ne faisais pas partie de ceux qui répétaient : on n'apprend rien. J'ai passé une année de découverte en apprenant tout en droit ou en économie. J'écarquillais les yeux car je n'y connaissais rien. J'étais juste allé, durant mon service militaire, en clandestin à Science Po suivre quelques cours et piquer des polys. C'était mon seul bagage. »

12. Qu'est-ce qu'on apprend à l'ENA (II) ? « On apprend à se faire violence » (Matthieu Pigasse)

L'ENA peut aussi être une école de la vie. Matthieu Pigasse a appris à ne pas casser dans l'épreuve et à trouver des chenaux dans la nuit. « On m'a obligé, durant mon stage, à dépasser ma timidité alors maladive et mon complexe d'infériorité. J'avais tellement peur de parler anglais, lors de mon séjour à New York, que je n'ai pas mangé pendant deux jours et que je ne suis pas allé chez le coiffeur pendant un mois par peur de m'exprimer en anglais. Je me souviens de Thierry de Villehuchet m'accueillant sur un ton désagréable à cause de mes cheveux trop longs : *On dirait un Gitan !* Il m'a rendu un grand service ce jour-là. J'ai appris à l'ENA à me faire violence. »

Laurent Solly assure que ce qui est important à l'ENA, c'est ce qui n'est pas visible. Le sous-texte est plus intéressant que le texte. « Il faut comprendre la façon dont on nous met en compétition les uns avec les autres pour créer un produit collectif. Jean-Pierre Chevènement l'avait bien souligné : l'ENA est un concours d'entrée et un concours de sortie. La désoccultation est un des éléments clé du mécanisme non écrit de l'ENA. Il y a ce qu'on apprend à l'ENA et ce que l'ENA nous apprend. Car ce qui est intéressant, dans la désoccultation, ce n'est pas notre rang, mais c'est : est-ce que nous allons, ou non, nous confronter à la réalité et, surtout, de quelle manière allons-nous le faire ? On est amené, tout au long de sa vie, au choix de désocculter, ou non. On nous enseigne, de manière subtile, ce que va être notre vie professionnelle après l'ENA : la compétition. On nous enseigne les rites et les codes de la vie future. On ne forme pas que des hauts fonctionnaires à l'ENA. Il est intéressant de voir comment l'individu se révèle face à l'ENA : en souffrance, en amertume, en combat. C'est un parcours plus subtil qu'il n'y paraît. On nous plonge dans un milieu concurrentiel et il faut résister au choc. C'est un concours par rapport à soi-même. Est-ce que j'ai la force d'aller là où je veux aller ? On répète souvent qu'on n'apprend rien à l'ENA or on se trompe. Au fond, la formation qu'apporte cette école est plus forte qu'une formation universitaire classique. »

Laurent Solly : un héros de Fitzgerald

Les assistantes ouvrent la porte pour rappeler l'heure d'une réunion, le téléphone sonne à intervalles réguliers, les images défilent sur l'écran de télévision. Il ne lâche pas son portable des yeux. Les batteries sont toujours à plat. Il faut les recharger : « Excusez-moi. » Il négocie, comme Jean-François Copé, le temps : « Une demi-heure, ça va ? » Non, ça ne va pas. Mais si Jean-François Copé se montre peu soucieux de ce qu'on fera de ses paroles, il faut d'ailleurs lui répéter constamment le sujet du livre dont il se fiche complètement, Laurent Solly se révèle le plus inquiet de tous sur ce qu'on fera de ses propos.

Laurent Solly, né en mars 1970, est enfant de son siècle. « Le XXe siècle s'est fermé sur la chute du communisme et le XXIe siècle s'est ouvert sur le 11-Septembre. La crise financière de 2008, et le rééquilibrage mondial avec l'accélération des pays émergents et de la Chine, se ressent tous les jours dans une entreprise comme TF1. Le World Trade Center s'est abattu sept ans avant que Wall Street ne tangue à quelques mètres de là. Ces deux événements structurent plus que le monde, ils structurent nos activités mêmes. » Laurent Solly travaille dans les médias, mais se méfie des médias. « Je pense que, dans un monde de surexposition médiatique, la réserve et l'ombre peuvent apporter pérennité et efficacité. Il y a aussi une part d'élégance, pour ses proches, à ne pas s'exposer trop. Je reste persuadé que la lumière, pour avoir vécu ça de près, peut abîmer. Il faut s'attacher à faire, plutôt qu'à montrer qu'on fait. »

Le grand public a fait la connaissance de Laurent Solly dans *L'Aube le soir ou la nuit* de Yasmina Reza. L'auteure d'*Hammerklavier* entreprend de suivre Nicolas Sarkozy dans ses déplacements, durant la campagne électorale de 2007, pour écrire un livre sur les hommes et le temps. Elle sera sans arrêt en contact avec Laurent Solly, directeur adjoint de la campagne présidentielle de Nicolas Sarkozy, puisque c'est lui qui est en charge de l'agenda du futur président. Yasmina Reza raconte aujourd'hui la façon dont les choses se sont déroulées. « Les débuts avec Laurent ont été difficiles. Même s'il prétend le contraire, je ne suis pas sûre qu'il me connaissait et en tout cas mon projet l'agaçait. Personne n'en comprenait vraiment l'essence et tous devaient se dire *oh là là ! pourquoi s'emmerder avec une fille qui va être partout, sans arrêt, sans qu'on puisse rien contrôler*. Lors de notre premier rendez-vous, dans son bureau de la place Beauvau, il s'est montré bien élevé, froid, faussement coopératif. Ensuite, il ne m'a pas du tout facilité les choses. Au contraire. Il me mettait dans une position de demande constante et plutôt humiliante. On s'exaspérait mutuellement. Je l'appelais plusieurs fois par jour et lui me répondait une fois sur deux *je suis en rendez-vous, je te rappelle*. Clac. Il me rappelait plus ou moins et souvent trop tard pour l'événement. On se tutoyait, parce qu'on se tutoie facilement en politique, mais cela n'arrangeait rien. Je ne le supportais tellement plus qu'un jour je lui ai dit de façon extravagante : *Est-ce que tu sais qui je suis ? Si tu ne le sais pas, renseigne-toi et tu me traiteras autrement !* Plus tard il adorait répéter cette phrase et on en a beaucoup ri. Heureusement, un jour, la photographe Élodie Grégoire, avec qui je m'étais liée, a parlé en ma faveur et notre relation a changé. J'ai découvert un garçon drôle, insolent, fougueux. Très vif. Il arrangeait, calmait, démêlait, beaucoup de choses. Il a été, de mon point de vue, un des agents majeurs de la campagne. Mais j'ai surtout découvert un homme vulnérable qui s'efforçait de ne pas le montrer. »

Laurent Solly n'aime pas parler de sa relation avec Nicolas Sarkozy. Il se montre sur ses gardes dès qu'on évoque son nom. Il s'est promis de ne pas dire un mot sur ce qu'il a vécu auprès de lui. Est-ce parce qu'il lui doit beaucoup ? Est-ce parce qu'il lui doit le meilleur et le pire de sa carrière ? L'ascension fulgurante en politique à ses côtés ; la mise à l'écart pour plaire à Cécilia Sarkozy ; la nomination dans le groupe TF1 appartenant à Martin Bouygue, connu comme un des amis du président. Nicolas Sarkozy représente, pour lui, l'interdit. Tout le monde est frappé par le fait que Laurent Solly, pur animal politique, ait renoncé à la politique après la victoire triomphale de Nicolas Sarkozy en 2007.

Laurent Solly subira l'injustice comme lorsque David Martinon (sorti major de la promotion 1998) est nommé chef de cabinet de la campagne présidentielle de Nicolas Sarkozy à sa place. Il persistera dans un silence loyal, mais il verra ainsi foulé aux pieds ce en quoi il a toujours cru : le mérite républicain. Ses proches avouent qu'il est ardu à saisir et à décrire tant il masque angoisses et douleurs. Plus on le connaît, moins il apparaît lisse ; plus on le connaît, plus il apparaît opaque. Yasmina Reza en témoigne. « Il est difficile à cerner. Il se dérobe, à dessein. Et je ne suis même pas certaine qu'on puisse l'associer à la famille des grands ambitieux. C'est un homme doué, à égale intensité, pour l'envie et l'empêchement. On a l'impression que l'équilibre est fragile. Je l'ai connu dans un moment de frénésie, mais avec le recul et le considérant aujourd'hui, je le vois comme un personnage de *Mad Men*, ou un héros de Fitzgerald, splendide et lisse, gâté en apparence, masquant des abîmes. » Quand en pleine campagne présidentielle, il a appris la maladie de sa femme, il est entré en enfer. C'est pourtant seulement sur la toute fin qu'il commencera à se fissurer de l'extérieur. Jusque-là, il ne laissait rien transparaître.

13. Les valeurs de l'ENA
« Ça ne grandit pas » (Emmanuel Hoog)

Les valeurs de l'ENA sont normalement celles de la fonction publique. Il y a un côté technique (former des administrateurs) et, aussi, un côté éthique (la justice avec l'impartialité vis-à-vis des citoyens, le désintéressement avec la loyauté à l'égard du gouvernement démocratique, la justesse avec le bon usage de l'argent public). Les fondateurs de l'ENA, dont Michel Debré en première ligne, ne concevaient pas les choses autrement. Ils rêvaient d'énarques technocrates et humanistes. Les deux. Traiter des dossiers extrêmement complexes sans jamais oublier qu'ils s'appliquent à des citoyens en chair et en os. Il faut savoir être, le cas échéant, dans l'« illégitime légitimité ». L'expression est de la philosophe Élisabeth de Fontenay. Son père, résistant et catholique, a dirigé l'ENA durant dix-sept ans.

Louis Schweitzer souligne que les valeurs du service public ne sont plus aussi attractives qu'avant pour les nouvelles générations. La figure d'un François Bloch-Lainé (1912-2002), incarnation même du haut fonctionnaire, est devenue un cas extrême plutôt qu'un cas représentatif. « On pouvait, dans le passé, concilier goût du pouvoir et intérêt général. La génération de mes parents avait, à juste titre, le sentiment que les vraies responsabilités se trouvaient du côté de l'État. C'était la fameuse phrase de De Gaulle : *rien de grand en France ne s'est fait sans l'État*. L'énarque aspirait à ça. Cette idée décline en France. On a aujourd'hui l'image d'un État impuissant. La fonction publique reste pourtant un endroit merveilleux. Il y a un niveau de liberté, une ampleur des sujets traités, une joie de travailler pour l'intérêt général que l'on ne retrouve pas en entreprise. »

Matthieu Pigasse croit aux valeurs du service public enseignées à l'ENA. «Il y a le savoir technique et les valeurs de la République. Je m'occupe, chez Lazard, du conseil gouvernemental. J'observe et pratique les gouvernements et les administrations dans le monde entier. Je ne suis pas du tout corporatiste, n'appartiens à aucun réseau, ni à aucune association, mais l'ENA devrait représenter un sujet de fierté en France. Je ne supporte pas le *ENA bashing*. La réalité de l'école n'est pas celle qu'on imagine. L'ENA forme des gens très divers qui ont étudié durement, pour se retrouver en train de travailler seize heures par jour, sans reconnaissance sociale et sans salaire important. Quand on aime la République, on aime les écoles de la République.»

Alexandre Bompard a vu à l'œuvre un grand serviteur de l'État avec le préfet Paul Bernard à Lyon. «On le voyait agir et on avait envie d'être préfet. J'ai assisté à des conversations entre Paul Bernard et Raymond Barre. Ça volait haut. On ne peut pas ressortir de tout ça sans avoir envie de servir l'État.» C'est cette envie-là qui pour certains se dissoudra comme un cachet d'aspirine, entre déception vis-à-vis du service public et attraction pour le monde du privé, dans le bain des ambitions individuelles.

Laurent Solly témoigne qu'on n'acquiert pas les valeurs du service public en faisant l'ENA, mais que c'est parce qu'on les possède, qu'on aspire à faire l'ENA. Un point de vue partagé par Sophie Boissard. Elle souligne que la plupart de ses condisciples portaient les valeurs du service public avant de faire l'ENA. «L'école arrive trop tard dans le processus de construction d'une personnalité pour apporter autre chose qu'une formation appliquée à la conduite des affaires publiques et à l'administration de l'État. Mais les gens qui choisissent le Conseil d'État sont imprégnés de ces valeurs-là.»

Denis Olivennes note que non seulement on n'acquiert pas les valeurs du service public durant sa scolarité à l'ENA, mais qu'on a tendance à les perdre en cours de route. «On arrive avec la flamme du service public mais, à force de bachotage, elle pâlit de plus en plus.»

Jean-François Copé s'inscrit, lui aussi, en faux contre les beaux discours. Il n'y a aucune raison, selon lui, de parler des principes humanistes de l'ENA. « Il ne faut pas en rajouter avec les valeurs de l'ENA. Il s'agit juste de former des élites administratives. Le seul message qu'on leur transmet, c'est : *Vous êtes les meilleurs parce que vous êtes entrés dans l'école la plus dure de France.* On entend peut-être de beaux discours mais la réalité est tout autre. 1) Il faut se battre à mort pour sortir dans les premiers parce que sinon on est foutu et que l'on va être un obscur fonctionnaire du ministère des Affaires sociales toute sa vie. 2) Si l'on n'est pas dans les meilleurs, il faut limiter la casse par un tempérament fort. Ce n'est pas avec ça qu'on se forge des valeurs éthiques exceptionnelles. Inutile de se mentir. Tout ça est une vaste blague. Les castes sont par ailleurs innombrables à l'ENA. Celui qui vient du concours externe à un souverain mépris pour celui qui vient du concours interne. »

Emmanuel Hoog met en cause le dispositif même de l'école. « Le dispositif ne repose ni sur la culture, ni sur l'intelligence, ni sur la générosité. Ça ne grandit pas. Il y a tout un discours mettant en avant les valeurs civiques qui vient se heurter contre le monde de la compétition. Il y a un divorce entre le discours et la réalité. Le quotidien est un quotidien d'ambition. »

14. L'énarque-type
« Mais, qu'est-ce qu'ils vous font à l'ENA ! » (Anne Consigny)

L'ENA a pour but de donner la même formation à l'ensemble des hauts fonctionnaires pour qu'ils puissent servir au mieux l'intérêt général. Il s'agit ainsi d'abattre les murs entre ministères, de gagner du temps en parlant un langage commun, de pouvoir avancer dans la même direction. La question du formatage est donc omniprésente en ce qui concerne les énarques

Car si les fondateurs de l'École avaient assigné aux énarques, au sortir de la guerre, la mission de réinventer et de moderniser l'État, les énarques sont vite devenus synonymes de pensée unique, de conformisme, de manque d'audace. L'énarque-type prendra, comme le rappelle Marc Lambron, les traits de l'acteur Jacques François dans les comédies des années soixante-dix. Hommes d'affaires ou hommes politiques cravatés et cassants. Vaguement ridicules. On entendra souvent les uns et les autres dire, en parlant des énarques, qu'on les reconnaît au moindre coup d'œil comme on reconnaît les Envahisseurs, dans la série de Larry Cohen, à leur incapacité à replier l'auriculaire. Ça donne, en gros : un complexe de supériorité, un esprit de caste, une boulimie de postes, un langage technocratique, une absence de finesse psychologique, un arrivisme forcené. Ils pensent qu'ils savent tout faire et notamment de la politique. On reprochera à Alexandre Bompard et Denis Olivennes, lors de leurs chassés-croisés de janvier 2011, de passer d'un domaine à l'autre. Le publicitaire Thierry Consigny, énarque dans la même promotion que celle de Denis Olivennes et Emmanuel Hoog, pointe là une des raisons de la mauvaise réputation des énarques. « Les énarques sont des généralistes. On n'apprend rien à l'ENA et ça se voit. On n'a pas de métier, comme plombier ou avocat, dont la nécessité puisse apparaître immédiatement aux yeux des gens. On apprend une pose, un discours, une mine. Je viens d'une famille de hauts fonctionnaires. Ma petite sœur, Anne Consigny, m'a toujours dit : *Mais qu'est-ce qu'on vous fait à l'ENA ?* On y arrive normaux et on en ressort anormaux, avec un certificat de sérieux totalement bidon. » L'actrice Anne Consigny est entourée d'énarques depuis toujours – un père, un frère, un beau-frère – et elle ne regrette pas un seul instant que ses fils ne se soient pas lancés dans cette voie : on s'y éloigne selon elle, à petits pas silencieux et irréversibles, de la vie simple.

Il n'y a pourtant pas un seul type d'énarque, ne serait-ce que parce que le concours est ouvert aux externes (les étudiants, dont les diplômés de Science Po) ; aux internes (les fonctionnaires, quatre ans d'ancienneté), aux « troisième concours » (des cadres du privé, huit ans d'ancienneté). Plusieurs générations se côtoient. Les différences d'âge s'étalent de 22 à 43 ans. L'école s'est ouverte, dès 1949, aux étrangers. Ils sont un oxygène. Les femmes restent minoritaires. La promotion Robert Badinter (entrée en 2009 et sortie en mars 2011) compte 49 hommes et 32 femmes. 40 étudiants recrutés par concours externe, 33 par concours interne et 8 par le troisième concours. Près de 50 % des élèves ont un parent dans l'éducation nationale. Seulement 3 sont issus du milieu ouvrier. La promotion Jean-Jacques Rousseau (entrée en 2010 et sortie en décembre 2011), la première à bénéficier de la scolarité raccourcie avec trois mois de moins, compte 36 % de femmes. 40 étudiants recrutés par concours externe, 34 par concours interne et 8 par le troisième concours.

Alain Minc ne tient pas en grande estime l'ENA, mais il ne trouve pas les énarques semblables les uns aux autres. « Les énarques ne sont pas, comme Nicolas Sarkozy l'avait dit des magistrats, des petits pois rangés sur une étagère. Les petits pois sont quand même un peu différents les uns des autres. » Nicolas Bazire trouve aussi les énarques différents les uns des autres. « Le problème, ce n'est pas l'ENA, mais ce sont les énarques. L'ENA recrute des gens ambitieux. On les met dans une espèce de cocotte-minute et ils deviennent donc un peu plus ambitieux ou un peu plus aigris. L'ENA ne forme personne. Si l'ENA ne métamorphose pas les élèves dans un sens positif, elle ne le fait pas non plus dans un sens négatif. Les énarques constituent un tissu social beaucoup plus lâche que dans une école militaire où l'on forme vraiment des gens dans un moule. C'est une deuxième école que l'on fait relativement plus âgé. Frédéric Oudéa était parmi les plus jeunes de ma promotion. Il avait fait l'X et puis, parce qu'il faisait partie des "bottiers", il était entré directement à l'ENA. J'ai fait l'ENA à 27 ans. Je suis heureux d'avoir fait l'ENA, mais je me sens davantage officier qu'énarque. Ma personnalité était faite avant l'ENA, comme celle de Frédéric Oudéa. J'ai été heureux d'entrer à l'ENA et j'ai été heureux de sortir de l'ENA. Vous allez penser que je suis donc toujours heureux ! » Ils sont en effet nombreux à être persuadés qu'on en sort comme on y est entré. Sophie Boissard constate qu'on en met beaucoup trop sur le dos de l'ENA. « Ce n'est qu'une école appliquée de deux ans dont une de stage. » Denis Olivennes dit que, l'un dans l'autre, l'ENA laisse indemne. « Il y a quand même le culte d'un certain brio, et donc d'une superficialité, qui l'emporte. On est loin de l'esprit de sérieux. » Jean-François Copé souligne aussi le rôle de non-transformation de l'école. « L'ENA peut amplifier des défauts, mais en aucun cas les créer. L'exigence même du métier de politique, c'est de se remettre sans arrêt en cause, à l'inverse des cadres dirigeants de la haute administration. Si vous êtes quelqu'un de prétentieux et de fermé, vous le devenez encore un peu plus en passant par l'École. »

Matthieu Pigasse souligne la diversité des trajectoires. Les carrières des uns et des autres recèlent quand même une part d'étonnement. « J'ai un ami qui est passé par Normale supérieure et l'ENA dans le but de devenir ambassadeur, par amour des autres cultures et pour représenter la France, et qui est devenu ambassadeur à Athènes et j'ai un autre ami qui a fait Science Po et l'ENA, avec pour ambition de devenir le plus jeune préfet de France, mais qui veut aujourd'hui s'occuper avant tout de sa femme et de ses quatre enfants. Le caractère fera toujours la différence. J'ai aussi l'exemple d'un énarque de ma promotion, un ancien urologue-chirurgien, qui a fondé Doctissimo sur Internet en 2000. Une réussite immense. J'ai été chargé en 2008, en tant que banquier, de la vente. » Sophie Boissard se rappelle une trajectoire atypique d'énarque. « Elle venait du secteur privé où elle avait dirigé des hôtels dans des grands groupes internationaux. Elle passe l'ENA et elle sort à la Cour des comptes. Elle n'a pas fait son trou dans le service public. Elle est repartie dans le privé. »

La formation offerte par l'ENA ne prédispose pas particulièrement à être un grand patron. Il y a ainsi une caricature d'énarque représentée, par exemple, par Jean-Marie Messier (ex-PDG de Vivendi). Une intelligence mise au service d'elle-même. Une intelligence qui, tel un hamster dans sa cage, tourne à vide. Denis Olivennes la décrit. « Le grand travers des surdiplômés, c'est de penser que parce qu'on a fait Polytechnique, l'ENA et qu'on est inspecteur des finances, on est un génie et qu'on sait tout mieux que tout le monde. C'est l'absence de doutes, l'individualisme, l'arrogance. Un mélange d'égotisme et d'autisme que j'écrirais *égautisme*. L'intelligence telle qu'on l'entend, c'est-à-dire un cerveau qui fonctionne bien, est la chose du monde la mieux partagée. Mais l'intelligence des personnes et des situations est, elle, beaucoup plus rare. » Le complexe de supériorité des énarques est surligné par beaucoup. Marie Masmonteil s'en amuse. « On croit qu'on fait partie des brahmanes. On ne veut surtout pas être pris en défaut. » Louis Schweitzer est conscient de la mauvaise réputation des énarques et leur reconnaît une part de responsabilité. « Il est vrai qu'il y a une arrogance, propre aux énarques, marquée par un esprit de caste. » Martin Hirsch reproche aux énarques de voir le monde à travers leur prisme, de se couler dans le moule en répondant aux attentes de manière automatique, de se croire omniscient. « Il y a deux gros défauts propres aux énarques. On fait croire aux énarques qu'ils peuvent tout faire parce qu'ils appartiennent à un monde complet et donc qu'ils peuvent passer de la banque aux médias et, le deuxième défaut qui leur est commun, c'est qu'ils intègrent tellement la dialectique et le raisonnement pur à l'ENA qu'ils peuvent se retrouver à défendre des choses sans savoir pourquoi ils les défendent. C'est l'appartenance plus que le fond ; les enjeux de circonstances plus que les convictions. » Martin Hirsch se remémore des exercices pratiques. « On était en 1989, avant l'affaire du sang contaminé (1991), et ils avaient pris à l'ENA, comme exemple de gestion, celui de la transfusion sanguine par le docteur Michel Garetta. L'idée était de réussir à gagner de l'argent avec la transfusion sanguine en devant faire *malgré* les contraintes éthiques. J'ai eu malheureusement une très bonne note. Quand je me suis occupé plus tard de réformer la transfusion sanguine, j'ai introduit cette anecdote dans le discours de Bernard Kouchner qui était alors ministre de la Santé. Je me souviens d'un autre exercice, où j'ai eu aussi une très bonne note. Il s'agissait de démontrer que, pour l'économie et les finances publiques, on avait intérêt à faire fumer les gens. On fait l'équilibre entre ce que ça coûte en assurance maladie et ce que ça économise en dépenses de retraite : on peut démontrer que, quand on fait mourir les gens vers 60 ans, les finances publiques se retrouvent gagnantes. Les rentrées fiscales et les économies de retraite contrebalancent les dépenses d'assurance maladie. Alors qu'il faudrait apprendre à dire, tout simplement, *fuck au tabac !* » Alors qu'il faudrait apprendre à vivre, tout simplement, avec les contraintes éthiques.

Les hautes études ne préparent pas à ce qu'on appelle la vraie vie. Il y aura toujours un gouffre, selon Céline, entre ceux qui pensent la vie (les diplômés) et ceux qui éprouvent la vie (les sans diplômes). Nicolas Bazire reconnaît un manque de concret chez les énarques. « C'est un peu la tarte à la crème car le sous-préfet dans son département a forcément le sens du concret et, pour un fonctionnaire du Trésor, un tableau de chiffres est quelque chose de concret. Mais évidemment, après, ce n'est pas la vraie vie. On peut dire ça aussi du type qui a fait HEC. Il peut se retrouver bombardé à la tête d'une entreprise sans avoir mis un pied dans un hypermarché. Cela peut donc être une critique du système à la française qui fait que, parce qu'on a fait des écoles prestigieuses, on a vite des responsabilités qui ne sont plus des responsabilités de terrain. » C'est le danger. Ils semblent portés, par leur élan et leur allant, au-devant d'eux. La réalité se trouve ainsi de plus en plus loin derrière eux. Le conseiller Alain Minc est décrit, par exemple, comme trop intelligent pour être pragmatique. Il voit sans cesse au-delà des situations, ce qui revient à ne pas voir les situations.

Le langage technocratique des énarques est souvent moqué. Il est jugé désincarné et abscons. Laurent Solly s'en explique.

« On apprend un langage technique. L'administration a, comme toute structure humaine et technique, sa culture et son langage. Il ne faut pas oublier que l'administration est un métier technique. Le premier objet de l'ENA est d'abord de former des hauts fonctionnaires. » C'est aussi, pour Nicolas Bazire, un mauvais procès. « Valéry Giscard d'Estaing s'exprime de manière extrêmement claire. Quand on écoute Valéry Giscard d'Estaing, on se croit intelligent parce qu'il sait rendre simples les choses compliquées. Mais les énarques doivent s'exprimer sur des sujets techniques. Il suffit de penser aux médecins avec leur langage codé et leur ordonnance illisible. Quand on demande à un médecin ce que l'on a, il a l'impression qu'on se mêle de ce qui ne nous regarde pas, puis il s'exprime dans un langage incompréhensible pour nous. Il y a beaucoup de formations qui vous familiarisent avec un vocabulaire que vous ne trouvez pas spécifique à la fin et qui crée, pourtant, une barrière par rapport au commun des mortels. C'est ce point précis qui est condamnable. » Mais certains y échappent. Frédéric Mion (Canal +), sorti major de la promotion de Sophie Boissard et de Laurent Solly, est un grand lecteur de Shakespeare. Il avait créé à l'ENA une *debating society*. Ils prenaient tous les mois un thème et débattaient dans un niveau de langage élevé. Mais Frédéric Mion est, aussi, normalien.

La mauvaise image des énarques représente, selon Nicolas Bazire, 1 % des énarques. C'est un point essentiel. Il y a une École moins connue du grand public, formatrice de bataillons anonymes et travailleurs, admirée à l'étranger. On dénonce (souvent) la minorité qui dirige et on oublie (toujours) la majorité qui administre. Nicolas Bazire le rappelle, comme les autres. « L'immense majorité des énarques n'est pas appelée à une reconnaissance médiatique et n'a aucune reconnaissance publique. Ce sont des laborieux. Les énarques connus du grand public constituent une minorité. » Laurent Solly le note, aussi. « Il ne faut pas que certains énarques connus fassent oublier la réalité des chiffres. La proportion de ceux qui servent l'État est massive. Combien sont directeurs d'administration centrale, chefs de service, magistrats dans les tribunaux administratifs ? La grande masse des élèves de l'ENA sert l'État et, parfois, dans des conditions matérielles et salariales modestes. » Un point de vue partagé par Louis Schweitzer. « L'objet de toutes les critiques reste l'énarque visible. Il constitue une petite minorité au sein de l'ENA. La plupart des énarques, même parmi les Grands Corps, ne font pas partie de cette énarchie visible. Il existe beaucoup d'énarques pur service public, mais ils ne sont pas connus du grand public. »

De nombreux énarques, comme Alain Juppé, Michel Rocard, Jacques Attali, sont depuis des années sur le devant de la scène. Mais tous ont aussi en tête des figures de hauts fonctionnaires exemplaires moins connus du grand public. Deux figures reviennent sans cesse : Marceau Long (né en 1926) et Simon Nora (1921-2006). Laurent Solly les cite. « Ils représentent des figures de probité. La culture, le sens du collectif, la compétence. Ils appartiennent à une génération qui a été balayée par la déréglementation et la dérégulation des années 1980-1990 dont on a vu les conséquences. » Chaque système génère ses bonnes et ses mauvaises icônes. Les choses sont plus complexes. Les élèves décrivent un Simon Nora jouant, lorsqu'il était directeur de l'ENA, au chat et à la souris avec les élèves qu'il recevait un par un et un Marceau Long minutieux, scrupuleux mais conscient de son aura.

Les énarques ne sont pas toujours à même de faire leur portrait. Denis Olivennes sait combien il est difficile d'être juge et partie. « À force d'entendre dire qu'il existe des invariants propres à l'énarque, je me dis qu'il doit y avoir une part de vérité. Je ne sais pas si c'est l'ENA qui les fabrique à la chaîne ou si c'est le système de recrutement qui sélectionne des gens dotés de ce profil. Je n'ai pas conscience de ça de l'intérieur, mais si l'on interrogeait les tribus amérindiennes sur les structures fondamentales de la parenté, discernées par Claude Lévi-Strauss, ils regarderaient aussi ça avec étonnement. » Jean-Pierre Jouyet note un point commun entre les neuf énarques du livre : leur force est qu'ils ont réussi à faire oublier qu'ils étaient énarques.

15. La préparation au pouvoir
« Décider et trancher » (Alexandre Bompard)

L'ENA a aussi pour but de former des experts et des managers. Ils doivent avoir une connaissance des grandes disciplines et une capacité à devenir des dirigeants d'organisations administratives. Emmanuel Hoog associe le pouvoir au management. « Une bonne utilisation du pouvoir, c'est prendre une situation économique, industrielle ou financière et, avec l'aide d'une équipe, la faire passer de manière positive d'un point A à un point B. C'est une capacité qui se construit et se développe au fil des années, mais qui implique aussi des prédispositions comme le sens de la décision et du compromis. » Les uns et les autres reprochent souvent à l'administration son immobilisme et son irresponsabilité. Il y a toujours quelqu'un au-dessus de vous pour vous couvrir. Emmanuel Hoog entre au ministère de la Culture quand Jack Lang en redevient ministre de 1988 à 1992. « Ça bougeait. Quand je discutais avec le ministère des Finances, je me rendais compte que je ne connaissais rien à l'État. J'ai très vite compris que je voulais servir l'État, mais dans des fonctions de management, pour faire des choses, et non pour les freiner ou les interdire. Je voulais être comme un chef d'entreprise : décider, inventer, être responsable, mais d'abord et avant tout, en équipe, collectivement. Je reste persuadé que ces valeurs sont et doivent être compatibles avec le service de l'État. On a besoin d'un État décisionnaire. J'appartiens à un milieu familial nourri des valeurs du service public. J'ai vu l'État perdre de sa puissance par sa faute. J'ai heureusement trouvé dans les établissements publics, comme au théâtre national de l'Odéon ou à l'INA (Institut national de l'audiovisuel), une dimension entrepreneuriale mise au service d'un idéal public. J'ai besoin d'amener quelque chose de plus au bien commun. »

Alexandre Bompard est rarement dans la critique vis-à-vis de l'ENA. « Le seul reproche que je ferais à l'ENA, c'est que l'on n'est pas aussi évalué sur des qualités qui me paraissent essentielles : une force de caractère ; une capacité d'entraînement collective ; une capacité créative ; une capacité de décider et de trancher. Après l'ENA, on sait normalement synthétiser, écrire une note et comprendre un problème. Mais quand on avance en responsabilité, on se rend compte que ce qui est essentiel, c'est le caractère pour ne pas dire le courage. » Apprendre à exercer le pouvoir, mais aussi apprendre à résister au pouvoir.

Matthieu Pigasse trouve que l'ENA joue un rôle en profondeur pour acquérir mental et morale. « L'École a la vertu de vous faire intégrer les valeurs républicaines et de vous placer face à des responsabilités. Même si l'on reste, avant tout, le produit d'une histoire individuelle. »

III. Après l'ENA

« Un discours anti-élites démagogique »
(Denis Olivennes)

Ils ont hâte, après de longues études, d'en découdre avec la vie. Seul Alexandre Bompard voit la page des études se tourner avec mélancolie. Il avoue avoir coutume de regarder dans le rétroviseur. « Je m'inspire toujours du passé pour me construire. La période de l'ENA a été intense. Une course s'achevait et une autre commençait et, comme toujours, dans ces cas-là, je craignais qu'elle ne soit moins passionnante. Je me suis dit ça ouvre des horizons et ça clôt aussi une période. »

Tout se déroule toujours de la même manière. On prend connaissance de son classement (la désoccultation), on rend visite aux uns et aux autres durant une semaine (la retape), on annonce le choix de son affectation (l'amphigarnison). On réunit tout le monde dans un grand amphithéâtre et le directeur appelle un par un, par ordre de classement, les élèves de l'ENA. Il y a un nombre d'élèves et un nombre de postes déterminés. Le plus souvent une moyenne de 100 élèves pour 150 postes. Les premiers classés, la « botte », peuvent choisir l'affectation de leur choix. La « botte » désigne ainsi les premiers élèves (entre 15 et 20) d'une promotion. Ils ont accès aux Grands Corps, passant pour les plus rémunérateurs, les plus prestigieux, les plus prometteurs : l'Inspection général des finances (IGF), le Conseil d'État, la Cour des comptes. Les administrations les plus en vue, après les Grands Corps, sont le Quai d'Orsay, les Finances (le Trésor et le Budget) et le corps préfectoral. L'État veut recruter les meilleurs, à travers l'ENA, Polytechnique, Normale supérieure, sans pouvoir toujours leur offrir des débouchés à la hauteur de leurs ambitions. L'ENA peut ainsi se transformer, paradoxalement, en école de l'aigreur sur un air de tout ça pour ça.

1. Les Grands Corps
« Nous et les autres » (Alain Minc)

Sophie Boissard (2e), Martin Hirsch (2e), Alexandre Bompard (4e), Denis Olivennes (15, 16 ou 17e), Matthieu Pigasse (16e), Nicolas Bazire (22e), Jean-François Copé (35e), Emmanuel Hoog (43e), Laurent Solly (43e) sortent diversement classés. Tous se souviennent parfaitement de leur classement. Denis Olivennes a cependant un doute : « C'est 15, 16 ou 17e. » Seul l'élève peut faire la demande auprès de l'ENA de son rang de sortie. Ils sont donc cinq – Nicolas Bazire, Sophie Boissard, Alexandre Bompard, Martin Hirsch, Denis Olivennes – à avoir accès aux Grands Corps au sortir de l'ENA. Durant la période de pré-affectation, on rend visite aux anciens pour être certain de sa décision. Aucun des cinq ne dérogera à la règle. Tous choisiront un des Grands Corps. Ce qui représente, dans une carrière, un véritable accélérateur. Les Grands Corps donnent droit à de multiples privilèges. Avantage financier, transmission du savoir, connaissance des postes qui se libèrent. Ses membres peuvent aussi partir travailler dans le privé et revenir quand ils le veulent dans leur corps d'origine selon le procédé de la mise en disponibilité. Ils doivent choisir au bout de dix ans de mise en disponibilité. Alain Minc, sorti major de l'École des mines puis de l'ENA (promotion 1975, Léon Blum, celle de Bernard Boucault et de Martine Aubry), met en avant les Grands Corps et seulement les Grands Corps. « Il faut dire les choses telles qu'elles sont : il n'y a pas l'ENA. Il y a les Grands Corps et le reste. Je connais, bien sûr, des gens de ma promotion qui auraient mérité d'être dans les Grands Corps et des gens moyens que les hasards de la vie y ont mis. Mais 80 % des gens qui sortent dans les premiers sont intellectuellement bons. Les Grands Corps sont un système aristocratique. On gagne des années par rapport aux autres et on peut rendre plus tardif le choix de carrière ultime. » Louis Schweitzer note la même différence qu'Alain Minc mais, cette fois-ci, pour la déplorer. Vu de l'extérieur, un énarque reste un énarque mais, vu de l'intérieur, il y a un gouffre entre ceux issus des Grands Corps et les autres. « Il y a peu de solidarité entre énarques, mais il y a davantage de solidarité au sein des Grands Corps. La caste des Grands Corps a heureusement perdu de sa puissance. La direction la plus noble du ministère des Finances a toujours été la direction du Trésor : jamais un directeur du Trésor n'avait été autre chose qu'un inspecteur des finances et, heureusement, ce n'est plus le cas. Jamais un gouverneur de la Banque de France n'avait été autre chose qu'un inspecteur des finances et, heureusement, ce n'est plus le cas. La différence entre les Grands Corps et les autres énarques s'est atténuée. La suppression du classement est faite pour cela car, si l'on pense que les meilleurs sont dans les Grands Corps, tous les phénomènes de castes sont accentués. » Nicolas Bazire est issu des Grands Corps mais, à l'inverse d'Alain Minc, il ne pense pas que les meilleurs appartiennent aux Grands Corps. « Mon frère aîné n'est pas issu des Grands Corps et il est beaucoup plus intelligent que moi. Il est entré à 18 ans à Polytechnique et c'est bien plus difficile que de sortir dans les Grands Corps. » Alain Minc a échoué à Polytechnique.

Tout le monde n'est pas heureux de son classement. Jean-François Copé (35e sur 140) avoue sa déception. « La préoccupation du moment, quand on fait l'ENA, c'est d'être dans les premiers afin d'avoir accès aux Grands Corps. J'ai donc terriblement mal vécu mon classement pendant quelques semaines. Mais j'ai intégré la Caisse des dépôts où j'ai été extrêmement heureux. C'est une grande administration avec une logique d'entreprise. J'allais pouvoir apprendre à me spécialiser dans ce que je voulais faire en politique, les finances publiques et les finances locales. Dans la vie, il faut toujours avoir sur soi son GPS, pour trouver un nouvel itinéraire.» Matthieu Pigasse apprend son classement, en vacances, sur les pistes de ski. Il rate les Grands Corps à une place près. Les Grands Corps vont le plus souvent jusqu'à la vingtième place. Mais, pour la promotion Saint-Exupéry (1994), ils se sont arrêtés à la quinzième place. Matthieu Pigasse, classé 16e, est le premier en dehors. «J'ai eu une réaction en trois temps. La première réaction a été la satisfaction, puisque j'avais l'impression d'avoir fait l'ENA par erreur et que mon classement était correct. La deuxième réaction a été la frustration, puisque j'étais en dehors des Grands Corps. Mais, avec le recul, j'ai une troisième réaction, qui est que cela a été la chance de ma vie. La réalité est que pour moi ces classements ne signifient rien.» Il travaillera ainsi avec François Villeroy de Galhau, chef de bureau à la direction du Trésor, qui sera l'une des rencontres importantes de sa trajectoire. Emmanuel Hoog ne cache pas sa déception. Il découvre après coup son parcours, puisqu'il ne désoccultait pas. Il était bien classé jusqu'à une note catastrophique dans une option où il était censé briller en tant que fils de conservateurs : la gestion des musées. Ils justifient parfois, vingt ans après la fin de l'ENA, un classement jugé en dessous de leur mérite par un «mauvais choix de sujet» (Emmanuel Hoog) ou un «1 sur 10 sans justification» (Matthieu Pigasse). Un mauvais classement peut marquer au fer rouge.

Sophie Boissard observe pourtant, au regard de la trajectoire de ses condisciples, que rien n'a été fixé par le classement de sortie. «Il n'y a pas deux mondes : les Grands Corps et les autres. Mais mon univers et mon attachement vont au Conseil d'État.» Il y a en revanche, pour Alain Minc, peu de surprises. «On sait que certains émergeront à une place élevée, mais on ne sait pas précisément laquelle. Qui aurait pu dire que Martine Aubry deviendrait Première secrétaire du

PS ? » Alexandre Bompard pense que certains intériorisent tellement leur mauvais classement que cela peut structurer négativement leur parcours.

Il existe aussi de véritables choix dictés plus par la passion que par la raison. Bernard Boucault cite des jeunes gens qui récemment, pouvant choisir les Grands Corps, ont préféré l'un, le corps préfectoral, et l'autre, la diplomatie. Il y a des métiers à vocation : le corps diplomatique et le corps préfectoral en font partie. On parle des Grands Corps en général, mais chaque corps a sa propre culture. Appartenir à l'un n'est pas appartenir à l'autre.

2. La Cour des comptes
« J'allais être anobli » (Denis Olivennes)

Jacques Chirac ou François Hollande sont passés par la Cour des comptes. Nicolas Bazire et Denis Olivennes deviennent auditeurs à la Cour des comptes située rue Cambon à Paris. Ils en parlent comme d'un mélange de liberté (l'emploi du temps) et d'aridité (une activité minutieuse). Le travail consiste à contrôler la régularité des dépenses publiques et des organismes privés bénéficiant d'une aide de l'État. Le magistrat à la Cour des comptes est seul avec ses comptes, aidé d'assistants, mais libre d'organiser son emploi du temps comme il le veut. S'il avait pu choisir, Denis Olivennes se serait dirigé vers le Conseil d'État mais, classé « 15, 16 ou 17e », il se rend rue Cambon. Il a eu l'impression d'appartenir à un club aristocratique du XVIIIe siècle. « J'avais découvert à l'ENA le domaine de la gestion. La Cour des comptes m'est apparue comme une façon de compléter cet enseignement. Il y avait tout un cérémonial un peu vieillot avec robe et serments. Je poursuivais ainsi, avec les serments et l'hermine, mon intégration dans la Nation. Je me suis dit que si je continuais comme cela durant quatre ans, j'allais finir par être anobli. Je serais un robin. J'allais pouvoir m'appeler Denis de Olivennes et mes trois fils m'écriraient des pièces de théâtre. C'était très joyeux parce que j'ai toujours préféré les temps anciens aux temps nouveaux. J'avais l'impression d'être à la veille de la Révolution. » Il y retrouve ses amis, de la même promotion, Marc-Antoine Jamet et Nicolas Baverez. Il contrôle des entreprises publiques et les découvre de l'intérieur. « De ce point de vue-là, la Cour des comptes a été ma Harvard Business School à moi. »

Nicolas Bazire devient auditeur en 1987 puis conseiller référendaire en 1991. Il affirme que, même s'il n'avait pas été classé dans les Grands Corps, il aurait été content. « J'aurais été diplomate ou préfet et j'aurais été très heureux. » Il décrit la Cour des comptes comme un univers austère. Il a, tel Denis Olivennes, l'impression d'un endroit où le temps s'est arrêté. « On reçoit des liasses de documents comptables enliassés, disposées sur un chariot en osier poussé par des huissiers. Les choses ont beaucoup changé depuis mon passage de ce point de vue-là. On apprenait, dès notre arrivée, comment il fallait faire des nœuds pour liasser et puis déliasser les documents comptables. Il y a une immense liberté, une absence de hiérarchies, des gens exceptionnels. Je me souviens notamment de mon président de section, Jacques Berthe, qui était un homme remarquable. »

3. Le Conseil d'État
« J'ai eu les chocottes » (Martin Hirsch)

Le Conseil d'État est, devant l'IGF, le corps le plus demandé par les majors de l'ENA. Quand on sort dans les premiers, on choisit généralement entre l'Inspection des finances et le Conseil d'État. On a en sa possession l'annuaire de l'Inspection des finances et celui du Conseil d'État et on va voir les uns et les autres pour les écouter et prendre sa décision. Jacques Attali ou Martine Aubry sont issus du Conseil d'État. Martin Hirsch, sorti 2e de sa promotion, a un boulevard devant lui. « On se fait aussi draguer. Je suis allé à la retape à l'Inspection des finances, je leur ai expliqué que je voulais faire des choses ayant trait directement à mes deux passions, la santé et le social, et j'ai alors lu dans leurs yeux *: on serait tellement heureux que vous ne veniez pas !* » Martin Hirsch entre au Conseil d'État sans avoir jamais fait de droit. « C'est un lieu d'indépendance et de tolérance. Je leur ai dit que je ne connaissais rien au droit et ils m'ont alors répondu par une phrase qui est un classique de la maison : *Ici, ne vous inquiétez pas, vous n'avez pas besoin de connaître le droit puisque vous allez le faire.* Mais j'ai sans arrêt eu les chocottes qu'on découvre que je n'étais pas à la hauteur. Je bûche à chaque fois beaucoup, de peur qu'on se rende compte de mon imposture. » Il constate, comme Sophie Boissard, le côté informel des rapports. « Il n'y a pas de question d'âge. La voix du jeune rapporteur vaut autant que la voix du plus chenu des présidents de section. » Martin Hirsch s'occupe de l'affaire Milhaud, du nom d'un professeur ayant poursuivi des expérimentations sur un sujet en état de mort cérébrale à Amiens. L'affaire de bioéthique passionne les gens, dans les années quatre-vingt-dix, avec une question centrale : est-ce qu'un mort peut être un malade ? Est-ce que le code de déontologie des médecins s'applique dans les deux cas ? L'affaire sera tranchée en élargissant la notion de respect, dû à la personne, en fin de vie. Martin Hirsch est entré à l'ENA par la voie de Normale supérieure. Le décret, qui permettait aux normaliens d'entrer directement à l'ENA, est soudainement annulé par le Conseil d'État. Martin Hirsch prend alors rendez-vous avec le vice-président du Conseil d'État, Marceau Long, et l'interroge : *Je viens vous remettre ma démission parce que je comprendrais parfaitement qu'une maison dans laquelle je me trouve, qui annule le texte sur le fondement duquel je suis ici, ne veuille plus me garder.* Il lui a alors répondu : *Mon cher ami, c'est très gentil à vous de faire ça,* *mais n'y comptez pas. Nos décisions ne sont pas censées être suivies d'effets !* On a donc la possibilité, au Conseil d'État, de poursuivre d'autres activités à côté. Martin Hirsch continue à s'intéresser au social et à la santé. Il est conseiller juridique à la Caisse nationale d'assurance maladie. On est juste après l'affaire de l'ARC (Association de recherche sur le cancer), mettant en cause la gestion de Jacques Crozemarie, quand Martin Hirsch rencontre Bernard Kouchner en 1992, dans le cadre d'une mission mandatée par le Conseil d'État, pour renforcer le contrôle des associations. Bernard Kouchner, ministre de la Santé dans le gouvernement de Pierre Bérégovoy, est au faîte de sa gloire. Bernard Kouchner et son directeur de cabinet, Didier Tabuteau, lui demandent de poursuivre son travail de conseiller juridique. Martin Hirsch se retrouve à devoir dissoudre la Fondation Michel Garetta de la transfusion sanguine et à poser les premiers jalons des lois bioéthiques. Il devient, avant de s'occuper de la pharmacie centrale des hôpitaux de Paris à l'Assistance publique, secrétaire général adjoint du Conseil d'État. Une maison qu'il connaît de fond en comble. « On s'occupe de tout, à ce poste-là, du nombre de rouleaux de PQ comme du budget du Conseil d'État. »

Sophie Boissard sort, comme Martin Hirsch, 2e de sa promotion et choisit, sans l'ombre d'une hésitation, le Conseil d'État en mars 1996. Elle admire les figures qui, comme celle de Léon Blum, ont marqué l'histoire du Conseil d'État. Elle décrit le conseil d'État comme une maison peu hiérarchique, avec une grande proximité entre les générations, mais sourcilleuse dans la façon de gérer les affaires et organisée autour du tutorat et de la transmission du savoir. « J'y ai retrouvé l'ambiance de Normale supérieure avec un goût de la disputation intellectuelle. La salle des cases où l'on se retrouve parce qu'on n'a pas de bureau, une absence de hiérarchie, une tolérance pour les opinions d'autrui dès lors qu'elles sont argumentées, un respect de la collégialité avec l'idée qu'à plusieurs on est plus intelligents que tout seul. Chaque arrêt rendu, chaque avis, dont chaque mot est ciselé, est imprégné d'une intelligence collective. » Sophie Boissard fait ses classes durant trois ans comme rapporteur au contentieux, dans la sous-section chargée des affaires sociales et du droit au travail, sous l'autorité de Bruno Genevois. C'est un grand juriste. Il a été notamment Secrétaire général du Conseil constitutionnel avec Robert Badinter. Il a la réputation d'être un pédagogue né. Elle travaillera sur les conventions médicales, la réforme de la sécurité sociale voulue par le gouvernement d'Alain Juppé. « Je suis arrivée juste après les grèves de 1995. Les principaux textes, qui constituaient l'ossature de la réforme de l'assurance maladie portée par le gouvernement d'Alain Juppé, étaient attaqués au contentieux, y compris des ordonnances. Je me suis retrouvée, à peine là, à juger des dossiers importants portant sur l'organisation des hôpitaux, le contrôle du système de santé, le financement de l'assurance maladie. La convention médicale, les rapports entre les médecins et les caisses de sécurité sociale : qu'est-ce qu'on peut imposer, par exemple, comme forme de contrôle aux médecins sur les dépenses qu'ils engendrent pour la sécurité sociale ? Le Conseil d'État a fortement accéléré l'instruction de ces affaires et joué un rôle important dans cette période politique. Il y avait un vrai dialogue entre ce que disait le Conseil d'État et les décisions prises par le gouvernement. » La sœur de Sophie Boissard a exercé en Allemagne avant d'exercer en Suisse. Sophie Boissard peut comparer le système hospitalier d'Europe du Nord et le système hospitalier en France. « Le ratio dépenses de santé/PIB y est inférieur ou nettement inférieur, la prise en charge équivalente ou meilleure, les moyens alloués aux soignants bien supérieurs. Combien de temps le système français va-t-il pouvoir continuer ainsi ? On est incapable de tenir sur des trajectoires de progression des dépenses de 3, 4, 5 points de PIB, plus 2, 3, 4 % chaque année. C'est le grand enjeu des politiques publiques des prochaines années. » Sophie Boissard donnera naissance à deux enfants durant ses trois années au Conseil d'État. Elle devient, au bout de trois ans, rapporteur public au contentieux. C'est celui qui présente l'affaire à la formation de jugement et recommande une solution. Elle aura à juger, en 2000, le conflit dit du Pare (Plan d'aide au retour à l'emploi) avec le bras de fer entre CFDT/Medef d'un côté et le gouvernement de Martine Aubry de l'autre, puis la responsabilité de l'État français dans la période Vichy à propos du contentieux qui s'est noué autour de l'affaire Maurice Papon. Une fois Maurice Papon condamné par la cour d'assises de la Gironde en 1998, l'État français devait-il ou non prendre à sa charge, comme le lui demandait Maurice Papon, une partie des dommages et intérêts qu'il avait dû verser aux victimes ? Il y a la question, en filigrane, de la continuité ou non entre l'État de Vichy et la République française, toujours officiellement niée jusqu'au discours du Vel'd'-Hiv en 1995. L'arrêt du Conseil d'État est rendu le 12 avril 2002. « On est arrivé à une solution consistant à dire qu'il y avait, d'une part, une faute personnelle de l'homme Maurice Papon et, d'autre part, une faute du fonctionnaire Maurice Papon dans le cadre des missions qui lui avaient été confiées et que, cette faute-là, les autorités françaises d'aujourd'hui devaient en partie en endosser la responsabilité, notamment financière, vis-à-vis des victimes. » Sophie Boissard donne naissance à son troisième enfant. Elle abandonne son pupitre, part en congé maternité, reprend un autre pupitre début 2003. Sophie Boissard, après huit années au Conseil d'État, a envie de connaître l'administration active. « J'avais envie de passer de l'autre côté. Je me disais : c'est une chose d'aller dire, après coup, à un ministre que sa circulaire est illégale et c'en est une autre de se retrouver avec une copie blanche. » On lui propose, en 2003, d'être rapporteur général de la commission sur la simplification du droit du travail, présidée par Michel de Virville, avec une dizaine de personnes, partenaires sociaux, DRH, experts du droit du travail. « J'ai pu observer la façon dont chacun se projetait sur un objet aussi complexe que le code du travail. Chacun pouvait en avoir sa propre lecture. Mais derrière chaque article apparaissant comme abscons, il y a des années de jurisprudence, de compromis, d'usage. Il est difficile d'y toucher un peu sans déséquilibrer tout l'édifice. » La commission aboutira à la recommandation de simplifier le droit du travail en 2004. Il s'ensuivra des polémiques autour de ce qui sera considéré comme un excès de libéralisme.

4. L'Inspection des finances « Je ne croulais pas sous les propositions » (Alexandre Bompard)

C'est le corps le plus prestigieux des trois. Il compte dans ses rangs Valéry Giscard d'Estaing, Alain Juppé ou Michel Rocard. La journaliste Ghislaine Ottenheimer a en 2004, avec *Les Intouchables* (Albin Michel), jeté un pavé dans la marre. Elle y montrait, en prenant les exemples de Jean-Yves Haberer, Jean-Marie Messier ou Michel Bon, les désastres et scandales des inspecteurs des finances à la tête des entreprises. L'IGF a été touchée mais pas coulée. De récentes nominations l'ont prouvé. Frédéric Oudéa (Société générale), François Pérol (Banques populaires-Caisse d'épargne), Stéphane Richard (France Telecom) ou Frédéric Lemoine (Wendel) en sont issus. Alexandre Bompard est tenté, un temps, par le Conseil d'État. « Je me suis dit que le Conseil d'État était peut-être davantage dans l'observation que dans l'action. » L'Inspection des finances est un corps, rattaché au ministère des Finances, où l'on audite les organismes. C'est un travail d'auditeur et d'analyste de la sphère publique. On analyse les finances, les ressources humaines, les stratégies. On passe d'un sujet à un autre. On passe d'un organisme culturel à une mission à l'étranger ou à une direction départementale. C'est très complet et très varié. Un inspecteur des finances commence, en gros, à 3 700 euros brut par mois et termine à plus de 100 000 euros brut par an lorsqu'il devient inspecteur général. Ils font de leurs débuts une petite légende. Alexandre

Bompard sera envoyé à Toulouse pour auditer la trésorerie. « On se souvient tous de sa première mission parce que c'est un baptême du feu professionnel. Deux semaines après être sorti à l'Inspection des finances, on se retrouve dans un département à aller faire une vérification dans un centre du trésor public. On débarque la veille, dans le plus grand secret, pour arrêter les comptes de l'établissement. On réunit 40 salariés pour leur dire : *vous êtes en état de vérification*. Tout est très solennisé. » Alexandre Bompard se rappelle d'une mission avec Frédéric Lavenir, directeur de cabinet adjoint de Dominique Strauss-Kahn, dans le cadre d'un rapport sur la nationalité des entreprises, en 2001, avec un tour des grands patrons. Alexandre Bompard rencontrera Matthieu Pigasse lorsqu'il arrivera à Canal +. Mais il entend déjà parler du conseiller de Dominique Strauss-Kahn alors qu'il est inspecteur des finances. Il en entend déjà parler, parce qu'on en parle déjà. Alexandre Bompard devient chargé de mission la dernière année (on tourne durant trois ans et puis, la dernière année, on est chargé de mission), et apprend les rudiments du management. « Je ne me projette jamais dans le futur pour la conduite de ma carrière. On sort en général entre la troisième et la quatrième année à l'Inspection des finances. Je suis un des seuls à être sorti le jour dit. Je ne savais pas, un mois avant, ce que j'allais faire. » Ils sont, au bout de quatre ans, libres de leurs choix. Plus de 45 % des inspecteurs des finances travaillent dans le privé. Alexandre Bompard pense que les Grands Corps ne déterminent pas une carrière, mais souligne que le sentiment d'appartenance est lié à son corps d'origine. « Je me sens davantage inspecteur des finances qu'ancien élève de l'ENA. Je pense que c'est pareil pour le Conseil d'État ou la Cour des comptes. C'est le seul élément distinctif. Il n'y en a pas d'autres. » Alexandre Bompard devient conseiller technique de François Fillon. « J'étais chargé de mission à l'Inspection générale des finances (IGF) et je ne croulais pas sous les propositions. Je ne me sentais pas de poursuivre dans une des grandes directions ou administrations centrales parce que, si je ne suis pas sous haute tension et si je ne participe pas un peu à la décision, je deviens terne. Je connais mes qualités et aussi mes limites. Je dois me mettre un peu en danger. Je suis donc allé rencontrer François Fillon. Il est dans la tradition des républicains sociaux que j'apprécie. Il est en retenue et en respect. » Alexandre Bompard devient, en 2003, conseiller technique de François Fillon. « Je me suis bien entendu avec l'équipe. Je pense que les équipes prennent souvent le pli de leur patron et François Fillon est quelqu'un de respectueux. J'avais un rôle mineur. Je m'occupais de formation professionnelle et de politique de la ville. Je pouvais être substitué sans aucune difficulté. Je ne pouvais pas me payer le ridicule de dire : le ministre pense que, le ministre dit que, parce que le ministre ne me disait pas ce qu'il pensait. » François Fillon, une fois devenu Premier ministre de Nicolas Sarkozy en mai 2007, proposera à Alexandre Bompard d'être son directeur adjoint de cabinet. Il déclinera l'offre.

5. La direction du Trésor (1994-1998)
« Ils m'ont dit de sortir ! » (Matthieu Pigasse)

Matthieu Pigasse, sorti 16e de l'ENA, a plusieurs possibilités. Il y a le corps préfectoral (« je ne me voyais pas aller dans la police ») et il y a les Affaires sociales et notamment l'Inspection générale des affaires sociales (« j'ai comme objectif de toujours garder l'horizon le plus ouvert possible et il est difficile de sortir d'un ministère comme celui des Affaires sociales »). Il aurait pu être tenté par le corps diplomatique si ce n'est qu'il ne peut pas y accéder parce que, pour la première fois, est posée la règle qu'il faut parler au moins une deuxième langue et avoir au moins 4 sur 10 à l'oral de cette deuxième langue. Matthieu Pigasse, dont l'allemand a été la première langue à l'école durant douze ans, passe l'oral d'allemand. Il se retrouve avec un 1 sur 10. « Ils m'ont sorti au bout de trois minutes en me disant de continuer en français. L'oral consistait à écouter une bande sonore, à dire ce qu'on en comprenait, à répondre aux questions. J'ai compris deux mots « *Berlin* » et « *polluzion* » et donc j'ai commencé à dire *Berlin ist eine grosse Stadt mit viele Polluzion*. De temps en temps, je faisais *Well, you know...* ! L'examinateur m'a vite dit : *Écoutez, on va s'arrêter là parce que ce n'est pas polluzion, un mot qui d'ailleurs n'existe pas en allemand, mais polizei*. Je lui ai alors dit : *On ne pourrait pas continuer parce que j'ai juste besoin d'un 4 sur 10*. Il m'a dit : *Vous ne les aurez pas, vous pouvez sortir !* » Matthieu Pigasse choisit la direction du Trésor. Le choix est sans surprise puisque c'est ce qui arrive juste derrière le Quai d'Orsay. On vient le voir pour le convaincre d'y entrer. Cédric Bannel, au Trésor à cette époque-là, lui donne envie de rejoindre l'équipe. Cédric Bannel créera plus tard sa société internet, Caradisiac.com, spécialiste dans la vente de voitures par Internet, qu'il revendra. François Villeroy de Galhau et Nicolas Théry recrutent Matthieu Pigasse au Trésor.

C'est la grande époque du Trésor. Le directeur en est, depuis 1993, Christian Noyer. Matthieu Pigasse se souvient de chacun des protagonistes. Il y a Jean-Pascal Beaufret (« très dur et très brillant ») et Sylvain de Forges (« un professeur Nimbus absolu, excellent dans la gestion moderne de la trésorerie de l'État »). Le chef de bureau de Matthieu Pigasse est François Villeroy de Galhau (X-énarque, sorti major). Il a travaillé dans le cabinet de Pierre Bérégovoy jusqu'à la défaite. Il a rejoint, après, la direction du Trésor, où il est en charge des « affaires monétaires et de la trésorerie de l'État ». Matthieu Pigasse partage, avec deux autres adjoints (Bruno Hallak et Hervé Daudin), le bureau de François Villeroy de Galhau. François Villeroy de Galhau, auteur de livres sur le catholicisme et l'argent dont *Développement des activités financières au regard des exigences éthiques du christianisme* (librairie Vaticane), sera par la suite directeur du cabinet de Dominique Strauss-Kahn. Il y fera venir, une nouvelle fois, Matthieu Pigasse.

« François Villeroy de Galhau est un haut fonctionnaire qui incarne l'intégrité et la droiture. Je lui dois énormément. Il m'a recruté et formé à deux reprises, au Trésor puis au cabinet de Dominique Strauss-Kahn. Il m'a appris la vie professionnelle. Sans lui, rien n'aurait été pareil. »

Matthieu Pigasse reste un peu moins de quatre ans à la direction du Trésor au même poste. Il est en charge de la gestion de la dette et de la trésorerie de l'État sous les ordres de Nicolas Théry. Il gère l'ensemble des flux de trésorerie et le compte de l'État ouvert à la Banque de France. Ce compte de l'État doit chaque soir finir créditeur, car en 1993 a été adoptée la loi d'indépendance de la Banque de France qui interdit à l'État de présenter un découvert à la Banque de France. Le découvert correspond à de la création monétaire, donc à de l'inflation possible. Matthieu Pigasse s'occupe de ce compte du Trésor afin que, chaque soir, il soit créditeur. Il s'agit d'anticiper l'ensemble des flux de trésorerie en recettes et en dépenses quotidiennes de l'État. Il faut construire des tableaux de trésorerie à six mois, avec pour objectif d'anticiper tous ces flux. Quand les dépenses excèdent les recettes, ce qui est structurellement le cas en France, il faut lever de la dette en face. Ce qui veut dire émettre de la dette de l'État correspondant à court, moyen ou long terme. Matthieu Pigasse se retrouve, pour la première fois, en responsabilité. Il est au cœur de la machine de l'État. En plus de gérer les flux de l'État, l'équipe s'occupe du financement de la trésorerie de la sécurité sociale. Matthieu Pigasse participera à la création de la CADES (Caisse d'amortissement de la dette sociale) de A à Z, le 1er février 1996, qui permettra de refinancer une partie de la dette de la sécurité sociale et aussi à celle de la CRDS (Contribution au remboursement de la dette sociale). « Je me suis retrouvé dans l'intimité profonde de l'État, mais en interaction avec le reste du monde. Car, pour financer l'État au jour le jour, on intervenait sur les marchés financiers. On était en interaction avec les banques de financement qui prêtaient à l'État. On avait une jambe dans l'État et une jambe hors de l'État. »

6. Martin Ajdari : le choix du service public

Martin Ajdari et Matthieu Pigasse ont eu, plusieurs fois, l'occasion de se croiser. Martin Ajdari, né en 1968, a été administrateur civil au bureau Europe-relations financières avec l'Union européenne à la direction du Budget du ministère de l'Économie. Il deviendra en 2000, après avoir été directeur administratif et financier de RFI (Radio France Internationale), conseiller technique aux cabinets de Laurent Fabius, ministre de l'Économie, et de Florence Parly, ministre du Budget. Il rencontrera, à ces occasions, Matthieu Pigasse. Martin Ajdari est nommé, en 2002, chef du bureau du financement du logement à la direction du Trésor, au ministère de l'Économie. Il rejoint, en 2004, Radio France, comme directeur général délégué à la gestion et à la production, puis l'Opéra de Paris, comme directeur adjoint en 2009. Il est aujourd'hui directeur général délégué à la gestion, aux finances et aux moyens de France Télévisions.

Le choix de l'ENA s'est imposé à lui naturellement. Martin Ajdari a fait ses études en province puis, de retour à Paris où il est né, l'ESCP (École supérieure de commerce de Paris) et l'IEP (Institut d'études politiques). Les parcours de service public lui sont familiers puisque son père a été diplomate puis fonctionnaire international et sa mère députée européenne et maire. La collectivité fait partie, dans son horizon, d'un engagement normal, voir le seul possible.

Le concours d'entrée à l'ENA se déroule normalement. Il se souvient juste d'un Grand Oral pénible. Il fait partie de la promotion René Char (1995). Elle est située entre la promotion Saint-Exupéry (1994), celle de Matthieu Pigasse, et la promotion Victor Schoelcher (1996), celle de Sophie Boissard et de Laurent Solly. Elle est la première promotion à passer trois mois à Strasbourg. La suivante y passera six mois. Martin Ajdari confirme que la pensée du classement est présente dès le début. « Le classement est une obsession objective pour une grande partie de la promotion. Il fait partie d'une pression assumée et revendiquée. On ne peut pas en faire abstraction. Le classement est un but pour les uns et un environnement pour tous. Il est un élément structurant dans la façon dont les élèves vivent leur scolarité. On est nombreux à être des premiers de la classe. On ne peut pas être placé dans un système un tant soit peu compétitif en restant complètement distant. » Martin Ajdari fera ses stages en préfecture dans le Var puis au Fond d'action sociale pour les travailleurs immigrés. Il a découvert durant son stage en préfecture, comme nombre d'élèves, une France du Sud qu'il ne connaissait pas, ayant grandi dans l'Ouest de la France. Il a surtout noué à l'ENA des liens d'amitié. Il est le seul à mentionner les élèves étrangers. « Ils apportent une véritable ouverture et un véritable enrichissement pour peu qu'on prenne le temps de partager des moments avec eux. » Martin Ajdari a été sensible à la diversité des parcours et des personnalités au sein même des élèves français de l'ENA. Il se souvient de rencontres passionnantes, d'activités sportives, de la somme de travail à fournir. Il appartient à une promotion où l'ambiance était plutôt bonne et donc la pression facile à gérer. Il a acquis une vision un peu plus concrète de la vie administrative. Rien de plus. Martin Ajdari a un jugement modéré sur l'ENA. Il regrette aujourd'hui le côté généraliste de ses études. « Je ne suis pas fier d'avoir fait l'ENA parce que je regrette de n'être légitime dans aucun secteur en particulier. L'ENA a un petit côté je sais tout, je parle de tout, je gère tout. Je suis spécialiste de tout donc je ne suis spécialiste de rien. »

Martin Ajdari sort 24e, en dehors des Grands Corps. « Un des aspects importants des Grands Corps réside dans le confort donné face à la prise de risque. On peut prendre plus facilement des risques parce que, si l'on a un problème, on peut revenir à son corps d'origine. On pourra, au hasard d'une mission ou d'un rapport, repartir vers une autre direction avec un réseau qui vous soutient. » Il ne trouve pas de caractéristiques particulières aux énarques. « Les individus font tous partie de groupes semblables vus de l'extérieur, mais divers vus de l'intérieur. Il n'y a pas d'arrogance propre aux énarques, même si les énarques arrogants existent. L'arrogance va souvent de pair, mais pas toujours, avec l'ambition. » Il se souvient d'un élève lisant un article, lors d'un petit déjeuner à Strasbourg, sur la manifestation des pécheurs à Rennes qui avaient mis à sac le parlement, et proclamant de manière sérieuse : « Qu'on me donne deux ou trois escadrons et je réglerai le problème ! »

Martin Ajdari a noté un double décalage en ce qui concerne l'ENA. « J'avais candidement le sentiment qu'on faisait l'ENA afin de s'engager pour la collectivité. J'ai découvert que, pour certains, l'ENA s'inscrivait uniquement dans un plan de carrière : je fais HEC, je fais l'ENA, je sors dans un Grand Corps, je vais dans la banque pour gagner cinq ou dix ans sur ceux restés à HEC ou l'X. Il y a, parmi une même promotion, ceux qui y croient vraiment et ceux pour qui c'est la voie royale pour accéder à des fonctions dans le monde économique. Le second décalage vient de ce qu'on imagine en passant un concours difficile et puis de ce qu'on vit de désillusions, quelques années plus tard, confrontés à l'exercice du pouvoir politique, au rôle du service public, au monde des hauts fonctionnaires. Parmi ceux qui se tournent vers le privé, beaucoup le font par désillusion. » Martin Ajdari n'émet aucun jugement négatif sur les énarques qui passent du public au privé. « Les valeurs du service public correspondent à mes propres valeurs. Mais je pense qu'on peut tout à fait servir une collectivité en étant dans le secteur privé. L'initiative privée est, au moins, aussi fondatrice de l'intérêt général que l'action publique ou collective. Il y a des énarques qui font leur carrière dans le secteur privé et qui ont simplement choisi la voie la plus rapide pour y accéder et il y a des énarques qui demeurent dans le secteur public. Mais il y a des passerelles et des échanges entre les deux. On peut défendre des valeurs de progrès et de respect dans le public comme dans le privé. »

Martin Ajdari dessine un monde dominé par l'argent. « L'argent est devenu la valeur fondatrice de la société. Pas l'argent pour l'argent. La réussite et la reconnaissance passent aujourd'hui par la taille de l'appartement, le type de vacances, les études privées. Je ne vais pas faire à nouveau référence à la Rolex. Mais si l'on n'arrive pas à s'offrir ça ou à offrir ça à ses enfants, on aura l'impression d'être un raté. Il faut être réaliste : mêmes ceux qui sont le plus engagés dans le secteur public se rendent compte qu'ils ne peuvent pas totalement s'abstraire de l'argent et de sa prégnance. Il faut lutter contre. » Il pense que ça n'a guère de sens aujourd'hui de faire référence à des figures de hauts fonctionnaires comme Simon Nora ou René Lenoir. Ils appartiennent à une époque révolue dont il n'est pas nostalgique. « Chaque époque a ses vertus. Notre monde global, ouvert, hyper-technologique est sans doute plus complexe à comprendre et à maîtriser. La tache est frustrante dans l'immédiat, mais n'en est pas moins noble. » Il ne voit pas l'Europe comme un échec. « Il y a un grand travail collectif à faire pour donner un nouveau souffle et un nouveau sens à un édifice fragilisé. Mais on peut parler de succès sur des volets comme la création d'un espace intérieur économique puis monétaire. C'est une extraordinaire réussite en termes de circulation des idées, des personnes et en même temps de protection de la diversité des langues ou des productions artistiques. Je fais partie de ceux qui se souviennent qu'il fallait un passeport pour passer les frontières et se rendre dans des pays très proches. On est aujourd'hui à la croisée des chemins. On est dans un monde technique. L'aventure est beaucoup plus technocratique et beaucoup moins épique. »

7. Le corps préfectoral (1996-2001)
« J'ai laissé tomber quelques dogmes » (Laurent Solly)

L'actuel directeur de l'ENA, Bernard Boucault, est un pur produit de la méritocratie républicaine : un milieu modeste dans une petite ville de province. Le service de l'État était alors incarné par l'image du préfet. Bernard Boucault a voulu faire l'ENA pour exercer le métier préfectoral. Il est sorti 20e de sa promotion et sera directeur de cabinet du préfet Olivier Philip. Une référence. L'actuel président de l'Autorité des marchés financiers, Jean-Pierre Jouyet, a fait l'ENA pour faire de la politique. Son père présidait la commission départementale et, pour lui aussi, être préfet était ce qu'il y avait de mieux dans l'existence. Son fils sera inspecteur des finances. Le métier de préfet, aujourd'hui, ne fait plus rêver.

Laurent Solly garde pourtant de bons souvenirs de ses différents rôles en préfecture. Il quitte Paris à 26 ans pour être, dans un premier temps, sous-préfet, directeur de cabinet du préfet de Lot-et-Garonne, Jean-Claude Vacher, à Agen entre 1996 et 1998. C'est le ravissement devant les paysages du Lot-et-Garonne, la découverte de la culture du Sud-Ouest, la confrontation avec la réalité du pays. Le préfet a une existence sociale forte en province. Il représente le pouls de l'État, il est joignable et corvéable 24 heures sur 24. « Une bonne loi est une loi appliquée. Le préfet a un rôle de pivot central entre ce qui peut sortir des cabinets ministériels de Paris et ce que vivent réellement les gens. On reproche aux énarques d'être coupés de la réalité. Un préfet est sans cesse sur le terrain puisque c'est la seule manière d'administrer un pays. Il facilite le lien social, résout les crises, connaît les syndicats. Il traduit, auprès des citoyens, la politique de l'État. » L'administration des territoires est devenue, au fil du temps, de plus en plus complexe. Des communes, des intercommunautés, des conseils généraux… « Il faut composer avec le tissu social, politique, syndical. Le préfet doit avoir un rôle d'arbitre, d'aiguillon, de contrôle des autorités décentralisées pour faire avancer toute cette machine un peu compliquée. Le préfet est ouvert sur le pays tel qu'il est. Il sent les fractures sociales ou le rôle des associations. Le corps préfectoral a beaucoup d'avenir devant lui, même s'il a de moins en moins de moyens. L'administration délocalisée de l'État a été privée d'une partie de ses moyens au profit de l'administration décentralisée. C'est un choix. Le métier de préfet est un sacerdoce. On peut y perdre son poste, du jour au lendemain, seulement parce qu'on a assumé une responsabilité. » Laurent Solly rejoint, en 1998, le préfet du Var, Hubert Fournier (1998-1999), puis Daniel Canepa (1999-2001). Tous les yeux sont tournés vers la région. Yann Piat a été assassinée le 25 février 1994 à Hyères ; la mairie de Toulon est tenue par Jean-Marie Le Chevallier (Front national) ; Hubert Fournier (à gauche) a remplacé Jean-Charles Marchiani (à droite) ; le festival de Chateauvallon se voit devenir le fief d'artistes en guerre contre le Front national à Toulon. L'ambiance est lourde, sulfureuse, noire. Laurent Solly est à peine arrivé sur les lieux qu'on lui tend un dossier du procès des assassins de Yann Piat qui va se dérouler à la cour d'assises de Draguignan : *Cher ami, faites en sorte que ça se passe bien.* On n'est plus dans la douceur de vivre du Lot-et-Garonne. On retrouve cette idée chez tous : on apprend d'autant plus que la situation est difficile. Laurent Solly se retrouve confronté au poids des médias, aux dossiers chauds, à la montée en puissance des thèmes de la sécurité et de l'insécurité. Toutes choses qui lui serviront lors de la campagne présidentielle de Nicolas Sarkozy en 2007.

On a le droit, à la sortie de l'ENA, de choisir une seule fois son poste. Le choix de Laurent Solly s'est donc porté sur le Lot-et-Garonne. On apprend après, par un coup de fil, que l'on est muté ici ou là. Laurent Solly fait quand même part de son désir de s'envoler vers la Guadeloupe. Vœu exaucé. Mais en 1999, un mois après, nouveau coup de fil. Ce n'est plus la Guadeloupe car ça sera Belfort. « On m'a dit : *Bonne nouvelle, c'est Belfort.* J'ai dit : *Merci pour Belfort, mais je préfère la Guadeloupe.* » Jean-Pierre Chevènement est, à l'époque, ministre de l'Intérieur et maire de Belfort. Le poste offert est celui de secrétaire général de la préfecture du Territoire de Belfort. Une proposition qui ne se refuse pas. Laurent Solly passe des rivages de Porquerolles aux terres de Belfort. Il découvre de 1999 à 2001 un personnel politique local de grande qualité avec des figures comme celles de Jean-Pierre Chevènement, Raymond Forni, Pierre Moscovici, Michel Dreyfus-Schmidt, Christian Proust et un petit département riche dans son activité industrielle avec notamment la présence d'Alsthom et l'industrie automobile. Alsthom connaît une grave crise industrielle. « J'ai vécu la France industrielle, la France face à la mondialisation, la France avec l'impact des grands débats nationaux sur le territoire. Lors du stage, l'élève de l'ENA fait l'expérience de la vie en préfecture, et c'est indispensable, comme il devrait faire celle de la vie en entreprise privée, pour connaître entre autres l'implication des réglementations sur la bonne marche de l'entreprise. Le risque est de rester trop longtemps dans le même VIIe arrondissement et de s'éloigner de la réalité du pays. J'ai laissé tomber en cours de route, non pas quelques principes, mais quelques dogmes. C'est un passage qui me semble impératif, comme celui dans une entreprise privée : la concurrence, la cotation d'un marché, l'exigence de la compétition internationale ne sont pas que des mots. » Il fréquente durant cette période Claude Guéant, préfet de la région Franche-Comté à Besançon, qu'il retrouvera auprès de Nicolas Sarkozy. Les fonctionnaires sont dans l'obligation, pour diversifier leur parcours, de bouger quatre ans après la sortie de l'ENA. Ils doivent occuper un emploi dans une autre administration que la leur ou dans une entreprise publique pour une période de deux ans. Laurent Solly devient, durant 2001-2003, chargé de mission à la direction coordination groupe et à la direction des achats à Électricité de France. « EDF est une promesse républicaine liée à la nation. L'électricité pour tous au même prix. Et, en même temps, il faut faire du résultat. »

8. Les voies de la culture (1988-2001)
« J'étais passé du côté obscur de la force » (Emmanuel Hoog)

Emmanuel Hoog, à la sortie de l'ENA en 1988, entre au ministère de la Culture et de la Communication comme chef du bureau des affaires budgétaires et financières. « Je n'ai pas choisi ce poste par atavisme familial. C'est la technique des finances publiques qui m'a attiré beaucoup plus que le monde de la culture. Je voulais qu'il y ait une dimension budgétaire et financière. » Jack Lang est de retour comme ministre de la Culture (1988-1992) avec de généreux budgets. Les chantiers vont être nombreux. Le bicentenaire de la Révolution (1989), les grands travaux, les débuts de la Bibliothèque nationale de France, le centenaire de la mort d'Arthur Rimbaud (1991). « J'étais dans un ministère hyperactif. Il y avait des idées, des budgets, des projets, des équipes. Ça bougeait ! Je ne connaissais en fait pas vraiment la grande administration, la *vraie* administration, parce que je vivais dans une petite administration extrêmement réactive mais atypique. La première, c'était la rue de Rivoli, les Finances, le Budget, vivant de la culture du *non*. J'étais du côté de l'administration du *oui*, de l'invention, une administration d'entreprise. » On commence à le connaître. Emmanuel Hoog est au carrefour de tout puisqu'on ne fait rien sans argent. Il ne travaille pas dans le cabinet de Jack Lang et sa relation avec le ministre de la Culture va se tisser peu à peu. Il fait le portrait d'un Jack Lang volontaire, travailleur, inventif, acharné. Si un arbitrage est clos, Jack Lang n'hésite pas à le rouvrir s'il le juge nécessaire. Un dîner avec l'architecte sino-américain Leoh Ming Pei, avant l'inauguration de la Pyramide du Louvre le 30 mars 1989, reste un souvenir fort. Leoh Ming Pei est alors le président du concours qui doit désigner l'architecte de la BNF. Emmanuel Hoog se souvient aussi s'être rendu dans la Librairie Gallimard, boulevard Raspail à Paris, à la veille de la guerre en Irak. On est en conseil restreint. Tout le monde retient son souffle. Emmanuel Hoog se retrouve écrasé entre deux hommes au comptoir poésie de la librairie du VIIe arrondissement. L'un est Roland Dumas, l'autre est François Mitterrand.

Emmanuel Hoog est nommé administrateur du théâtre national de l'Odéon. Il restera en poste durant cinq ans. Il peut satisfaire aux exigences de la mobilité, sans changer de ministère, étant donné le nombre d'établissements publics reliés au ministère de la Culture. Lluis Pasqual est alors directeur de l'Odéon. Emmanuel Hoog arrive sur les lieux en juillet 1992. Le théâtre national de l'Odéon est occupé par les intermittents du spectacle. En même temps, à Avignon, Lluis Pasqual travaille dans la Cour d'honneur pour le spectacle d'ouverture du festival. « C'était un mois de juillet extrêmement chaud et cela a été mon baptême du feu. J'ai dû négocier avec la CGT la sortie du théâtre. Et permettre les représentations à Avignon. Je n'avais jamais auparavant connu les rapports liés au monde du travail. Je ressentais de la tension, mais j'avais l'impression d'être à ma place. » Il est effrayé par les lourdeurs de l'Administration centrale et se confirme l'idée que, s'il veut servir l'État, c'est dans des fonctions de patron. Être responsable. Une de ses premières missions, comme administrateur de l'Odéon, sera de faire revenir Giorgio Strehler qui s'est fâché avec Lluis Pasqual. Emmanuel Hoog part à Milan négocier avec Giorgio Strehler. Le metteur en scène reviendra avec deux pièces de Carlo Goldoni, *Barouf à Chioggia* et *Le Campiello*, qui seront des éblouissements pour le public. Emmanuel Hoog côtoiera durant cinq ans des personnalités fortes (Patrice Chéreau, Luc Bondy, Roger Planchon) et assistera à des spectacles mémorables (*Orlando* avec Isabelle Huppert ou *Dans la solitude des champs de coton* avec Pascal Greggory). Georges Lavaudant succède à Lluis Pascal en 1996 comme directeur du théâtre. Les journées à l'Odéon sont harassantes. Le travail débute à 8 h 30 et se termine vers 23 heures. Il s'agit de vivre deux journées en une : être aux commandes d'une entreprise et veiller sur les spectacles et les artistes. Le théâtre est envahi, à partir de 17 heures, par la préparation de la pièce. Peurs, bruits, angoisses, bonheurs. Il faut le plus souvent accompagner le spectacle jusque tard le soir. « Je devais sans cesse incarner la mesure dans un univers aux egos enflammés. » Emmanuel Hoog doublonne, à partir de janvier 1997, à la demande de Jack Lang, son poste d'administrateur de l'Odéon avec celui de directeur délégué du Piccolo Teatro. Il fera un aller et retour Paris-Milan une fois par semaine. Tout est fait pour recréer les conditions du retour de Giorgio Strehler au Piccolo Teatro et, alors que tout est réuni, après de difficiles négociations avec les autorités italiennes, le metteur en scène meurt le 25 décembre 1997. Patrice Chéreau écrira de Giorgio Strehler : « Il était le théâtre tout entier. » Emmanuel Hoog ressent une vive douleur à la mort de Giorgio Strehler. « J'avais côtoyé un génie avec une rare puissance d'imagination. Sa photo m'accompagne encore aujourd'hui sur mon bureau. » Emmanuel Hoog démissionne l'avant-veille de la dissolution de l'Assemblée. La gauche gagne les législatives. On est passé à une logique post-mitterrandienne où tout ce qui touche à Jack Lang est mal vu. Emmanuel Hoog se propose pour être directeur adjoint de cabinet de Catherine Trautmann qui sera ministre de la Culture entre 1997 et 2000. C'est non. « J'étais considéré comme appartenant au côté obscur de la force. » Emmanuel Hoog rejoint Laurent Fabius en tant que conseiller chargé de la culture et des médias à la présidence de l'Assemblée nationale (1997-2000) – il s'occupera, entre autres, de la naissance de la chaîne LCP – puis au ministère de l'Économie, des Finances et de l'Industrie jusqu'en 2001. Il organisera le 150e anniversaire de l'abolition de l'esclavage et le 100e anniversaire du « J'accuse » d'Émile Zola.

Emmanuel Hoog : le principe de réalité

La productrice Marie Masmonteil, énarque dans la même promotion qu'Emmanuel Hoog, fait le portrait d'un jeune homme poète, cultivé, ambitieux. « Toute sa carrière montre qu'il a le chic pour réveiller les belles endormies. J'ai dîné avec lui, peu de temps avant qu'il ne prenne la tête de l'INA en février 2001. Il était fier de devenir PDG à 38 ans, d'avoir une voiture avec chauffeur, mais peu importe parce qu'il fait toujours le boulot pour lequel il est payé. J'ai de l'admiration pour son travail accompli à l'INA. C'est l'un des rares énarques à faire ça : il sert l'entreprise au lieu de se servir de l'entreprise. » C'est sa marque de fabrique : il a conservé une part de naïveté. Elle est soulignée par tous parce que rare à ce niveau de pouvoir. Il ne feint pas d'être blasé. Son amour de la poésie n'est pas une pose avantageuse. Emmanuel Hoog, né en septembre 1962, est président de la Maison de la poésie depuis 2006.

Il reçoit dans son bureau de l'AFP de manière informelle et ne manie pas la langue de bois. Un physique rond et un discours carré. Il se méfie des grands mots et des grands discours. L'auteur de *Mémoire année zéro* (Seuil) dénonce le culte du passé comme signe de la peur de l'avenir. « Toute cette folie mémorielle, cette agitation autour des anniversaires et des commémorations, est l'expression de notre crainte face à l'avenir, au progrès, à la prise de risque. On ne pense pas que demain nous appartient. On vit dans un pays qui est persuadé qu'hier, c'était mieux. La mémoire fonde notre identité mais on ne peut pas avancer en ayant l'œil dans le rétroviseur en permanence. »

Guy Walter, directeur artistique de la villa Gillet (Lyon), connaît Emmanuel Hoog depuis une vingtaine d'années. Ils se sont rencontrés, dans le cadre du Festival de poésie de Haut-Allier, en 1990. Guy Walter n'a pas vu Emmanuel Hoog changer au fil du temps. « Il a une ambition amicale et non pas guerrière. Il n'est pas construit sur la rivalité puisqu'il aime la collectivité. Il n'a pas le goût du cinglant et du clinquant. Il oppose et impose son propre tempo lent. Il ne manie guère les formules chocs et possède un rapport intériorisé à la culture. Il est bien élevé : on n'expose pas sa vie privée parce qu'on n'embarrasse pas les autres avec son intimité. Emmanuel est ambitieux et aime la réussite. Il fait ce qu'il faut pour avoir ce qu'il veut. Il est cependant incapable de trahir ses convictions. Il pense qu'on peut et qu'on doit se faire plaisir, mais qu'il faut que ça reste au service du bien commun. » Ses proches soulignent ses périodes noires et ses parts d'ombre. Elles tournent autour du deuil et de la perte. Emmanuel Hoog situe ses blessures dans le cadre de la vie privée et non dans celui de la vie professionnelle. Guy Walter parle, à son propos, d'un « mélancolique optimiste ».

Emmanuel Hoog n'est pas sectaire. Il reconnaît aisément ce qu'il doit à l'énarque Renaud Donnedieu de Vabres. Le ministre de la Culture de Jean-Pierre Raffarin de 2004 à 2007 a immédiatement fait confiance au jeune PDG lorsqu'il lui a présenté son plan pour l'INA : se recentrer sur les archives et miser sur la révolution numérique. Le principe de réalité guide Emmanuel Hoog. Il veut partir du réel pour inventer le réel. Il fait appel, pour ça, à la vision et à la volonté. Folie et raison. Il est à la tête de l'AFP depuis le 15 avril 2010. 135 bureaux dans le monde, 3 500 collaborateurs, 280,5 millions d'euros de budget. Il doit s'attaquer à la réforme du statut de la troisième agence mondiale. Plusieurs chantiers ont été lancés parmi lesquels un triplement de la production de la vidéo. On le dit aussi florentin. Il sait évaluer et évoluer. Il a fait durant sa jeunesse, pendant quatre ans, du water-polo. Il a été champion junior. Un sport aquatique et collectif. C'est à la fois physique et tactique.

9. Les élites en question
« Les mêmes *formatés* partout ! » (Martin Hirsch)

Clouées au pilori. Les extrêmes – Marine Le Pen à l'extrême droite et Jean-Luc Mélenchon à l'extrême gauche – tapent régulièrement dessus au risque de dresser un mur encore un peu plus épais entre les uns et les autres. Elles sont boucs émissaires dès qu'une crise surgit et fourre-tout dès qu'on en parle. On a en vérité bien du mal à définir ce qu'on appelle les élites. Leur sélection se fait en l'occurrence, avant, pendant, après l'ENA. Elle se renforce à chaque étage. Les énarques font partie de l'élite. Critiquer les élites revient à critiquer les énarques et inversement. La parution de *L'Énarchie ou les Mandarins de la société bourgeoise* (1967), écrit sous pseudonyme par Jean-Pierre Chevènement, a changé l'image de l'ENA. On est passé, comme le souligne Louis Schweitzer, « de la démocratisation à la re-aristocratisation des Grands Corps ». Le livre a contribué à faire connaître l'ENA au grand public et à faire détester l'ENA du grand public. L'énarque a incarné le pouvoir absolu, dans les années 1960-1970, décidant pour tous et contrôlant tout. On voyait, comme le dit Jean-Pierre Jouyet, des énarques partout. Matthieu Pigasse note que l'ENA est ainsi devenue le symbole de la technostructure loin du peuple. « Le méchant dans les dessins de Plantu était incarné, lors de la crise des pays émergents, par des types en costume noir avec des grosses lunettes et une mallette sur laquelle était inscrit le mot FMI. L'énarque a, à un moment donné, joué le rôle du méchant. »

Les énarques ont investi, dès la Ve République, la sphère politique. Les Français éprouvent un sentiment d'illégitimité à les voir passer des cabinets ministériels à des circonscriptions choisies sur mesure pour eux. En gros : on approuve que l'ENA forme les administrateurs civils et on désapprouve que l'ENA forme les élites politiques. On ne peut pas les citer tous, mais on les connaît tous. Nombre d'énarques, passés en politique, sont célèbres : Hubert Védrine, Valéry Giscard d'Estaing, Édouard Balladur, Martine Aubry, Ségolène Royal, Pierre Joxe, Michel Rocard, Frédérique Bredin, Dominique de Villepin, François Hollande, Alain Juppé, Philippe Séguin, Jacques Chirac, Lionel Jospin, Valérie Pécresse, Élisabeth Guigou, Bruno Le Maire... sont énarques. Louis Schweitzer analyse ainsi la mauvaise image de l'ENA dans l'opinion. « L'ENA est devenue, au fil du temps, le symbole d'un pouvoir administratif et politique qui échappe à la population. Il y a toujours eu une critique vis-à-vis du politique et, comme il y a quand même une proportion anormalement élevée d'hommes politiques en vue issus de l'ENA, l'école fait la synthèse des critiques. Une école qui est un lieu un peu obscur de sélection des élites plutôt qu'un lieu de formation des élites est nécessairement critiquable. C'est mieux que la noblesse héréditaire, mais on a quand même en tête l'idée que la sélection des meilleurs doit être faite par la vraie vie. L'ENA introduit un biais là-dedans. » Denis Olivennes comprend mais nuance le discours anti-élites. « Les élites contribuent à un modèle de société profondément corporatiste, étatiste, inégalitaire. Un assemblage de privilèges. Les élites auraient dû transformer le système au nom de la justice et de l'égalité et elles ne l'ont pas fait. Elles ont failli à leur mission de transformation de ce modèle social au nom de la justice et de l'égalité. Mais, en même temps, en parlant des élites, de qui parle-t-on ? Des hommes politiques, de la haute technocratie, des patrons d'entreprises ? Les pathologies de la société française ne sont pas liées aux élites. Les élites sont juste un sous-produit du système corporatiste. Il faut se méfier de ne pas tomber dans un discours anti-élites démagogique. On a beaucoup lu, par exemple, que les élites s'étaient comportées de manière honteuse dans les années trente. *Le Dictionnaire des Compagnons de la libération* (Éditions Elytis) rappelle qu'il y a une surreprésentation des jeunes diplômés dans la France Libre. Ils doivent être 6 % ou 7 % de la population française et ils sont 25 % ou 30 % des Français libres. » Jean-François Copé trouve effectivement démagogiques les discours sur une élite sans éthique. « On ne gagne jamais à stigmatiser ceux issus de la méritocratie. C'est une manière de brûler le modèle républicain et de piétiner ceux qu'on aurait vocation à mettre en exemple, même avec leurs faiblesses. Les élites ne sont pas arrivées là où elles sont par hasard. Elles doivent être source d'exemplarité. Et ce que je trouve le plus choquant c'est ceux qui, parmi les élites, se croient obligés de s'acheter une bonne conscience en tapant sur l'élite. »

Un système méritocratique est un système où les individus sont promus en fonction de leurs mérites et non en fonction des origines sociales, de l'argent, des relations. Laurent Solly souligne que les élites ne sont tolérables que si elles reposent sur un socle méritocratique. « Les élites doivent être liées à la méritocratie. La promesse républicaine est avant tout une promesse méritocratique. Le risque de l'élite, c'est celui de l'enfermement, de la reproduction sociale, de la déconnexion avec le pays réel. Les élites doivent donc sans cesse être irriguées, s'interroger sur elles-mêmes et leur mode de recrutement. S'il y a une seule grande idée de l'ENA à retenir, c'est celle-ci : donner la capacité à tous les enfants méritants de France de devenir ambassadeurs, préfets, ministres… La question du concours d'entrée est essentielle parce que tous les enfants méritants de France doivent pouvoir devenir ambassadeur, préfet, président de section au Conseil d'État. » Martin Hirsch pointe du doigt l'entre-soi perçu comme une caractéristique française. Les élites proviennent souvent des mêmes lieux (ENA, HEC, Polytechnique) et fréquentent souvent les mêmes cercles (Le Siècle). « On a un problème de consanguinité, de fonctionnement en circuit fermé propre à la France. Tout nous pousse à passer notre temps dans un petit milieu et je l'ai d'autant plus remarqué qu'il faut faire un effort sur soi pour en sortir. On peut penser qu'on sait tout avec un carnet d'adresses, deux annuaires et des dîners en ville. C'est quand on pense avoir réponse à tout qu'on se coupe de tout. Ceux qui appartiennent à l'élite devraient prendre du temps, non pas pour rester entre eux, mais pour aller voir ce qui se passe ailleurs. Je me suis senti mal à l'aise quand j'ai pris la présidence d'Emmaüs. Je me suis dit : ce sont les mêmes *formatés* qu'on retrouve partout, dans les médias, les banques, les administrations, et même maintenant dans un mouvement caritatif de lutte contre la pauvreté. Le comble du chic, c'est d'être à la banque Lazard et dans une bonne œuvre. Je ne suis pas allé à la banque Lazard et je me suis impliqué jusqu'au cou dans une bonne œuvre. » On soupçonne les élites actuelles, happées par les valeurs du libéralisme au début des années quatre-vingt-dix, de vouloir le bon (l'argent), le bien (la morale), le beau (la culture). L'image est devenue, aujourd'hui, essentielle.

Alain Minc raconte que la French-American Foundation avait décidé en 1981, dans le cadre du programme Young Leaders, de repérer chaque année vingt jeunes Français et vingt jeunes Américains. Trente ans ont passé. Les jeunes Français du début sont aujourd'hui toujours sur le devant de la scène (ex : Alain Juppé ou Jérôme Clément) et parmi les Américains seul un, Bill Clinton, est toujours connu du grand public. Nicolas Bazire et Alexandre Bompard font partie des Young Leaders depuis respectivement 1998 et 2009. Alain Minc n'a aucun doute sur le fait qu'on retrouvera les neufs énarques du livre aux manettes de la France dans dix ans. « Quand on entre dans l'establishment en France, il est rare qu'on en sorte. Nicolas Bazire ou Alexandre Bompard seront toujours aux postes de commande dans dix ans, mais on ne peut pas dire la même chose d'un jeune d'aujourd'hui sortant de l'ENA : le jeu s'est davantage ouvert parce que la concurrence est plus importante entre les grandes écoles. » L'énarque, en tant que stéréotype du représentant de l'élite, a souvent été vilipendé sous la pression populiste. « Pourquoi voudriez-vous qu'un pays aime des élites administratives qu'au plus haut sommet de l'État, et dans différents partis politiques, on rejette ? » interroge Jean-Pierre Jouyet. La France n'aime pas ses énarques. Mais, comme le dit Alain Minc, on n'a pas encore pendu un énarque à un lampadaire.

Le regard critique sur les énarques provient aussi, selon Bernard Boucault, du rapport des Français à l'État. « La France est un pays jacobin où l'État a précédé la nation. Les Français ont une relation forte à l'État. On a tendance à trop lui demander et cela amène des déceptions. » Sophie Boissard analyse les flambées anti-élites avec le même prisme. « L'élite a été, un temps, le fer de lance de la modernisation du pays. Le discours anti-élites dénote avant tout la crise de l'État, celle de l'administration française, qui a structuré le pays depuis la Seconde Guerre mondiale. L'État est affaibli depuis les années quatre-vingt, parce qu'il est en décalage avec le phénomène de mondialisation et le renforcement des pouvoirs locaux. On emploie le terme d'énarque comme une métonymie de la classe dirigeante. L'ENA peut être perçue comme continuant à faire vivre un modèle qui n'est plus adapté à la réalité : ni aux attentes sociales ni à la circulation des savoirs et des compétences. La vraie question n'est pas celle de l'ENA, qui est un instrument, mais bel et bien l'État : comment se structure-t-il ? Quelles sont ses missions ? De quels types de compétences a-t-il besoin ? Il faut avant tout que, collectivement, nous redéfinissions ce qu'on attend de l'État. Le modèle hérité des Trente Glorieuses est, de l'aveu général, en crise depuis près de vingt ans, mais même aujourd'hui, avec la RGPP (révision générale des politiques publiques) et les réformes en cours, on ne voit pas se dessiner le modèle qui va accompagner les trente prochaines années et notamment la révolution vers une société de développement durable. » Pour Sophie Boissard, la deuxième décentralisation, la révision constitutionnelle sur les pouvoirs locaux, la montée en charge des régions représentent des changements lourds et irréversibles.

10. La culture du réseau
«Un monde de cartes de visite» (Martin Hirsch)

C'est ce qu'on leur reproche en premier lieu. C'est ce dont ils n'aiment pas qu'on leur parle; c'est ce dont ils ne veulent pas qu'on leur parle. Ne surtout pas appartenir à «une caste qui se coopte entre eux», selon l'expression de Jacques Chirac (promotion 1959). On dit d'eux: ils se font la courte échelle, ils s'auto-recrutent, ils se recommandent les uns aux autres. Dans le viseur, les cinq Grands Corps de l'État: l'IGF, Le Conseil d'État, la Cour des comptes et puis le corps des Mines et celui des Ponts et Chaussées. Car on fait aussi l'ENA pour se constituer des réseaux. L'ex-Premier secrétaire du PS François Hollande, dans sa course à la présidentielle de 2012, peut ainsi faire jouer ses relations du CAC 40. Il y a, parmi eux, nombre d'énarques. Henri de Castries (AXA) ou Jean-Cyril Spinetta (président du conseil d'administration d'Air-France KLM et président du conseil de surveillance d'Areva) sont passés par l'ENA. Les femmes s'organisent de leur côté. Véronique Morali (promotion 1986, inspectrice des finances) est présidente du Women's Forum; la centralienne et énarque Clarisse Reille regroupe avec Grandes Écoles au féminin les diplômées de 9 écoles dont l'ENA; Nathalie Tournyol du Clos (promotion 1989) veille avec Administration moderne sur le devenir des femmes hauts fonctionnaires. Seul aspect positif de la culture du réseau. L'École représente une chance précieuse, pour un élève venant d'un milieu défavorisé et n'ayant aucune relation, de se constituer un carnet d'adresses.

Matthieu Pigasse et Denis Olivennes tiennent le même discours: ils ne se définissent pas en tant qu'énarques et les énarques sont le cadet de leurs soucis. Denis Olivennes assure n'avoir jamais donné un coup de pouce à qui que ce soit sous prétexte qu'il est énarque. «J'ai viré plus d'énarques que je n'en ai recrutés tout au long de ma carrière. » On peut suivre pas à pas la trajectoire des neuf énarques. Leur carnet d'adresses va s'épaissir tout au long de leur carrière. On retrouve, à chaque lettre de l'annuaire, en toute logique, nombre d'énarques. Ils ont connu la même formation et ont noué des amitiés. Il y a une grande part de vérité et une petite part de fantasme dans la cooptation entre énarques. Les réseaux d'énarques ont perdu de leur force au cours des dernières années. Les vagues de privatisation ont rendu moins nécessaires le recours aux énarques puisque les entreprises privées ne dépendent plus en majorité de l'État. Leur expérience dans les allées du pouvoir est donc moins recherchée. Les grandes entreprises dépendantes de l'État, comme la banque, l'eau, les assurances, l'audiovisuel, restent en revanche toujours ouvertes aux énarques. Louis Schweitzer a une vision pragmatique des choses. Il s'agit d'avoir la meilleure réponse possible, le plus rapidement possible. « Il ne faut pas parler des énarques en général mais des Grands Corps en particulier. Quand on veut recruter quelqu'un, on ne peut pas chercher parmi 10 000 personnes. On veut, avant tout, avoir des références. Le réflexe le plus simple, avant la professionnalisation des chasseurs de têtes, était d'avoir une liste de gens pas trop importante sur laquelle on puisse avoir facilement des références. Il reste simple d'ouvrir l'annuaire de l'Inspection des finances ou celui du corps des Mines et d'obtenir un avis avisé d'autres membres du corps en qui on a confiance. Si un inspecteur des finances n'est pas bon, tout le monde le sait, et personne ne le recrutera. Il s'agit non pas d'une doctrine d'entraide, mais de la gestion d'un vivier. » L'annuaire des Grands Corps contient toutes les informations nécessaires. Du poste actuel au numéro de portable. Emmanuel Hoog distingue amitié et réseau. Il se situe, comme Louis Schweitzer, d'un point de vue pragmatique. « Ce qui est vrai c'est, qu'entre énarques, si l'on a dû mal à joindre quelqu'un, on trouvera toujours une personne qui pourra intercéder pour faciliter le contact. »

Les clubs, les réunions d'anciens élèves, les « think tanks ». C'est à l'infini. Martin Hirsch appelle ça « vivre dans un monde de cartes de visite ». On peut, tout le temps et partout, enrichir son réseau. Le Siècle, créé en 1944 par Georges Bérard-Quélin, dont le fils, Laurent Bérard-Quélin, est un ami de Jean-François Copé, en est la caricature. Le club rassemble la classe dirigeante, chaque dernier mercredi du mois, à l'Automobile Club de France, place de la Concorde. On s'y échange rumeurs, numéros de téléphone, informations. Matthieu Pigasse, Denis Olivennes, Alain Minc ou Jean-François Copé peuvent notamment s'y croiser. Alexandre Bompard fait partie, depuis 2009, du puissant et discret Groupe de Bilderberg. Les énarques ont particulièrement, parmi les élites, la réputation de passer leur vie à réseauter, même s'ils parlent d'amitiés sincères, de capacités professionnelles, de hasards de la vie.

Tout se mélange. Les groupes de travail, formés par affinités électives durant l'ENA, ont créé des amitiés fortes. Denis Olivennes et Nicolas Baverez ou Martin Hirsch et Bertrand de Talhouet sont amis sans autre forme de considération. Nicolas Bazire s'est lié à l'ENA avec Stéphane Richard, Didier Selles, Henri Plagnol. Le cabinet du Premier ministre Édouard Balladur, dont Nicolas Bazire sera directeur entre 1993 et 1995, passe pour le plus jeune de la Ve République. Il sera constitué d'énarques trentenaires ou d'énarques tout court. On les appellera, dans la presse, les « bébés cracks ». On y rencontre entre autres, à l'époque, Hugues Hourdin, Patrick Suet, Pierre Mongin, Pierre Louette, Olivier Costa de Beauregard, Francis Lamy, Anne Le Lorier. Nicolas Bazire fera aussi appel, parmi ceux de sa promotion, à Olivier Grunberg ou Henri Plagnol. Mais il souligne que cela n'a aucun intérêt. « C'est une commodité parce qu'on ne les paie pas et qu'ils connaissent les dossiers. On prend des fonctionnaires parce que les cabinets sont constitués de gens mis à disposition. On ne va pas appeler quelqu'un de chez L'Oréal en lui disant : *Viens donc chez moi ! Je ne peux pas te verser un centime mais cela va être formidable !* Les gens qui viennent de la

Cour des comptes, de l'Inspection des finances ou du Quai d'Orsay sont mis à disposition. S'il y avait des contrats disponibles, on pourrait faire venir des gens de l'extérieur. Les vrais réseaux sont constitués de ceux que l'on rencontre dans les cabinets ministériels. Je garde un bon souvenir de mon cabinet. On continue à se voir trois fois par an depuis quinze ans. »

Jean-François Copé entretient, à l'ENA, des amitiés avec Nicolas Dupont-Aignan, Renaud Dutreil, David Kessler, Pierre Louette, Nicolas Warnery, François Werner. Thomas Hirsch (Capgemini), Laurent Bérard-Quélin (DG de la Société générale de presse) et Jean-François Copé fondent, le 13 décembre 1990, le Banquet républicain. Ils sont rejoints par deux amis énarques de Jean-François Copé, rencontrés à Science Po, François Werner (Fonds de garantie des assurances) et Jean-Baptiste Massignon (Capgemini). Un club générationnel qui se réunit encore aujourd'hui une fois par mois pour discuter de la vie de la cité. On y trouve nombre d'anciens de Science Po et de l'ENA. Jean-François Copé a fait travailler beaucoup de jeunes énarques, sur des dossiers en amont, durant sa carrière politique. Il a été entouré d'énarques en tant que ministre du Budget. Science Po et l'ENA ont été ses deux principaux viviers de collaborateurs. Il a beaucoup fait appel aux énarques Hervé Barbaret, Patrick Spilliaert ou Damien Cuier. Fiches, discours, idées. Petites mains douées et corvéables.

Les Grands Corps, essentiellement eux, ont une forte culture de réseaux. Il y a un puissant réseau Inspection des finances parmi les Grands Corps. On part en mission en province ensemble durant quatre ans, on s'appelle « camarade », on organise des déjeuners, on remarque ceux qui sont prometteurs. L'Inspection des finances est un club avec ses strates et ses parrains. Michel Pébereau (promotion Proust, 1967), Henri de Castries (promotion Voltaire, 1980) ou Alain Minc en sont les figures tutélaires. Un jeune membre peut rendre visite à un ancien membre. Conseils avisés, recommandations, coups de pouce. On se projette pour les plus anciens ; on se rassure pour les plus jeunes. Tout le monde a quelque chose à gagner dans l'histoire. On peut placer un jeune énarque qui vous sera redevable en cas de nécessité, on peut gagner des années en étant recommandé par un plus ancien. Alain Minc (Inspection des finances) a ainsi remarqué Alexandre Bompard (Inspection des finances). Mais Alexandre Bompard insiste sur le fait qu'il ne connaissait personne avant de faire l'ENA. « Dès le classement de sortie, quand vous avez la chance de pouvoir choisir, vous rencontrez dirigeants d'entreprises, hauts fonctionnaires, hommes politiques, mais les dés sont déjà jetés. Est-ce que les réseaux d'anciens énarques existent ? Absolument pas. Est-ce que les réseaux d'inspecteurs des finances existent ? Absolument plus. Mais vous avez accès à des membres de votre corps plus facilement que si vous n'êtes pas issu de ce corps. Cela peut créer des relations amicales. C'est le seul élément constitutif d'un réseau que je vois : la rencontre. Le corps des Mines est le plus structuré. » Certaines entreprises sont connues pour recruter en priorité des polytechniciens ou des énarques. On a de nombreuses chances de voir, dans les années à venir, des énarques à la tête de BNP ou d'Axa ou de Rhône-Poulenc. Mais, pour Matthieu Pigasse aussi, le corps le plus structuré reste le corps des Mines et non le corps de l'Inspection des finances. « Je n'appartiens à aucun réseau. Est-ce qu'un énarque va me faciliter les choses ou est-ce que je vais faciliter les choses à un énarque ? Non. Je ne profite pas des réseaux d'énarques, je ne subis pas les réseaux d'énarques. J'ai travaillé dans des cabinets de ministres et j'ai effectivement pu voir qu'il y a des réseaux plus ou moins puissants. Le réseau le plus puissant de fonctionnaires qui existe est celui du corps des Mines et celui qui vient, loin après, est celui de l'Inspection des finances. Ils n'ont toujours pas compris qu'eux aussi étaient un reflet de l'arbitraire du classement et qu'il y avait autant d'abrutis chez eux que chez les autres. » Denis Olivennes pense aussi que les choses sont plus complexes qu'elles n'en ont l'air. « Il y a cooptations dans l'Inspection des finances mais, même là, c'est plus compliqué que ça parce qu'il y a concurrence entre eux. » La mésentente entre les inspecteurs Michel Pébereau et Daniel Bouton est, par exemple, de notoriété publique. Le romancier Marc Lambron, sorti dans les Grands Corps (le Conseil d'État), est du même avis. « Les Grands Corps sont des annuaires. On y a accès donc des réseaux se créent. Il y a une mafia de l'Inspection des finances. Il faut cependant nuancer. C'est maçonné de l'extérieur, mais il y a des rivalités entre eux à l'intérieur. Ils se marquent à la culotte. »

Les Grands Corps font rapidement entrer dans une culture de connaissances et de connivences. On n'y a pas de travail, à proprement parler, si ce n'est rendre des rapports et gérer la consanguinité. On gagne du temps. Pour les uns, il faudra une poignée d'années pour obtenir ses entrées dans le Tout-Paris politique, industriel, médiatique, et, pour les autres, une carrière entière n'y suffira pas. Emmanuel Hoog en témoigne. « Ceux de ma promotion qui sont entrés dans les Grands Corps connaissaient, au bout de quatre ans, tous les gens qu'il fallait connaître. À chacun d'en tirer son avantage. Mais l'avantage est là. J'ai un côté diesel. J'ai mis plus de temps à rentrer dans ce monde de connivences. Mes premières années de travail m'éloignèrent de l'énarchie. Je l'ai retrouvée, un peu plus tard. » Emmanuel Hoog a pu quand même faire l'expérience des liens entre énarques. Le journaliste Dominique Jamet se retrouve en charge de la coordination du projet BNF, qui ouvrira ses portes en 1996. Marc-Antoine Jamet, fils du journaliste Dominique Jamet et énarque de la même promotion qu'Emmanuel Hoog et Denis Olivennes, fera le lien entre Dominique Jamet et Emmanuel Hoog. Le journaliste n'est pas encore au fait du fonctionnement des différents ministères. Il n'a pas de culture administrative. Emmanuel Hoog accompagnera de manière officieuse Dominique Jamet, dans les premiers temps, avant que ne se constitue son équipe définitive.

Certains disent les choses plus clairement. Sophie Boissard reconnaît l'existence de liens d'entraide entre énarques. « Il y a des réseaux d'énarques comme il y a des réseaux professionnels. Le fait d'avoir une formation commune et des références communes crée des liens. Il y a des liens consolidés par la promotion, les deux ans passés ensemble, et puis il y a des liens qui naissent d'une proximité, pendant un temps donné de la vie professionnelle. Il peut y avoir un réseau d'anciens d'un cabinet ministériel ou de membres du Conseil d'État. Est-ce que j'aurais une attitude différente avec telle personne parce qu'elle a fait l'ENA ? Non. Est-ce que j'aurais un *a priori* positif avec telle personne parce que quelqu'un, dont le jugement compte pour moi, m'en a dit du bien ? Oui. Les inspecteurs des finances cultivent d'autant plus un aspect réseau que leur parcours professionnel les conduit vers des univers très différents. Il y a ces quatre premières années d'inspection avec les tournées et, ensuite, chacun s'égaille dans la nature et ne se recroise plus. Ils ont compensé ça par une espèce d'amicale assez charpentée. Le Conseil d'État, avec plus de la moitié de ses membres en activité dans l'institution elle-même, s'apparente davantage à une collectivité de travail, avec des liens nés d'un long compagnonnage professionnel. » Laurent Solly reconnaît aussi l'existence des réseaux d'énarques. « Il peut y avoir de l'amitié, de la sympathie, de la reconnaissance entre des hommes et des femmes qui se sont côtoyés jeunes durant leurs études. Il peut y avoir des mécanismes assez classiques de minorités, étant donné le nombre de critiques que cette école a dû essuyer. Il peut y avoir des réseaux d'entraide sur le mode : *Est-ce que tu ne peux pas recevoir untel qui cherche du travail ?* Le corps de l'Inspection des finances est le plus actif, mais le plus puissant de tous est celui des Mines. Tout cela ne me choque pas parce que je reste persuadé qu'on est jugé, *in fine*, sur son travail. »

On s'entraide entre énarques tant qu'on a besoin les uns des autres. Ségolène Royal, François Hollande et Dominique de Villepin ne se sont pas rendus aux trente ans de la soirée de la promotion Voltaire donnée en 2010. Ils sont devenus, entre-temps, concurrents.

IV. Le grand saut

«Je mettais TTU, très très urgent»
(Matthieu Pigasse)

Les héros de Milan Kundera se bâtissent sur «la maison désolée de leur lyrisme» dans un adieu à une jeunesse rêvée de cap et d'épée. La véritable confrontation avec la réalité du pouvoir et avec la force des compromis commence ici. Ils ont forcément abandonné, en cours de route, un peu ou beaucoup des valeurs, rêves, idéaux de leur jeunesse.

La vie peut défaire ce que le classement a fait. Si l'on avait dû parier à l'époque sur un groupe de quatre énarques de la même promotion tous passionnés par la chose politique, Jean-François Copé, Renaud Dutreil, Nicolas Dupont-Aignan, François Werner, c'est Jean-François Copé qui serait arrivé bon dernier. Il est le seul des quatre à être aujourd'hui sur le devant de la scène politique. Christian Frémont possède une vue d'ensemble sur la trajectoire de nombre d'énarques, puisqu'il les a connus alors qu'il était directeur des stages à l'ENA. Il n'est pas étonné par la trajectoire des uns et des autres et surtout pas par celle de Jean-François Copé. «Il y a 10 % de surprises parce qu'il faut compter avec les accidents de la vie et les erreurs de jugement. Mais quand je m'amuse à relire mes notes d'autrefois sur les uns et les autres, je m'aperçois que, pour la grande majorité, les traits de caractère n'ont pas changé d'un millimètre. Jean-François Copé était fait pour la politique, Emmanuel Hoog avait un esprit imaginatif et créatif, Martin Hirsch avait le cœur en bandoulière. On devinait déjà que Denis Olivennes et Nicolas Bazire allaient réussir.»

1. La rencontre avec Édouard Balladur (1988-1995) « Il y a toujours une brune piquante dans ce genre d'histoire » (Nicolas Bazire)

Au bout de quatre ans à la Cour des comptes, on doit partir dans une administration ou dans une entreprise publique. Nicolas Bazire passe quinze mois à Thomson. Il y entre comme chargé de mission auprès du secrétaire général de Thomson. Nicolas Bazire travaille pour la première fois dans une entreprise. Le chargé de mission des auditeurs auprès du Premier président à la Cour des comptes, qui répartit les « ménages », s'appelle Yves Rolland. Il connaît Jean-Marie Messier (promotion 1982) qui travaille alors aux côtés d'Édouard Balladur. Jean-Marie Messier a décidé de rejoindre la banque Rothschild et doit trouver quelqu'un pour assister Édouard Balladur. Yves Rolland met Jean-Marie Messier et Nicolas Bazire en contact. Jean-Marie Messier présente Nicolas Bazire, en juillet 1988, à Édouard Balladur. Le courant s'établit immédiatement entre les deux hommes. Nicolas Bazire travaille en fin de journée, en plus de Thomson, pour Édouard Balladur sur des problèmes intellectuels et non politiques, du type « qu'est-ce que le marché ? ». Nicolas Bazire rencontre, durant cette période, Nicolas Sarkozy, dont il deviendra un ami intime. Il sera son témoin lors de son troisième mariage, avec Carla Bruni, le 2 février 2008. Édouard Balladur a une expérience à la fois dans le monde de l'entreprise et dans le monde de la politique. Nicolas Bazire en fait le portrait d'un homme de son temps et d'un homme d'un autre temps. « Un homme littéraire et cultivé ayant une totale absence de démagogie et une connaissance profonde du monde de l'entreprise. Édouard Balladur a travaillé durant douze ans dans le privé. Quand il est revenu auprès de Jacques Chirac il avait, à la fois, une expérience de Secrétaire général de l'Élysée auprès de Georges Pompidou, mais aussi une expérience de dirigeant d'entreprise. Il possède une vision originale. Il est à la fois littéraire (il lit beaucoup) et concret (il connaît le monde économique). Il est différent des autres. » Nicolas Bazire devient en 1993, à 36 ans, directeur de cabinet d'Édouard Balladur pour deux ans. Édouard Balladur est alors Premier ministre en pleine période de cohabitation avec François Mitterrand. « On était indépendants, mais sous surveillance constante. J'avais des relations quotidiennes avec Hubert Védrine que je qualifierais à l'époque de cordiales mais attentives. » Nicolas Bazire côtoie François Mitterrand tous les mercredis, après le Conseil des ministres, pour les questions internationales. « On débattait des sujets internationaux et à l'époque c'étaient essentiellement les questions de l'ex-Yougoslavie. François Mitterrand allait au fond des choses. Il était dans le détail. Je l'ai toujours vu, dans ces réunions, parfaitement à son affaire. »

Il y aura, entre 1993 et 1995, des moments forts dont le suicide de Pierre Bérégovoy, la crise monétaire de 1993, la prise d'otage de l'Airbus, la révision de la loi Falloux, les accords du GATT (accord général sur les tarifs douaniers et le commerce), le CIP (contrat d'insertion professionnelle). Sonia Samadi est alors à la tête de la FIDL (Fédération indépendante et démocratique lycéenne) contre le CIP. Nicolas Bazire se souvient d'une réunion, avec Sonia Samadi, à Matignon. « Édouard Balladur pourrait dire d'elle que c'est une brune piquante parce qu'il y a toujours une brune piquante dans ce genre d'histoire. Les protestations contre le CIP s'éternisaient. On avait fini par faire une réunion à Matignon. Il y avait le Premier ministre, le ministre de l'Éducation nationale, François Bayrou, qui était de droite à l'époque et il y avait aussi Nicolas Sarkozy parce que c'est Nicolas Sarkozy. On était une bonne douzaine en tout. On se retrouve tous dans l'actuel bureau de François Fillon, une immense pièce avec cartons de Boucher aux murs, fauteuils Louis XV très dorés et tapis de la Savonnerie, avec cette jeune fille de terminale. Bon. Elle est arrivée et a vaguement regardé le truc autour d'elle. Édouard Balladur, toujours très très posé et très très convenable, a à peine eu le temps de dire trois mots que Sonia Samadi lui a coupé la parole : *Écoutez, si vous êtes là pour me faire perdre mon temps, ce n'est pas la peine, je n'ai pas que ça à faire, donc au revoir !* Elle s'est levée et elle est partie. Un culot monstrueux. Il y avait dehors, autour d'elle, la presse du monde entier. Elle a fait sa conférence de presse : *On est là pour avoir des réponses concrètes à des problèmes concrets. Édouard Balladur veut nous faire perdre notre temps, alors j'ai décidé de quitter la réunion.* Moi, à 17 ans, en maths spé, avec Valéry Giscard d'Estaing comme président de la République et Jacques Chirac comme Premier ministre, même si j'avais été bardé de diplômes, je ne me voyais pas entrer dans leur bureau et leur dire : *ça suffit, vous me faites perdre mon temps !* J'ai trouvé la fille forte. Même Nicolas Sarkozy n'en revenait pas. » La tentative de réforme de la loi Falloux favorable aux établissements privés jette, le 16 janvier 1994, autour d'un million de personnes dans la rue. « Il ne s'est, en fait, rien passé du tout. Le comte Alfred de Falloux est devenu le porte-parole de la gauche. On a voulu toiletter la loi Falloux et la gauche s'en est emparé en disant qu'il ne fallait surtout pas y toucher. C'est comme si Édouard Balladur devenait une icône trotskiste dans cent ans. » Nicolas Bazire vivra aussi la prise d'otage du vol 8669 Air France reliant Alger à Paris du 24 au 26 décembre 1994. Nicolas Bazire et Nicolas Sarkozy se retrouveront dans le même bureau, à côté d'Édouard Balladur corrigeant un article de *Connaissance des arts*, en train de regarder la prise d'assaut en direct à la télévision. « J'avais Charles Pasqua dans une oreille et Hubert Védrine dans l'autre – François Mitterrand était à Venise, mais on l'ignorait à l'époque – et Hubert Védrine me disait : *Est-il exact qu'il y a eu deux morts ?* et comme je n'étais pas au courant, je me tournais vers Charles Pasqua qui me disait : *Mais, qui peut vous dire des conneries pareilles ?* »

2. La rencontre avec Pierre Bérégovoy (1991-1993)
« il était méprisé » (Denis Olivennes)

Denis Olivennes rencontre, lors de sa dernière année à la Cour des comptes (1991), par l'intermédiaire de son ami Henri Weber et de sa belle-sœur Pervenche Berés, Laurent Fabius. Il est alors président de l'Assemblée nationale. Denis Olivennes travaille un temps, clandestinement, comme conseiller social auprès de Laurent Fabius. Il s'ennuie. « Je me suis rendu compte que le président de l'Assemblée n'avait aucun pouvoir – et son conseiller social encore moins ! – donc je peignais la girafe. » L'énarque Guillaume Hannezo, en poste au cabinet de Pierre Bérégovoy, propose à Denis Olivennes de venir travailler auprès de Pierre Bérégovoy pour lui écrire ses discours et rejoindre la cellule sociale du cabinet. La rencontre a lieu, la première fois, dans son bureau, entre deux rendez-vous. Le Premier ministre signe des parapheurs, tête baissée, sans faire attention à son interlocuteur. Mais, peu à peu, la conversation se noue autour de souvenirs politiques communs. Pierre Bérégovoy découvre qu'ils se sont déjà rencontrés lorsque Denis Olivennes militait dans les Jeunesses socialistes. Ils s'étaient alors heurtés. On est à une période de la gauche où les cabinets sont remplis de technocrates. Il y a de moins en moins de véritables socialistes. Pierre Bérégovoy est content de parler politique. La secrétaire entre : Pierre Bérégovoy doit se rendre au Mémorial juif de la Shoah, dans le marais, classé enfin monument historique en 1991. Il embarque Denis Olivennes, dans sa voiture, pour poursuivre la conversation. Ils arrivent au Mémorial. « Il y avait l'exposition des photos, toutes plus épouvantables les unes que les autres, et les gens qui bavardaient gaiement autour parce que c'était un cocktail. Pierre Bérégovoy fait son discours. On revient en voiture. Ce n'était plus le même homme. Il reste concentré et silencieux puis me dit : *Excusez-moi, pour votre génération, cela n'a pas beaucoup de signification. Mais j'ai découvert ces images à la Libération, alors que j'étais un jeune résistant, et ça a marqué un avant et un après dans ma vie. Le monde n'a plus le même visage pour moi depuis que j'ai vu ces photos.* J'ai alors perçu, chez ce petit bonhomme ukrainien, son épaisseur humaine. Il avait mille et un défauts mais cet aspect-là de lui n'a jamais été démenti. Il n'avait aucune hypocrisie sociale. Quand Laurent Fabius ou Édouard Balladur sortent d'une émission de télévision, ils savent qu'on ne se tourne pas vers ses collaborateurs pour leur dire : *Alors, comment j'ai été ?* Ils ont une certaine idée d'eux-mêmes qui les empêche de faire ça. Alors que lui, il demandait : *J'ai été bon ?* Pierre Bérégovoy n'appartenait pas à la bourgeoisie. Il y a quand même un processus de reproduction sociale, conscient ou inconscient, où l'on choisit ceux qui sont nos pairs. Ce qui est valorisé dans les dîners en ville, c'est le brio, l'humour, le *small talk* et pas l'intensité humaine dont Pierre Bérégovoy était pourvu. Et d'ailleurs, plus on est cynique, plus on est drôle, plus on est brillant, plus on est aimé lors des mondanités. Les qualités de Pierre Bérégovoy, la sincérité, le courage, le sens de la responsabilité, sont d'une platitude terrible pour un dîner en ville donné dans la bonne société. Je ne veux pas réécrire l'histoire, Pierre Bérégovoy avait ses défauts. Mais, il était dépourvu de réseaux et de vernis social. Il était méprisé pour ça, même si personne ne l'aurait exprimé à voix haute. Le seul dirigeant ouvrier que la gauche ait produit, c'était lui et il était méprisé. Les autres, Lionel Jospin, Pierre Joxe, Martine Aubry, Ségolène Royal, Laurent Fabius, sont tous des énarques de plus ou moins bonne famille. » Denis Olivennes le suivra à Matignon. Il sera avec l'énarque Hervé Hanoun, directeur de cabinet, parmi sa garde rapprochée.

3. Le suicide de Pierre Bérégovoy (1er mai 1993) « Le moment le plus fort que j'aie vécu en politique » Nicolas Bazire

Pierre Bérégovoy, qui disait aux journalistes « vous ne me parleriez pas comme ça si j'étais énarque », se suicide le samedi 1er mai 1993 à Nevers. Nicolas Bazire est depuis peu de temps directeur de cabinet d'Édouard Balladur (29 mars 1993) quand il reçoit à Matignon, à 18 heures, un coup de fil du préfet de la Nièvre lui annonçant que Pierre Bérégovoy s'est tiré une balle dans la tête. Nicolas Bazire se rend au Val-de-Grâce où François Mitterrand et Laurent Fabius attendent l'hélicoptère qui ramène Pierre Bérégovoy encore vivant. Ils sont rejoints par Édouard Balladur. Pierre Bérégovoy meurt dans l'hélicoptère qui le ramène à l'hôpital. Nicolas Bazire est, pendant tout ce temps-là, aux côtés d'un François Mitterrand sombre. Il l'entendra dire, dans le hall du Val-de-Grâce, « eh bien, la boucle est bouclée ». Fin d'une amitié, d'une aventure collective, d'une époque. « Je ne sais pas encore aujourd'hui ce que François Mitterrand a voulu dire par là. Il venait d'apprendre le suicide de Pierre Bérégovoy, c'était la nuit, il ne parlait pas devant la presse. Il y a eu, après, beaucoup de politique autour du suicide de Pierre Bérégovoy puisqu'on a accusé ses amis socialistes de l'avoir délaissé. Mais là, François Mitterrand semblait se parler à lui-même. C'est le moment le plus fort que j'aie vécu durant mon passage à Matignon. Je n'ai pas de lecture politique de ce suicide. Pierre Bérégovoy se retrouvait seul mais pas plus que Michel Rocard quand il a été chassé le 22 juin 1988 ou qu'Édouard Balladur quand il a perdu les élections en 1995. On avait pensé créer une commission du bilan mais on y a immédiatement renoncé. On ne pouvait pas faire le bilan d'un homme qui venait de se suicider. » Jean-François Copé voit dans le cumul des malheurs – l'injustice de l'épreuve, les attaques personnelles, la solitude politique – la raison de son suicide. « On avait à l'époque un ami commun, Paul Benmussa, patron du restaurant Edgard, à qui il se confiait. Pierre Bérégovoy souffrait beaucoup d'avoir été lâché par François Mitterrand. » Emmanuel Hoog est au théâtre national de l'Odéon lorsqu'il apprend le suicide de Pierre Bérégovoy. Il y voit la mort d'une certaine gauche et l'injustice médiatique. Tous se souviennent du discours hommage de François Mitterrand et du passage où il dénonce ceux qui ont « livré aux chiens l'honneur d'un homme ».

Le suicide de Pierre Bérégovoy est un des événements qui a le plus marqué Matthieu Pigasse. « Je me souviens encore de l'instant. Quand je l'ai appris, j'étais allongé sur un lit, en train de regarder la télévision, un samedi soir. Je n'ai jamais rencontré Pierre Bérégovoy, mais j'ai pourtant ressenti une immense et intense tristesse. Il a représenté pour moi, alors, l'isolement ultime. Je suis arrivé au ministère des Finances en 1994. L'administration des Finances, et particulièrement la direction du Trésor, fonctionne de manière affective avec ses ministres. Elle jugeait que le ministre qui avait le plus marqué les Finances, ces trente dernières années, était Pierre Bérégovoy. Il a incarné le meilleur de l'engagement pour un pays, mais il a aussi montré que rien ne dure. Les politiques sont soumis aux modes médiatiques et ont besoin d'un entourage solide. Il a connu un acharnement injuste. Il était intègre et il a été sali. Les Japonais parlent de la noblesse de l'échec. C'est la spirale qui conduit jusqu'à la mort. » On reprochait notamment à Pierre Bérégovoy un prêt de 1 million de francs, consenti par Roger-Patrice Pelat, pour l'achat d'un appartement. Denis Olivennes évoque un processus de décompression pour tenter d'expliquer le suicide. « Quand on est issu d'une bonne famille, on a, en cas de coup dur, des étais pour maintenir de soi une image positive. On a ses titres, sa famille, ses diplômes, ses amis. Pierre Bérégovoy était un self-made-man. Son image positive était entièrement contenue dans son accomplissement professionnel. Il faut avoir une force inouïe pour être un self-made-man. Cela n'a rien à voir avec un fils de bonne famille qui accumule des diplômes. Il avait rêvé d'être Premier ministre puis pensait avoir échoué dans cette fonction parce qu'il était arrivé à un moment où il ne pouvait plus rien faire. Quand il a été remis en cause dans son honneur, tout s'est lézardé puis effondré. »

Laurent Solly parle de la dureté de la vie politique. « J'ai vécu un suicide dans ma famille. Cette tragédie porte, en plus, la culpabilité sur les entourages, qui n'ont pas besoin de ça. Le suicide de Pierre Bérégovoy s'inscrit dans les derniers mois de la présidence de François Mitterrand avec des polémiques violentes. Je me suis rendu compte quelques années après, en côtoyant le pouvoir à un niveau élevé, de ce qu'avait dû être la solitude de cet homme. Il faut avoir une force intérieure considérable pour supporter ces ruptures si violentes dans la vie. Vous êtes Premier ministre, le pays est focalisé sur chacune de vos décisions, et en quelques heures vous devenez presque monsieur Tout-le-monde. Il portait, en plus, le poids injuste de la défaite et du déshonneur. Il n'était pas né dans les beaux quartiers et il n'avait pas fait de grandes écoles. Tout ça s'est focalisé durant un moment d'abandon vécu certainement comme total. J'imagine la dureté des derniers jours pour lui et sa famille. La politique est une activité extrême qui peut conduire à des issues extrêmes. La violence permanente subie peut aussi s'exprimer contre soi-même. Le destin de Pierre Bérégovoy est, dans sa vie comme dans sa mort, exceptionnel. » L'échec et la réussite ressemblent parfois à deux trains se percutant à pleine vitesse. Alexandre Bompard parle de la fragilité des positions. « Il faut garder en tête que la fin des responsabilités, pour un patron ou un homme politique, peut être d'une violence inouïe. Le téléphone qui ne sonne plus, la vie très organisée qui s'arrête, les quelques trahisons des anciens coéquipiers. La solitude. » Sophie Boissard a été aussi marquée par le suicide de Pierre Bérégovoy. « Je l'ai vécu comme le point d'orgue d'une période funèbre. On avait l'impression d'avoir assisté à une déliquescence du pouvoir ponctuée par un coup de revolver. »

4. Le scandale du sang contaminé (1991-1999) « Vous avez une bonne tête » (Martin Hirsch)

Les premiers cas de SIDA sont connus en 1981. Le scandale du sang contaminé éclate en 1991 avec un article d'Anne-Marie Casteret dans *L'Événement du* jeudi prouvant que le Centre national de transfusion sanguine avait distribué en connaissance de cause, de 1984 à 1985, des produits sanguins, dont certains contaminés par le virus du SIDA, à des hémophiles. On découvrira peu à peu qu'il y a eu retard dans la politique du dépistage, absence de sélection des donneurs de sang, interdiction trop tardive des produits sanguins non chauffés. Martin Hirsch est alors conseiller juridique au ministère de la Santé et de l'Action humanitaire (1992-1993). Il travaillera avec un médecin, Philippe Duneton, sur la réforme de la transfusion sanguine post-sang contaminé. L'affaire est porteuse de multiples questions, comme le fonctionnement du corps médical et le mélange entre intérêt général et préoccupation financière. Martin Hirsch se souvient de la prise de position de Laurent Fabius sur l'exclusion du don du sang des homosexuels, lui valant d'être accusé de tous les maux ; de ses formules (le « je viens vous demander de m'accuser d'un crime que je n'ai pas commis » par lequel il demandait en 1992 sa comparution) ; de la cruauté d'une justice à petit feu. Une nouvelle forme de la maladie de Creutzfeld-Jacob apparaîtra, en 1996, en Angleterre. « On se pose déjà des questions sur la maladie de Creutzfeld-Jacob. Quand on crée l'Agence du sang, on impose aux centres de transfusion sanguine de demander aux gens s'ils ont été, ou non, traités à l'hormone de croissance. Je me rappelle alors avoir été dans un centre pour donner mon sang. Personne ne me demande si j'ai été traité à l'hormone de croissance. Je dis au type : *Vous ne respectez pas les circulaires ?* Il me répond : *Avec votre tête, ce n'est pas la peine.* Philippe

Duneton et moi, pour se forcer à penser la question, avons écrit en 1995, *L'Affolante Histoire de la vache folle* (Balland). » Denis Olivennes sera amené, de son côté, à faire une contre-enquête sur le scandale du sang contaminé qui contribuera à prouver l'innocence de Laurent Fabius. Denis Olivennes suit, à la Cour des comptes, les questions sociales. Il a accès en 1991 au rapport de l'Inspection des affaires sociales de Michel Lucas, inspecteur général des affaires sociales, mettant au jour les dysfonctionnements liés au système de transfusion sanguine. Denis Olivennes découvre que la France est à la veille d'une erreur politico-judiciaire. Il se rend compte que Laurent Fabius est innocent des accusations portées contre lui. Un autre homme apportera plus tard la pièce manquante au dossier. Aquilino Morelle (promotion 1991), issu d'un milieu ouvrier, sera repéré lors du Grand Oral de l'ENA par Pierre Moscovici (promotion 1984). On apprendra grâce à lui, alors en poste à l'Inspection générale, que la surcontamination française était en grande partie liée au fait qu'on avait continué à prélever du sang dans les prisons. Aquilino Morelle rencontrera Lionel Jospin, dont il deviendra conseiller, en 1996. Laurent Solly conclut que le scandale du sang contaminé a introduit un avant et un après pour le pouvoir et l'administration. Le rapport à la responsabilité a été repensé. « Cela a été pour le pays un immense choc et pour le pouvoir politique, dans son acte de décision et son acte de responsabilité, un tournant. Le principe de précaution est devenu central. »

5. La santé et le social (1995)
« Des gardes du corps » (Martin Hirsch)

Martin Hirsch devient directeur de la pharmacie centrale des hôpitaux en 1995. Un établissement au sein de l'Assistance publique dont le rôle est de fabriquer et de distribuer les médicaments aux malades. Elle avait été responsable des hormones de croissance contaminées. « J'ai été confronté à un établissement en crise. Il fallait enquêter, renvoyer, contrôler. C'est la seule période de ma vie où j'ai eu des gardes du corps. J'avais un instinct de survie permanent. Cela m'a tanné le cuir. »

Martin Hirsch : sur le fil

Il n'entre dans aucune case. Le seul procès qu'on puisse lui faire est un procès en sincérité. Les sabots de l'abbé Pierre l'ont conduit sous les ors de la République. Les bons sentiments l'ont hissé, aussi sûrement que les mauvais, au sommet du pouvoir. Il est arrivé aux plus hautes fonctions sans renier ses convictions ou alors ses convictions l'ont mené aux plus hautes fonctions. « J'ai voulu être médecin pour sauver des vies. Je trouvais que je n'avais pas les capacités d'être un bon médecin. Je me suis dit que je tenterais de sauver des vies en me consacrant, non à la médecine, mais à la politique de santé. Je n'en ai pas dévié, même en sarkozie. » Martin Hirsch fait facilement oublier ses origines de grand bourgeois et son passage dans le gouvernement de Nicolas Sarkozy. On lui pardonne tout parce qu'il est atypique ou on ne lui pardonne rien parce qu'il est atypique. Au choix. « Mon patchwork d'études m'a apporté une exigence intellectuelle (Normale supérieure), une préoccupation sociale (la médecine), une dimension générale (ENA). Tout m'a été utile, tout le temps. »

Martin Hirsch, né en décembre 1963, se dit désordonné et désorganisé. Il ne cessera d'annuler puis de reporter les rendez-vous. Il a une image puissante et positive auprès du public. « Je tente de ne pas enjoliver mon image et de rester dans la conviction. Il y a des bulles d'images qui sont aussi fortes que des bulles spéculatives. Il ne faut pas s'étonner qu'elles explosent un jour. Il faut incarner ses combats auprès des médias. C'est hyper-déplaisant et hyper-agréable à la fois. On est sur le fil. Il y a toujours la possibilité que le plaisir de montrer sa bouille l'emporte sur le devoir de faire des choses. » Il est bouillonnant, colérique, humain, inattendu, malin, rancunier. Ses proches témoignent de ses emportements et de ses désintéressements. On lui reproche fréquemment son côté donneur de leçons. On entendra les uns et les autres dire, au cours des différents entretiens sur l'ENA, « enfin, moi, je ne suis pas comme Martin Hirsch, je ne veux pas donner de leçons ».

Laurent Desmard, ancien secrétaire particulier de l'abbé Pierre, côtoie Martin Hirsch depuis des années. Martin Hirsch était président d'une fédération d'Emmaüs, dans laquelle Laurent Desmard était salarié, quand ils ont fait connaissance. Il décrit un Martin Hirsch disponible et accessible, attachant et affectueux. Porte grande ouverte. Il se souvient qu'il a fallu s'habituer à son humour grinçant qui en déstabilise, encore aujourd'hui, plus d'un. C'est toujours, avec lui, la même question : mais comment faut-il le prendre ? Laurent Desmard parle d'un coup de foudre entre un homme directif (un énarque) et une organisation éclatée (Emmaüs). Cela a fonctionné, malgré le côté centralisateur de Martin Hirsch.

On reprochera au père du RSA d'avoir servi de caution morale à une politique de droite lors de son passage dans le gouvernement de Nicolas Sarkozy. Laurent Desmard, homme de gauche, ne porte aucun jugement. « Il sait toujours ce qu'il fait. » Tous témoignent d'un Martin Hirsch extrêmement mal à l'aise dans le gouvernement de Nicolas Sarkozy et ayant éprouvé un véritable soulagement à en partir à grandes enjambées. Il est redevenu, du jour au lendemain, détendu avec son entourage.

Son entrée chez Emmaüs marque, dans sa carrière de haut fonctionnaire et dans sa vie d'homme, un avant et un après. Laurent Desmard en témoigne. « Ceux qui disent que Martin Hirsch s'est servi du mouvement pour mener une carrière personnelle ont tort. Martin Hirsch est venu, dans un premier temps, en curieux chez Emmaüs, mais le combat pour les gens en difficulté l'a peu à peu happé. » La communauté d'Emmaüs et le brillant énarque : ils se sont aidés l'un l'autre. C'est la définition même des amitiés.

6. La rencontre avec Bernard Kouchner (1997-1999)
« Il a réussi avec les énarques » (Martin Hirsch)

La vraie rencontre a lieu en 1997. Kouchner et Hirsch : l'intuitif et le cérébral, le trop sûr de lui et le pas assez sûr de lui, le mondain et l'atypique. « On était complémentaires. Il était parfois difficile de travailler avec lui, mais cela fonctionnait bien. Si l'on prend tous les membres d'un gouvernement venant de la société civile, il est celui qui, sur le long terme, a le mieux réussi. Les membres de la société civile expliquent le plus souvent qu'ils ont échoué à cause des énarques, lui reconnaîtrait aisément qu'il a réussi avec les énarques. Il sait travailler avec les technos. Ses directeurs de cabinet, comme Jean-Baptiste de Foucauld, Jean-Maurice Ripert, Thierry Donguet ou Didier Tabuteau, ne sont pas de la petite bière. Il a une véritable intuition face aux situations. Je lui ai tenu tête au début puis j'ai compris qu'il fallait, non pas contrer ses intuitions, mais les traduire. Il ne faut pas oublier que Bernard Kouchner a inventé le Fonds mondial contre le sida, en 1997, lors de la conférence d'Abidjan, dans le scepticisme le plus complet. » La grande période de Bernard Kouchner, les années 1992-1993, est derrière lui. Martin Hirsch devient directeur de cabinet de Bernard Kouchner au secrétariat d'État à la santé et à l'action sociale et conseiller chargé de la santé au cabinet de Martine Aubry au ministère de l'Emploi et de la Solidarité. Il arrive à une période compliquée. Bernard Kouchner est le secrétaire d'État de Martine Aubry. Les relations sont polaires entre deux fortes personnalités.

Les crises sanitaires se multiplient, au-delà du cas de la vache folle : les premières plaintes, en 1997, des patients contaminés par la bactérie xenopi à la Clinique du sport, la période des listérias, le vaccin Hépatite B. « J'ai tenté de contribuer à construire une doctrine de sécurité sanitaire : comment on répond aux risques, comment on ne caricature pas le principe de précaution ? » Tout cela a abouti à la création de l'AFSSA (Agence française de sécurité sanitaire des aliments) en 1999 dont Martin Hirsch devient le directeur général jusqu'en 2005. La crise de la vache folle, qui a éclaté en 1996, démontre que 1) les conflits d'intérêt sont les poisons de la démocratie, et que 2) la qualité de l'expertise scientifique est fondamentale.

7. La rencontre avec Dominique Strauss-Kahn (début 1998-fin 1999)
« On vous encense puis on vous détruit » (Matthieu Pigasse)

Le gouvernement de Lionel Jospin se forme en juin 1997. Dominique Strauss-Kahn est nommé ministre de l'Économie et François Villeroy de Galhau devient son directeur de cabinet. Le ministre de l'Économie fait partie de ce qu'on appelle, à l'époque, la *dream team* de Lionel Jospin. Nicolas Théry est choisi comme conseiller technique. Matthieu Pigasse n'a pas encore rempli les quatre ans durant lesquels on ne doit pas changer d'administration et, de plus, au bout de ce délai, on n'a pas le droit de rester dans le même ministère. Il songe, un temps, à partir en mobilité au Credit Lyonnais Securities Asia faire du trading à Hong Kong. Il rencontre, à cet effet, Jean Peyrelevade et Pascal Lamy. Mais il est rattrapé par la manche, au dernier moment, par François Villeroy de Galhau. Matthieu Pigasse rejoint donc le cabinet de Dominique Strauss-Kahn de manière officieuse. Il devient conseiller technique, au début adjoint de Nicolas Théry, sur les sujets financiers et sur les privatisations. Il se retrouve dans un minuscule bureau.

L'aventure est passionnante. Il suit les différentes privatisations (Crédit lyonnais, CIC, Gan, banque Hervet...). Il est chargé de mener à bien la réforme des Caisses d'épargne. Elles ne sont pas, à l'époque, des établissements bancaires de plein exercice et le deviendront par la loi ESF (épargne et sécurité financière) adoptée en 1999. Ça sera son dossier. Il va contribuer à élaborer le projet de loi puis à défendre le projet de loi derrière le ministre au Parlement. Il mènera les différentes réunions avec les syndicats des Caisses d'épargne pour expliquer, soutenir, négocier la réforme de statut et avec les dirigeants du groupe Caisses d'épargne pour faire en sorte que leurs contraintes et objectifs soient pris en compte. La deuxième phase sera l'adoption par le Parlement. Le projet de loi, une fois adopté par le Conseil des ministres, est présenté à l'Assemblée nationale puis au Sénat pour être débattu et voté. Il y a tout un travail d'amendements et de discussions avec les différents groupes dont le groupe communiste. Il y a aussi la discussion parlementaire elle-même qui dure des heures. Le ministre doit répondre à chaque article, chaque amendement, chaque prise de parole. Matthieu Pigasse se retrouve physiquement aux côtés de Dominique Strauss-Kahn pour l'aider à répondre, lorsque c'est nécessaire, soit en lui parlant à l'oreille, soit en lui écrivant des notes. Il écrit en lettres capitales donc cela lui prend, chaque fois, beaucoup de temps. Il passera des nuits entières à lui rédiger des notes ou à lui souffler à l'oreille. Il souligne qu'il n'existe pas de meilleure école. Matthieu Pigasse s'occupera, après la réforme des Caisses d'épargne, de la privatisation du Crédit foncier de France puis de la création d'EADS. Il se souvient de face-à-face entre Dominique Strauss-Kahn et Jean-Luc Lagardère abordant à mains nues, sans avoir recours aux conseillers, les questions juridiques et financières.

La rencontre avec Dominique Strauss-Kahn se fera en plusieurs temps. Matthieu Pigasse débute au sixième étage de Bercy comme plus jeune conseiller dans le grade le moins élevé. Il se retrouve dans un petit bureau tout au bout du couloir. Après son bureau, rien, si ce n'est les appartements du ministre. Car moins on est important, plus on est loin du bureau du ministre. Matthieu Pigasse travaille porte ouverte. Dominique Strauss-Kahn s'arrête, de temps en temps, pour discuter avec son turbulent conseiller. Une relation se noue. Il y aura ensuite les interminables débats à l'Assemblée nationale. Une confiance se crée. Matthieu Pigasse acquiert des responsabilités de plus en plus importantes au sein du cabinet. Il accompagnera, enfin, Dominique Strauss-Kahn et sa femme, Anne Sinclair, dans les voyages à l'étranger. Une amitié se développe. Dominique Strauss-Kahn puis Laurent Fabius seront les deux rencontres politiques majeures de Matthieu Pigasse. « Ils forment une même médaille, celle de la gauche moderne, avec deux faces différentes. Laurent Fabius est du matin, fonctionne à l'écrit, est dans la décision. Dominique Strauss-Kahn est du soir, fonctionne à l'oral, est dans la discussion. » Matthieu Pigasse fait partie de ce qu'on appelle les Strauss-Kahn boys. La caractéristique du cabinet de Dominique Strauss-Kahn, composé par lui et par son directeur de cabinet, François Villeroy de Galhau, est son éclectisme. Ils viennent tous d'horizons divers. Les anciens syndicalistes (Philippe Granjon), les politiques (Gilles Finchelstein), les économistes (Jean Pisani-Ferry), les technos (Nicolas Théry, Frédéric Lavenir). L'énarque Stéphane Keita est chef de cabinet et conseiller du ministre des Finances. Ils ont encore aujourd'hui des liens forts les uns avec les autres. Matthieu Pigasse insiste, sans surprise, sur l'intelligence de Dominique Strauss-Kahn. « On ignore trop qu'il a une discipline de fer. Il joue aux échecs et résout des problèmes de mathématiques à longueur de journée. Il m'a appris deux choses. La nécessité de se maintenir en éveil en permanence et la conviction qu'il faut rester calme car tout peut se gérer. On apprend ça avec les mathématiques : il n'existe pas de problème insoluble. » Matthieu Pigasse accompagnera Dominique Strauss-Kahn, avec Anne Sinclair, lors de son dernier voyage officiel en Asie. Ils partent au Japon puis au Vietnam et apprennent là, au Vietnam, les accusations portées contre lui dans l'affaire de la

MNEF. Le voyage est brutalement interrompu. On met en cause le rôle de consultant de Dominique Strauss-Kahn lorsqu'il était avocat. La mutuelle étudiante est accusée d'avoir créé un système d'enrichissement personnel et d'emplois fictifs en faveur de sa direction et des membres du parti socialiste. Elle a versé plus de 90 000 euros au ministre de l'Économie, alors qu'il était avocat en 1997, pour des négociations. Les justificatifs d'honoraires, produits par Dominique Strauss-Kahn pour prouver sont innocence, sont antidatés. Dominique Strauss-Kahn annonce sa démission le 2 novembre 1999. Matthieu Pigasse en a tiré une leçon de vie et à vie. « J'ai vu la façon dont les choses, là encore, se retournent brutalement et rapidement. On vous encense puis on vous détruit. En quelques jours, voire en quelques heures, il faut renoncer à tout. » Dominique Strauss-Kahn sera blanchi plus d'un an plus tard. Matthieu Pigasse aura l'occasion de méditer à nouveau sur l'impermanence des choses lorsque Dominique Strauss-Kahn sera accusé, le 15 mai 2011, d'agression sexuelle et de tentative de viol sur une employée de l'hôtel Sofitel de New York. D'une suite à 3 000 euros la nuit aux geôles de la prison de Rickers Island. Sexe et argent. Dominique Strauss-Kahn incarne dorénavant pour eux la tragédie du pouvoir. Tout peut s'arrêter du jour au lendemain. Qu'on soit coupable ou non.

8. La rencontre avec Laurent Fabius (1999-2002) « Ça sent le haschich dans les couloirs » (Matthieu Pigasse)

Emmanuel Hoog, Denis Olivennes et Matthieu Pigasse ont travaillé avec Laurent Fabius. Emmanuel Hoog rencontre Laurent Fabius en 1997. Il le décrit comme réservé, introverti, silencieux. On est dans la période du procès du sang contaminé. « On avait le sentiment d'une injustice et d'une incompréhension totale. Il était d'une immense dignité. Il vivait, et son équipe à travers lui, une épreuve. Il nous répétait pourtant : *Ce n'est rien à côté de ceux qui sont dans la souffrance de la mort.* » Laurent Fabius comparait en février et mars 1999, devant la Cour de justice de la République, pour homicide involontaire. Il sera relaxé. Emmanuel Hoog découvre le Parlement de l'intérieur et gère la naissance de la chaîne LCP (la chaîne parlementaire). Laurent Fabius est nommé ministre de l'Économie (2000-2002). Emmanuel Hoog suit Laurent Fabius de 2000 à 2001 au ministère de l'Économie, des Finances et de l'Industrie, pour s'occuper de la culture et de la communication, où il rencontre Matthieu Pigasse.

Le conseiller technique de Dominique Strauss-Kahn se retrouve en suspens au ministère des Finances. Le cabinet de Dominique Strauss-Kahn, suite à sa démission, a été dissous. Matthieu Pigasse n'a jamais rencontré Laurent Fabius. Mais Matthieu Pigasse a été l'élève de Nicolas Théry à l'ENA, a travaillé sous ses ordres au Trésor, a été son conseiller technique au cabinet de Dominique Strauss-Kahn. Laurent Fabius a bien du mal à trouver un directeur de cabinet. L'énarque Jean Bassères – aujourd'hui à la tête de l'IGF – a démissionné au bout de huit jours pour raisons personnelles. Matthieu Pigasse se trouve dans le bureau de Nicolas Théry lorsque Laurent Fabius appelle Nicolas Théry pour lui proposer d'être son directeur de cabinet avec comme directeur adjoint le jeune inspecteur des finances Bruno Crémel : « Est-ce que vous pouvez passer ? » Nicolas Théry monte voir Laurent Fabius, une première fois, puis redescend : « Le ministre m'a proposé d'être son directeur de cabinet. J'ai refusé. Je lui ai proposé de nommer Bruno Crémel comme directeur de cabinet et toi comme directeur adjoint. » Nicolas Théry veut en effet prendre du recul et se consacrer davantage à sa famille. Laurent Fabius appelle, à ce moment-là, Matthieu Pigasse et lui demande de monter : « J'ai demandé à Nicolas Théry d'être mon directeur de cabinet. Il a accepté. Vous serez son adjoint. » Matthieu Pigasse redescend dans le bureau de Nicolas Théry : « Je ne suis pas sûr que le ministre ait bien compris ce que tu lui as dit, ou alors c'est moi qui n'ai rien compris, parce qu'il m'a affirmé que tu allais être son directeur de cabinet. » Le téléphone sonne. Laurent Fabius appelle Nicolas Théry. Il s'y rend, une deuxième fois, puis revient vers Matthieu Pigasse : « J'ai été, cette fois-ci, très clair. Je ne serai pas directeur de cabinet, mais tu seras directeur adjoint. » Le téléphone sonne. Laurent Fabius appelle à nouveau Matthieu Pigasse : « Tout n'était pas clair. C'est maintenant le cas. J'ai parlé à Nicolas Théry. Il sera mon directeur de cabinet et, vous, son adjoint. » Matthieu Pigasse, de peur de n'avoir toujours pas saisi, ne dit rien. Il redescend voir Nicolas Théry : « Je ne suis toujours pas certain que le ministre ait tout compris puisqu'il m'a dit que tu allais être son directeur de cabinet ». Le téléphone sonne. Nicolas Théry monte chez Laurent Fabius, une troisième fois, puis redescend voir Matthieu Pigasse : « Tu avais raison, ce n'était pas clair, mais maintenant tout est réglé. Je ne serai pas directeur de cabinet mais tu seras directeur adjoint. » Le téléphone sonne. Laurent Fabius appelle, à nouveau, Matthieu Pigasse : « Les choses n'étaient effectivement pas claires. Nicolas Théry sera donc bien mon directeur de cabinet et vous serez directeur adjoint. » Matthieu Pigasse rejoint Nicolas Théry : « Je m'y perds ! » Le téléphone sonne. Nicolas Théry monte, une quatrième fois, puis redescend. Laurent Fabius appelle alors, pour la dernière fois, Matthieu Pigasse : « Nicolas Théry ne sera pas mon directeur de cabinet mais vous serez directeur adjoint. » Nicolas Théry devient directeur de cabinet de Nicole Notat. Matthieu Pigasse fera entrer Nicole Notat au conseil de surveillance du *Monde* quand il deviendra actionnaire du journal en 2010.

Il se retrouve, à l'âge de 31 ans, directeur adjoint du ministre de l'Économie. Numéro 3 de Bercy. Un poste normalement dévolu aux inspecteurs des finances. Il tient sa revanche. Il a fait mieux que la plupart d'entre eux. Plus haut, plus vite. Matthieu Pigasse a adoré travailler aux côtés de Laurent Fabius. Le cabinet de Laurent Fabius est le plus jeune de l'histoire du ministère des Finances en âge moyen. Le colonel des

Douanes, venu voir Laurent Fabius, lui dira : « Ça sent le haschich dans vos couloirs. » Quelques-uns se mettaient à fumer, passé 23 heures, pour se détendre. Laurent Fabius est au bureau, tous les matins, à 7 heures. Il appelle, un quart d'heure plus tard, Matthieu Pigasse avec la même question rituelle : « Quoi de neuf ? » Matthieu Pigasse n'est, lui, absolument pas du matin. Son équipe prend donc l'habitude de préparer, chaque soir vers minuit, des « quoi de neuf ? » en faisant la tournée des bureaux. Laurent Fabius a une discipline de vie. Arrivé tôt (7 heures) et reparti tôt (20 heures), sauf urgence. Matthieu Pigasse se fait parfois passer un savon par Lionel Jospin, lors des réunions hebdomadaires entre ministre des Finances et Premier ministre, pour mauvaise coordination entre les Finances et Matignon. Laurent Fabius ne lâchera pas une seule fois Matthieu Pigasse. « Laurent Fabius a été profondément marqué par deux choses : l'exercice du pouvoir à 37 ans comme Premier ministre et l'affaire du sang contaminé. Quand a éclaté le problème de l'encéphalopathie spongiforme bovine (ESB), c'est-à-dire la maladie de la vache folle, nous avons construit le principe de précaution. Laurent Fabius peut paraître froid, distant, arrogant. Il est tout le contraire de ce qu'il peut sembler être. Il est attaché et attachant. C'est sans doute lié à l'exercice du pouvoir jeune : il accorde rarement sa confiance et il n'est pleinement lui-même qu'en petit comité. J'étais seul dans son bureau avec lui lorsqu'on a appris la défaite de Lionel Jospin le 21 avril 2002. Quels qu'aient été ses rapports avec Lionel Jospin, il était sincèrement et profondément effondré. Il m'a dit : *J'ai vécu des moments difficiles et injustes dans ma vie. Je sais ce que c'est.* » Matthieu Pigasse est resté un ami de Laurent Fabius. Ils déjeunent ensemble régulièrement.

9. Le non à la Constitution européenne (2005)
« Ma rupture avec Laurent Fabius » (Denis Olivennes)

Denis Olivennes sera, un temps, proche de Laurent Fabius. « J'avais du respect pour le Laurent Fabius, Premier ministre, moderne et réformateur. On avait, depuis qu'il était sorti de l'affaire du sang contaminé, noué un lien. » Denis Olivennes revoit Laurent Fabius en 2002, juste après la défaite de Lionel Jospin, à un cocktail donné chez Gallimard. Denis Olivennes accepte d'animer, autour de Laurent Fabius, un groupe d'intellectuels. Ils se réunissent une fois par mois. Mais Denis Olivennes rompt avec Laurent Fabius sur la question du référendum français sur le traité établissant la Constitution pour l'Europe en 2005, quand Laurent Fabius appelle à voter contre. « Laurent Fabius a incarné la modernité de la gauche puis, par cynisme ou par mauvaise conscience, l'archaïsme de la gauche. J'ai en fait consacré un peu de mon temps, pendant trop longtemps, à un homme qui n'était pas mon genre ! Je regrette aujourd'hui d'être passé à côté de Michel Rocard ou de Lionel Jospin en politique. Je me suis rendu compte après coup que, parmi les dirigeants de la gauche, c'est avec eux que j'avais le plus d'atomes crochus. Ils représentent une rectitude morale. » Denis Olivennes vivra, comme un soulagement, sa rupture avec Laurent Fabius et, comme un effondrement, l'échec du traité de l'Union européenne. Matthieu Pigasse est un Européen convaincu, mais il comprend la position de Laurent Fabius. « Laurent Fabius est aussi un Européen convaincu. Je pense simplement que la question posée n'était pas la bonne question. L'Europe qui se construit actuellement n'a pas grand sens dès lors qu'elle se dilue dans le nombre. La bonne question n'était pas celle de la Constitution européenne, mais celle de l'élargissement. » Le non au référendum européen de 2005 est jugé à la fois « détestable et compréhensible» par Nicolas Bazire. «J'étais persuadé que l'élargissement à tous crins allait nous conduire à une perte définitive de l'idéal européen. Mais je trouvais que les personnes qui, comme Laurent Fabius, s'associaient au "non" faisaient prendre un risque considérable à l'ensemble des pays européens parce que c'est quand même mieux avec que sans. Le non au référendum est un événement triste. Il est d'ailleurs injuste qu'on ne mette pas plus au crédit de Nicolas Sarkozy le traité de Lisbonne de 2007 qui a rétabli la situation.» Le traité de Maastricht de 1992 a été le premier événement politique important pour Sophie Boissard. Elle vivra le non au référendum comme une période sombre des institutions. «J'ai toujours été une Européenne fervente. Je garde de cette période une impression funèbre. On voyait approcher la date du référendum, on savait qu'il allait déboucher sur un "non", on ne trouvait pas de moyen de l'éviter. Le système s'est remis en marche avec le traité de Lisbonne et tout récemment, avec le choix fait, dans l'urgence, de faire front contre un péril économique commun et de sauver l'euro. Mais on a perdu des années précieuses et on a encore un peu plus émoussé l'ardeur européenne à l'échelle du continent. On manque toujours d'une figure européenne forte.» Denis Olivennes et Martin Hirsch se sont croisés boulevard Saint-Germain à Paris, à quelques jours du référendum de 2005, pour une discussion passionnée sur l'Europe. La crainte du «non» était omniprésente. Martin Hirsch fait le même constat. Il s'est disputé avec nombre de personnes à cause de leur position sur l'Europe. Il a détesté la pose du «je suis pour l'Europe donc je vote non». Il note qu'il y a une surincarnation française et une sous-incarnation européenne. Il pointe le nombre de ministres populaires qui ne peuvent de toute façon rien faire puisque les décisions se prennent au niveau de l'Europe. Laurent Solly est aux côtés de Nicolas Sarkozy durant toute cette période. «On avait senti venir le résultat. La France du 21 avril est présente au moment du référendum sur l'Europe. Elle s'est exprimée de la même façon. C'est le rejet des élites et le succès des partis de protestation. Il ne faut pas croire les sondages ou alors il faut bien les lire. La carte électorale de l'échec du référendum et la carte du 21 avril sont à peu près les mêmes. On a retrouvé cette carte en 2007 et on la retrouvera en 2012. L'Europe est construite sur deux piliers : la prospérité et la sécurité. Il y a le sentiment, à l'époque, qu'elle n'apporte ni l'un ni l'autre. La vraie surprise était d'être surpris par le résultat. » Martin Ajdari pense que l'avenir de l'Europe passe par une meilleure explication de l'Europe. « Tous les gouvernements français, depuis une vingtaine d'années, expliquent leurs échecs ou leurs contraintes par l'Europe. On ne peut pas tenir des propos mensongers et ne pas en payer le prix plus tard. »

10. La rencontre avec Gérard Larcher (2004) « L'engagement pour servir » (Sophie Boissard)

Gérard Larcher, ministre délégué aux Relations du travail dans le gouvernement de Jean-Pierre Raffarin (2004-2005), puis ministre délégué à l'Emploi, au travail et à l'insertion professionnelle des jeunes dans le gouvernement de Dominique de Villepin (2005 à 2007), propose à Sophie Boissard le poste de directrice adjointe d'Éric Aubry (promotion 1982). Ce dernier avait été, dans le gouvernement précédent, conseiller de François Fillon. Sophie Boissard hésite. « Je m'en étais tenue, jusque-là, à une posture de haut fonctionnaire, dans la tradition 1960-1970. Il y a deux niveaux de décision. Le niveau de l'administration, qui connaît les dossiers et prépare les arbitrages qui sont, eux, des décisions de nature politique. Mais Gérard Larcher me convainc d'accepter. Il a, chevillé au corps, l'engagement politique pour servir. Il est respectueux du débat collégial. Il écoute les uns et les autres pour arriver à des points de compromis qui aient du sens. Il a le don de fédérer, de porter, de faire avancer. » Le ministère du Travail compte Gérard Larcher (ministre délégué aux Relations du travail) et Jean-Louis Borloo (ministre de la Cohésion sociale). Sophie Boissard arrive avec la nécessité de construire la loi de la cohésion sociale en quelques semaines puisqu'il faut la présenter au Conseil d'État puis au Conseil des ministres, pour la soumettre au Parlement dès le mois de septembre. Elle s'articule autour de l'emploi, du logement, de l'égalité des chances. Sophie Boissard devient directrice adjointe du cabinet de Gérard Larcher puis du cabinet de Jean-Louis Borloo. C'est la période de la réouverture du débat sur la réduction de la durée du temps de travail, sur le licenciement économique, et de la réforme de l'Inspection du travail. Sophie Boissard, après deux années passées auprès de Gérard Larcher, accepte d'être, à la demande de Dominique de Villepin, la nouvelle commissaire au Plan à 35 ans. Elle y restera de novembre 2005 à mars 2006. Sophie Boissard succède à Alain Etchegoyen (mort en 2007). Il a quitté son poste de manière théâtrale, frappant les esprits, en disant *je suis limogé ; le Plan est terminé* et en laissant la porte grande ouverte. Sophie Boissard accepte car elle est convaincue qu'il faut un lieu où les analyses et expertises puissent être mises au service de la décision publique. « On a transformé le Commissariat au Plan en un centre d'analyse stratégique, avec un conseil d'orientation. On a relancé des travaux de prospective énergétique, on a travaillé sur les outils de mesure des inégalités sociales, sur les statistiques ethniques, on a réfléchi aux moyens de relancer l'Europe sociale... » Raymond Soubie appelle en juillet 2007, au bout de deux ans, Sophie Boissard pour qu'elle rejoigne le cabinet de la ministre de l'Économie Christine Lagarde comme directrice adjointe et prenne en charge la partie emploi et industrie. Sophie Boissard mènera la négociation pour la fusion ANPE/Unedic. La mesure sera définitivement adoptée par le Parlement (Assemblée nationale et Sénat) le 31 janvier 2008.

Sophie Boissard : la voix de la raison

Elle est travailleuse, sérieuse, rigoureuse. Sophie Boissard, née en juillet 1970, est mère de quatre enfants. Les mêmes compliments reviennent à son propos : ses valeurs bien ancrées, son goût pour le service de l'État, sa manière de tenir bon. Elle n'a jamais souffert d'être une femme dans des milieux d'hommes. « Je me sens post-féministe plus que féministe. L'égalité des genres m'apparaît dans l'univers professionnel comme une nécessité qui n'a même pas à se justifier. Mais c'est parce que j'ai eu la chance de n'avoir jamais à combattre sur ce terrain-là ! » Elle se montre parfois trop dure avec elle et avec les autres. Mais elle a laissé de bons souvenirs à ses équipes partout où elle est passée. Elle sait mettre les autres en orbite. Elle ne tranche jamais sans avoir écouté au préalable. Gérard Larcher définit Sophie Boissard comme un assemblage franco-allemand. « Elle a mis toute son ambition au service de l'État. Elle est un maillon fort de la République. Elle a besoin d'une relation de confiance pour travailler. Elle est la politesse sans la courtisanerie. Elle résiste au moment des arbitrages. » Elle a agacé plus d'une fois Jean-Louis Borloo, lors du plan de cohésion sociale, en étant la voix de la raison. Elle n'est pas connue du grand public, mais Louis Schweitzer parle d'elle comme d'une star dans son domaine. Sophie Boissard est d'une humanité exigeante. Elle possède une dimension internationale. Elle a été marquée par la chute du mur de Berlin. « On attendait ça depuis tellement longtemps et on se disait que ça n'aurait jamais lieu. Et cela s'est produit en tellement peu de temps. Les positions de force en Europe en ont été radicalement changées. Le chancelier allemand a été à la hauteur de cet événement historique que les circonstances lui ont donné de vivre. On peut mettre en parallèle le 11-Septembre avec, à l'inverse, un président américain absolument pas à la hauteur de l'événement. Helmut Kohl a affronté et George Bush a fui. Je me demande : qu'est-ce qui fait un grand homme d'État ? »

Sophie Boissard ne considère pas le discours du Vel'd'Hiv comme un moment marquant de l'histoire. « Je vois plutôt, dans la façon dont on s'est plongé depuis vingt ans dans une démarche de repentance, de réexamen systématique du passé, un signe de décadence. On y met une énergie démesurée qui devrait être employée à la construction de l'avenir. Il est plus facile de juger le passé que de se projeter dans l'avenir. Le discours du Vel'd'hiv est venu trop tard pour les gens de ma génération. Les historiens, comme Henry Rousso ou François Bédarida, étaient déjà arrivés à cette conclusion-là. La politique les a rejoints avec un décalage d'une bonne dizaine d'années. » Elle n'a pas non plus d'admiration pour le discours de Dominique de Villepin prononcé à l'ONU, lors de la crise irakienne, le 14 février 2003. « Le discours était juste et courageux, mais il n'a pas permis d'éviter que les États-Unis mènent la guerre sous couvert de l'ONU. Il aurait peut-être été possible de peser, ou non, plus fortement sur les événements avec un profil plus bas. Voilà justement un cas où le politique n'a pas pu agir sur la réalité. » Jean-Pierre Jouyet juge que Sophie Boissard est la seule véritable énarque parmi les neuf. « Les vrais énarques sont des gens qui servent l'État. » Il existe en effet peu de chance que Sophie Boissard dévie de sa ligne : le service de la collectivité.

11. La rencontre avec Nicolas Sarkozy

« **Toujours le même** » (Martin Hirsch)

Nicolas Sarkozy, maire de Neuilly, cherche de jeunes énarques en vue des législatives de 1993. Nicolas Barre lui présente, en 1990, Jean-François Copé. Jean-François Copé accepte de faire partie de l'équipe présidentielle de Jacques Chirac dirigée par Jean-Pierre Denis. La droite gagne les élections en mars 1993. François Mitterrand nomme Édouard

Balladur Premier ministre. Tous les sondages donnent Édouard Balladur gagnant. Nicolas Sarkozy rejoint Édouard Balladur et Jean-François Copé reste auprès de Jacques Chirac. La mésentente entre Nicolas Sarkozy et Jean-François Copé s'installe. Jacques Chirac est élu président de la République en 1995, contre toute attente. Jean-François Copé gagne la mairie de Meaux et devient député-maire à 31 ans. Il sera réélu en 2001, 2005 et 2008. Il sera aussi un ministre délégué au Budget (2004-2007) plutôt estimé. Les rapports de Nicolas Sarkozy et Jean-François Copé seront, pendant longtemps, une alternance de froid très froid et de chaud pas très chaud.

Denis Olivennes a rencontré une première fois Nicolas Sarkozy, début 2002, lors de sa seconde traversée du désert. Nicolas Sarkozy est l'avocat d'un partenaire de Canal + et Denis Olivennes le directeur général du groupe Canal +. Ils se revoient en 2005, au moment des débats de la loi sur le droit d'auteur (DADVSI), pour protéger l'exception culturelle française. Nicolas Sarkozy est, à l'époque, ministre de l'Intérieur et président de l'UMP, et Denis Olivennes est président de la Fnac. Le débat se poursuit en novembre 2007 avec le rapport de Denis Olivennes, remis au ministre de la Culture Christine Albanel, sur la lutte contre le piratage qui présidera à la loi Hadopi. « J'étais convaincu qu'on ne devait pas laisser détruire les minuscules industries culturelles pour remplir les poches des énormes multinationales des télécoms. L'arrivée d'Internet bouleversait l'univers de la culture. Je pensais qu'il fallait un dispositif dissuasif d'une part (l'avertissement aux internautes) et, d'autre part, une taxe à taux faible sur le chiffre d'affaires Internet pour financer durablement le cinéma et la musique. Cela me paraissait pouvoir recueillir un consensus entre artistes et internautes d'une part, droite et gauche d'autre part. Mais c'est *work in progress.* Il y a une dimension essentielle. Internet, c'est une fantastique liberté, une innovation inouïe dont on n'a pas fini de mesurer les effets. Il faut mettre en place des régulations mais sans brider le développement de ce nouveau monde et en trouvant l'adhésion d'une majorité d'internautes. » Denis Olivennes, devenu le patron du *Nouvel Observateur*, reverra à plusieurs reprises Nicolas Sarkozy. Deux déjeuners (avec Jean Daniel et Jacques Julliard), une interview qui fera polémique (avec le directeur de la rédaction du *Nouvel Observateur*), un voyage en Haïti (avec le patron du *Figaro Magazine* et celui de *Ouest France*). On reprochera un moment à Denis Olivennes d'être proche du couple présidentiel. Il s'en défend. « Ce n'est pas parce qu'on ne pense pas la même chose qu'on ne peut pas se parler. Je dirais même que c'est l'inverse : c'est beaucoup plus intéressant d'échanger avec quelqu'un qui ne partage pas votre point de vue. » Denis Olivennes souligne ne pas être du même bord politique que Nicolas Sarkozy, mais refuse de tomber dans une opposition systématique. « Nicolas Sarkozy veut laisser la marque d'un réformateur. J'ai de nombreuses critiques à formuler sur sa politique ou sa méthode – je n'ai d'ailleurs pas manqué de le faire publiquement, notamment dans l'*Obs*. Mais, à l'inverse, l'anti-sarkozysme pavlovien est ridicule. Approuver ou désapprouver à 100 % qui que ce soit est la marque d'un sectarisme aveugle. Tout ce que je déteste. »

Laurent Solly, après avoir travaillé pour EDF, s'apprête à partir pour la Nouvelle-Calédonie. Le rêve de l'outre-mer. Il se rend à une réunion du corps préfectoral où le ministre de l'Intérieur doit s'exprimer. Laurent Solly est immédiatement séduit par la « modernité » et le « charisme » de Nicolas Sarkozy. Ils se voient, brièvement, à la fin de la réunion. Une poignée de main, quelques mots échangés. Et puis, ce n'est pas rien puisque ça ne sera pas tout. Daniel Canepa, directeur de cabinet adjoint de Nicolas Sarkozy et ancien préfet dans le Var de Laurent Solly, lui passe un coup de fil une quinzaine de jours après. « Est-ce que tu veux rejoindre le cabinet du ministre ? » C'est immédiatement oui. Daniel Canepa et Laurent Solly se rencontrent un vendredi soir, puis Laurent Solly passe voir, une heure après, Claude Guéant. Ils se connaissent puisque Claude Guéant a été préfet de la région Franche-Comté à Besançon. « Quand est-ce que vous êtes libre ? » lui demande

Claude Guéant. « Il est vendredi, 21 heures, je peux commencer dès lundi, 8 heures », lui répond Laurent Solly. Il commencera mercredi et sera conseiller technique au cabinet de Nicolas Sarkozy (ministre de l'Intérieur), chef de cabinet de Nicolas Sarkozy (ministre de l'Économie), directeur de cabinet de Nicolas Sarkozy (président de l'UMP). Il sera, de 2005 à 2007, chef de cabinet de Nicolas Sarkozy (ministre de l'Intérieur). Laurent Solly sera aussi nommé, en 2006, préfet hors cadre.

Martin Hirsch est appelé au gouvernement, en 2007, par François Fillon. « J'ai hésité pendant seulement huit jours, mais beaucoup pendant huit jours. » Dans la balance du « non » : il n'a pas voté pour Nicolas Sarkozy ; il a des désaccords sur le projet politique ; il ne sacralise pas la fonction gouvernementale. Dans la balance du « oui » : il lutte depuis deux ans pour imposer son projet de RSA (revenu de solidarité active) et, sans être au gouvernement, tout est long et ardu. Nicolas Sarkozy lui dit alors : « Vous êtes sur un petit vélo, je vous file les clés de la bagnole, vous n'allez quand même pas dire non. » Martin Hirsch dit que c'est comme si un éditeur proposait à un écrivain sans éditeur de prendre son manuscrit. On ne va pas dire « je refuse parce que je n'aime pas l'éditeur ». Il ne dit pas « non ». Martin Hirsch fait un portrait en deux lignes de Nicolas Sarkozy. « Il est le même au journal télévisé de TF1 et dans un tête-à-tête. C'est cela qui est stupéfiant. Il n'y a pas de différence entre l'homme public et l'homme privé. Je n'ai pas été obnubilé par Nicolas Sarkozy durant mon travail. Je trouve aussi ridicule la vénération que la diabolisation. » Il mettra en place le RSA, le dixième mois de bourse pour les étudiants, les programmes expérimentaux, le service civique. Il se souvient, lors de sa période au gouvernement, des coups de fil de ses amis d'Emmaüs où il est resté treize années. « Il y en a un qui m'a appelé un jour pour que je dévie le trajet du TGV qui passait trop près de la communauté d'Emmaüs. Quand je lui ai dit que je n'étais pas vraiment sûr de pouvoir y arriver, il m'a dit : *Mais qu'est-ce que tu es devenu depuis que tu es au gouvernement ? Tu baisses les bras, maintenant ?* »

12. La vie dans les cabinets ministériels
« Un univers en bulle » (Sophie Boissard)

Ils ont connu la vie en cabinet. Martin Hirsch découvre, auprès de Bernard Kouchner, un rythme fou et fixe. Il reste vissé à sa chaise de 7 heures à 23 heures. « J'ai détesté cette période. Je n'ai pratiquement pas bougé durant deux ans. J'ai fait des allers et retours entre l'avenue de Ségur (Bernard Kouchner), la rue de Grenelle (Martine Aubry) et la rue de Varenne (Lionel Jospin). J'avais heureusement gardé un pied à Emmaüs car sinon je n'aurais plus eu aucun contact avec la réalité. » Sophie Boissard tient des propos similaires à ceux de Martin Hirsch sur la vie dans les cabinets ministériels. « C'est passionnant parce qu'on peut faire bouger les dossiers. On peut peser sur les décisions. Dans l'alchimie qu'on construit ou qu'on ne construit pas avec les forces vives, dans chacun des champs ministériels, on peut beaucoup. Mais il y a un côté artificiel et addictif. C'est de la drogue dure par procuration et c'est peut-être la pire. On vit scotchés à des dossiers. Des événements, epsilonesques à l'échelle de la vie d'un pays, prennent des proportions considérables. C'est un univers en bulle. On travaille en permanence avec un tout petit nombre de gens à un rythme effréné. J'ai eu un quatrième enfant entre-temps et je considérais qu'il fallait que j'arrête. »

Sophie Boissard fait, suite à son passage dans les cabinets ministériels, trois observations. « La première chose, c'est la certitude d'un univers trop franco-français. On ne sait pas utiliser les leviers d'influence qui sont ceux d'une économie globalisée. À Bruxelles, dans les enceintes internationales, on arrive souvent après coup, au moment où le projet de texte est sur la table, pour dire : on bloque ! La bonne stratégie, pratiquée depuis une quinzaine d'années par les Anglo-Saxons, c'est d'être en amont. Il faut porter nombre de messages et de propositions, dans les enceintes académiques, les laboratoires d'idées, les forums comme le sommet de Davos ou les médias. Car, à force de les entendre, ils deviennent la doctrine communément admise et on les retrouve, ensuite, au stade de l'application. Mais ces réflexes-là, ce rythme-là, ne sont pas encore ceux des acteurs politiques français. À défaut, on met en avant des thématiques comme l'insécurité, sur lesquelles on peut donner à l'opinion publique l'impression d'agir au niveau national. La deuxième chose que j'ai pu observer, c'est que la décentralisation est au milieu du gué. La décision n'est plus entre les mains de l'État mais elle n'est pas entièrement entre les mains des autorités locales non plus. On se retrouve avec un entrelacs d'accords, de conventions, de cofinancements qui rendent difficile la définition de stratégies cohérentes en matière de transports, d'aménagement, de politique de l'emploi ou de formation. Tout cela conduit à des empilements de politiques publiques. La troisième chose, c'est qu'une classe politique puissante a besoin, à ses côtés, d'une administration publique charpentée qui a la mémoire longue des dossiers. Il y a aujourd'hui une nouvelle répartition des rôles et des pouvoirs, avec basculement du côté des collectivités locales ou de Bruxelles, et on n'a pas pu reconstruire, au plan national, un modèle d'administration publique forte qui aille avec ça. On se retrouve donc avec une administration publique démobilisée. Il suffit de penser à l'Éducation nationale. »

Matthieu Pigasse a été dans les cabinets des ministres des Finances Dominique Strauss-Kahn (1998-1999) puis Laurent Fabius (1999-2002). « Cela a été une école de vie incroyable. J'en ai tellement vu et vécu là-bas, tant sur le fond que sur la forme, comme une vie en accéléré. Une fuite dans une centrale nucléaire, des OPA annoncées en pleine nuit, des dirigeants d'entreprises séquestrés, quinze kilos de coke découverts par les douanes à Roissy, les négociations syndicales, les contrôles sur le Tour de France. J'ai appris à être zen et à me dire : cool, rien de grave, il y a une solution à tout. La vie en cabinet m'a appris ça et j'y suis arrivé par l'ENA. » Mais Matthieu Pigasse souligne aussi, comme les autres, le risque d'être coupé des réalités. On parle de journées où peuvent s'entasser jusqu'à quatorze réunions. « L'ensemble de vos journées est pris par des réunions non-stop. On va durant ces réunions du prix de l'essence sur les autoroutes à une prise de cocaïne à Roissy en passant par l'arrêt d'une centrale nucléaire. Mais, pendant que vous êtes en réunion, les piles de parapheurs s'accumulent sur les bureaux. Il y a les flux entrants (c'est-à-dire les notes provenant des différentes directions du ministère adressées au ministre. Les directions rattachées au ministère de l'Économie, des Finances et de l'Industrie, comme le commerce, l'artisanat, la direction générale des impôts..., produisent jusqu'à une quinzaine de notes par jour) et il y a les flux sortants (c'est-à-dire tout ce qui redescend de chez le ministre). Mais il faut compter, en plus, avec les appels téléphoniques extérieurs et intérieurs. Et, pendant ce temps-là, vous êtes en réunion avec : est-ce qu'on autorise à nouveau la consommation d'huîtres dans le bassin d'Arcachon ? Le soir est donc consacré à la lecture des notes, aux arbitrages à proposer au ministre, aux coups de téléphone. » On met, pour tout ce qui ne peut attendre, « TTU » (très très urgent). Quand Matthieu Pigasse arrivera à la banque Lazard et dira « bon, ça, c'est TTU », on le regardera avec des yeux ronds. Matthieu Pigasse restera durant ces quatre années au ministère des Finances, dans son bureau, le plus souvent de 8 heures du matin à 2 heures du matin. Emmanuel Hoog passera de temps en temps la tête, vers 11 heures du soir, pour le saluer.

13. Leur heure de gloire
« Un bon souvenir fort » (Nicolas Bazire)

On est en 1993. Simon Nora dit un jour à Christian Blanc : « Est-ce que tu connais Denis Olivennes ? La seule chose que je puisse te dire de lui, c'est que je partirais sans hésitation à ses côtés dans le Vercors. » La phrase suffit à convaincre celui qui sera PDG d'Air France de 1993 à 1997 de faire appel au fils spirituel de Simon Nora. Denis Olivennes, de retour à la Cour des comptes, reçoit un coup de fil de Christian Blanc : « Je suis à Air France mais je ne sais pas si j'y serai dans quinze jours. Il n'y a pas de projet, il n'y a pas de titre, il n'y a rien : quand est-ce que vous venez ? » Ces quelques mots lui font accepter, sans hésitation, l'aventure. Denis Olivennes est le lendemain à Air France dont il deviendra directeur général adjoint. Christian Blanc et Denis Olivennes vont être sur place du matin au soir. Ils vont tout reconstruire. « On campait sur place. J'ai eu l'impression de vivre là-bas pendant cinq ans. » Denis Olivennes se retrouve en première ligne en 1994 pour les négociations sociales avec les pilotes de ligne, les hôtesses de l'air, les gens de la maintenance pour élaborer un plan de sauvetage d'Air France. Les bras de fer sont violents et les compromis sont complexes, mais ils débouchent sur des solutions.

Nicolas Bazire sera un excellent directeur de cabinet. « On avait un avantage. On savait que la période serait limitée à un CDD de deux ans. On était soudés dans l'objectif, les préoccupations, le rythme soutenu. C'est un souvenir fort. Un souvenir fort et un mauvais souvenir, c'est différent. C'est un bon souvenir fort. » Il devient, après l'échec d'Édouard Balladur en 1995, associé-gérant chez Rothschild durant quatre ans. « J'ai découvert qu'il fallait appeler les gens plutôt qu'ils ne vous appellent. » Il n'aime pas ça. Il traitera durant cette période notamment avec Stéphane Richard, énarque de sa promotion, alors en poste chez Vivendi. Il restera quatre ans à la banque Rothschild. Il devient, en 1999, directeur général de la Holding chez LVMH. Un poste en or. Le numéro un mondial du luxe, dont le PDG Bernard Arnault est la première fortune européenne et la quatrième mondiale selon *Forbes*, compte une soixantaine de griffes dont Christian Dior, Louis Vuitton, Chaumet ou Ruinart.

Jean-François Copé passe pour un bourgeois et un technocrate. Il sera réélu triomphalement dans une ville jugée difficile, Meaux (chef-lieu d'arrondissement de Seine-et-Marne), avec 68 % en 2001 et 67,74 % en 2008 au premier tour. La ville de Meaux est située à cinquante kilomètres de Paris. « J'ai été élevé au culte de l'État infaillible et de l'ENA infaillible. Je suis devenu maire de Meaux à 31 ans. J'ai découvert une réalité autre que celle apprise dans les livres. L'État absent, la délinquance partout, l'échec de l'intégration. Je n'ai retrouvé aucune des valeurs de la République qu'on m'a enseignées à longueur de journée durant mes études. Je n'avais pas les codes. C'est comme un GI parachuté à Sainte-Mère-l'Église le 6 juin 1944 avec une carte et une boussole : Débrouille-toi ! » Mais Solenn de Royer, auteur avec Frédéric Dumoulin de *L'Homme pressé* (L'Archipel), insiste sur la période ouverte par l'élection de Nicolas Sarkozy en 2007. « Jean-François Copé a fait preuve d'une maturité et d'une tactique hors du commun en devenant le patron des députés UMP. Il s'est rendu incontournable. Il avance en crabe et il avance en taureau. » Jean-François Copé dit s'être senti chef pour la première fois. « J'ai vécu, au début, mon départ du gouvernement comme un licenciement. J'ai eu l'impression qu'on me mettait là surtout pour que je renonce à toute activité politique importante. J'ai réussi finalement à en faire une mission emblématique de la montée du Parlement, non pas comme contre-pouvoir, mais comme pouvoir. Je suis maire de Meaux depuis 1995, donc chef localement, mais, avec mon poste à l'UMP, je suis devenu chef au niveau national. C'était la première fois que j'exerçais une pleine fonction de commandement. » Il obtiendra plus tard le poste désiré en devenant secrétaire général de l'UMP.

Laurent Solly reste auprès de Nicolas Sarkozy, comme chef de cabinet, jusqu'à fin mars : Nicolas Sarkozy est à la fois ministre de l'Intérieur et candidat à la présidence de la République. Laurent Solly devient son directeur de campagne adjoint. Il gère l'agenda de Nicolas Sarkozy (déplacements sur le terrain et prises de parole) et participe à la stratégie politique (suivi de l'opinion, notamment à travers les sondages qualitatifs). Ça sera un des points forts de la campagne victorieuse de Nicolas Sarkozy. Il s'agit de méthodes de « marketing », mais appliquées à la politique. Tout est passé au peigne fin pour mesurer l'impact d'un message sur l'opinion publique. Qu'est-ce que les Français veulent, retiennent, comprennent d'une stratégie politique ? Nicolas Sarkozy sera ainsi en phase avec l'opinion publique majoritaire tout au long de sa campagne. Laurent Solly parle d'« une aventure collective et d'une aventure politique » pour expliquer la victoire. Les deux traits importants de leur campagne présidentielle de 2007 sont, selon lui, une entente collective forte autour d'un homme en accord avec son temps et une analyse poussée du choc qu'avait représenté le 21 avril 2002 (second tour opposant Jacques Chirac et Jean-Marie Le Pen) justifiant une réhabilitation de la parole d'une droite sans tabou sur les thèmes de l'autorité, de la Nation, de la sécurité, de l'immigration. « C'était un positionnement risqué mais réfléchi et il a fonctionné. » Le premier tour, avec 31 % des voix, sera victorieux. Nicolas Sarkozy est élu président de la République avec 53,06 % des voix le 6 mai 2007. La belle entente ne survivra pas à l'élection.

Sophie Boissard a abattu beaucoup de travail lors de ses dix années au Conseil d'État. Elle a été commissaire du gouvernement très vite et a, notamment, pu porter la Convention d'assurance au chômage au moment de la grande crise du PARE en 2000, la convention des médecins, l'affaire Maurice

Papon. Sophie Boissard rendra aussi possible l'impossible avec la réforme de l'Inspection du travail. Gérard Larcher pourra s'appuyer sur elle pour la réforme de l'Inspection du travail, après l'assassinat dont sont victimes deux inspecteurs du travail, lors d'une inspection de routine, dans une exploitation agricole à Saussignac en Dordogne, le 2 septembre 2004. « Le tissu était à vif. C'était si difficile et si long que je me disais que Gérard Larcher n'en récolterait pas les fruits. Mais il y a une morale et on porte cette réforme maintenant à son crédit. » Sophie Boissard lance, à ce moment-là, la fusion ANPE/Unedic et met en place un dialogue avec les organisations syndicales et professionnelles qui permettra la loi de 2008. Sophie Boissard a aussi réussi à mettre en partition les voix des ministres lors du Plan de cohésion sociale. Elle a alors représenté, selon les mots de Gérard Larcher, « la raison et la prospection ».

Catherine Tasca lui passe un coup de fil : « Est-ce que le poste à l'INA t'intéresserait ? » Emmanuel Hoog a plutôt en tête de passer dans le privé et connaît à peine l'INA. Laurent Fabius l'encourage à accepter. Emmanuel Hoog quitte en 2001, au bout d'un an, Bercy pour l'Institut national de l'audiovisuel en pleine cohabitation Jacques Chirac/Lionel Jospin. La réussite est reconnue par tous. Sauvegarde de 835 000 heures de programmes (radio et télévision) ; succès énorme du site ina.fr ; vision internationale. « Je suis curieux de nature donc je me suis intéressé aux problématiques de numérisation ou de technologie et j'ai rattaché tout cela à un combat culturel : sauver les images de la destruction. J'espère avoir la faculté de transformer une mission technique ou économique en quelque chose de supérieur qui permette aux gens de construire un rêve commun. J'ai su inventer une histoire dans laquelle les salariés se sont reconnus. Le site public leur a permis d'éprouver la fierté d'une reconnaissance. On m'a donné le temps, neuf ans, de construire tout ça. Un parcours s'incarne dans la durée. J'ai besoin de comprendre les hommes et les histoires d'une entreprise. J'ai trouvé à l'INA ce que j'aime : l'idéal public couplé à la dimension entrepreneuriale. À l'AFP, je le trouve également. »

Matthieu Pigasse est accueilli durant deux mois par Thierry Breton dans les locaux de Thomson Multimédia (TMM). « Cela a été passionnant parce que j'ai vu Thierry Breton préparer son parachutage, au sens de Kolwezi, à France Telecom. » Thierry Breton, pressenti un temps pour être ministre de l'Économie et des Finances de Jean-Pierre Raffarin, proposera à Matthieu Pigasse d'être son directeur de cabinet. Il hésitera, trop longtemps au goût de ses amis de gauche, puis finira par décliner l'offre. Matthieu Pigasse reçoit de multiples propositions après son passage à Bercy où il a embrouillé, brillé, débrouillé maints dossiers. Publicis et Schneider, notamment, sont prêts à l'accueillir. Alain Minc met en contact Matthieu Pigasse et Bruno Roger. Matthieu Pigasse et Alain Minc sont aujourd'hui en froid. La brouille date de 2007 lorsque Matthieu Pigasse a tenté de remplacer Alain Minc à la présidence du conseil de surveillance du *Monde*. « Je connaissais à peine Alain Minc. Je l'avais rencontré quand j'étais avec Laurent Fabius sur le dossier EDF. Je lui dois d'être ici, de m'avoir mis en contact avec une banque que je n'avais jamais croisée, mais je ne lui dois rien d'autre. » La banque Lazard lui propose un poste d'associé-gérant. Il n'y a pas eu d'arrivée extérieure depuis longtemps chez Lazard. Matthieu Pigasse arrive en octobre 2002, à 34 ans, dans un climat de guerre des chefs entre Michel-David Weill et Bruce Wasserstein (mort en octobre 2009) pour la prise de contrôle de la banque. Il fait le choix du camp de Bruce Wasserstein et c'est le bon choix. La banque a fonctionné de plus, jusqu'au milieu des années quatre-vingt, sans concurrence externe. « La manière de créer de l'émulation était d'organiser une concurrence interne. Les associés se bagarraient les uns, les autres pour faire des affaires et ça a très bien fonctionné tant qu'il n'y a pas eu de concurrence externe. Le problème, c'est que le monde a changé, à partir de la fin des années quatre-vingt et au début des années quatre-vingt-dix, et que Lazard n'a pas changé. Les banques américaines, comme Goldman Sachs, Merrill Lynch, JP Morgan, sont arrivées. Les banques à réseaux, comme BNP, Calyon, Société générale, ont commencé à faire des fusions-acquisitions. La banque Rothschild a explosé, au sens positif du terme. Pendant ce temps-là, ici, on continuait à s'affronter. » Le premier bureau de Matthieu Pigasse se trouve à un étage en travaux avec une assistante qui vient d'arriver. « Il y avait un bloc de papier, un verre, une bouteille d'eau et personne pour m'aider. J'ai demandé à mon assistante : *est-ce qu'il y a des gens qu'il faut que je voie ?* Elle m'a répondu : *Je ne peux pas vous répondre puisque je viens d'arriver ce matin comme vous.* » Mais, deux choses positives surviennent. Bruno Roger lui confie le secteur du conseil aux gouvernements. Un domaine important jadis, quand Hélie de Pourtalès s'en occupait, qui se trouve réduit à une peau de chagrin quand Matthieu Pigasse en prend la direction. Il va se spécialiser dans la restructuration des dettes d'État. L'Argentine fait faillite fin 2001 et lance un appel d'offres. La banque Lazard participe à l'appel d'offres et l'emporte. Matthieu Pigasse se rend aussitôt à Buenos Aires avec l'économiste Daniel Cohen. « L'aventure argentine a été ma bouée de sauvetage. Un grand succès et un dossier passionnant. » C'est, dès 2003, son dossier. Matthieu Pigasse s'installe en Argentine plusieurs mois. Il continue à s'y rendre deux fois par mois. Ils vont réussir à restructurer une dette de près de 90 milliards de dollars. L'économiste Daniel Cohen a joué un rôle essentiel dans certains succès de Matthieu Pigasse. Le banquier va redéployer le conseil aux gouvernements autour de cette victoire. Il négociera les dettes de l'Irak, de l'Équateur, de la Grèce. La banque Lazard est aujourd'hui leader mondial dans cette activité. La deuxième chose positive arrivée est la rencontre avec Francis Mayer. Ils se sont croisés, au préalable, au Trésor. Francis Mayer est entré à l'ENA par concours interne (promotion 1979). Il est arrivé à la direction du Trésor en 1979 pour en devenir directeur adjoint en 1994. Matthieu Pigasse va l'aider à prendre la tête de la Caisse des dépôts et consignations. Il va mettre à son service sa connaissance des marchés et ses liens avec les hommes politiques de gauche. Une bataille ardue. Francis Mayer devient directeur général de la Caisse des dépôts et consignations le 18 décembre 2002. Une relation de confiance absolue va se tisser entre les deux hommes. Francis Mayer meurt le 9 décembre 2006. « Il a beaucoup souffert. Il m'a donné une leçon de courage physique. Il n'a cessé de lutter contre la maladie. Il allait à son bureau un mois avant de décéder. La veille de sa mort, j'étais à l'hôpital avec lui, et il me parlait boulot : *Qu'est-ce que tu crois qu'il faut que je fasse ?* J'ai perdu un ami et un tuteur. Il était capable de m'appeler à 2 heures du matin pour qu'on aille prendre un café. J'ai pour principe de ne jamais dire non à mes amis, d'être toujours là pour eux. » On reprochera pourtant à Matthieu Pigasse d'avoir, dans la lutte acharnée entre la Caisse des dépôts (Francis Mayer) et les Caisses d'épargne (Charles Milhaud), joué sur les deux tableaux. Le jeune banquier va connaître, à partir de la victoire argentine et de la rencontre avec Francis Mayer, une ascension fulgurante chez Lazard. Bruce Wasserstein veut introduire Lazard en Bourse. Matthieu Pigasse lui apporte sur un plateau, en 2005, l'entrée des Caisses d'épargne au capital de la banque Lazard. Il devient un as des fusions-acquisitions. On met à son palmarès la cession du Paris-Saint-Germain par Canal + à Colony Capital ; la fusion Suez-Gaz de France ; la recapitalisation de *Libération* avec l'introduction d'Édouard de Rothschild au capital ; l'organisation du tour de table de Pink TV ; l'entrée en Bourse de Natixis, la vente de l'activité de transmission et distribution (T&D) d'Areva... Il a aussi travaillé sur le rapprochement entre la Caisse d'épargne et la Banque populaire et sur la création puis l'augmentation de Natixis. Ses ennemis soulignent qu'il est le roi des conflits d'intérêt. Martine Orange critique, dans *Ces messieurs de Lazard* (Albin Michel), le fait qu'il ait repris des dossiers traités lors de son passage au ministère, comme Areva, la Caisse des dépôts, les Caisses d'épargne, Dexia. Il réplique qu'il a toujours respecté les règlements en vigueur. Matthieu Pigasse est devenu chez Lazard, en moins de dix ans, directeur général délégué pour la France et vice-président pour l'Europe.

Le passage du temps peut transformer les échecs en succès et les succès en échecs. Martin Hirsch a découvert qu'en matière de sécurité sanitaire un certain nombre de choses qu'il pensait irréversible ne l'était pas. Il considère aussi que le RSA doit être plus complet. L'idée du Revenu de solidarité active est née en 2005. Martin Hirsch a créé, à la demande du gouvernement de l'époque, une commission pour penser un système où les revenus du travail soient supérieurs aux revenus de la solidarité. 1,8 million de foyers touchent aujourd'hui le RSA dont 1,2 million n'ont pas d'activité et 600 000 travaillent. Les attaques de Laurent Wauquiez contre le RSA, en mai 2011– voulant obliger les bénéficiaires du RSA à offrir des heures de travail à la collectivité – ont renforcé paradoxalement sa nécessité. Martin Hirsch est fier d'avoir effectué la réforme de la transfusion sanguine et la création des agences sanitaires, la transformation de la pharmacie centrale des hôpitaux. « J'ai essayé de faire tout ça avec méthode, c'est-à-dire avec une petite pointe d'esthétique. J'ai comme moteur la conviction. Mais après, quitte à ne pas être un artiste, il est amusant d'imprimer sa marque personnelle dans la méthode : forger quelque chose comme un architecte ou un sculpteur peuvent le faire. Le point d'orgue du service civique sera pour moi de voir défiler les jeunes du service civique le 14 juillet. J'y arriverai. On peut servir son pays autrement qu'avec des armes. Il faut à la fois servir un idéal et se faire plaisir. »

14. Le temps s'arrête
« Les épreuves arrivent toujours » (Laurent Solly)

Ils détestent parler des temps sombres. Ils apprécient peu l'autocritique et ne s'attardent pas sur leurs gadins quand ils ne retournent pas, par d'incroyables tours de passe-passe, les échecs en réussites. Ils ont construit une cuirasse d'optimisme et de satisfaction parce qu'il faut croire en soi, au-delà du raisonnable, pour fendre les obstacles et commander aux autres. Martin Hirsch montre bien le difficile équilibre. « Il faut croire en soi et en ses idées pour entreprendre des choses sinon on n'y arrive pas. Il y a des moments de ma vie, comme la direction générale de l'AFSSA pendant les crises et le projet du RSA au gouvernement, où je me répétais que j'étais la bonne personne pour entreprendre et mener à terme tout ça. Mais, chez moi, le moindre moment d'autosatisfaction génère immédiatement un moment de remords. Je me sentirais mal si je me sentais bien ! » Ils ne sont jamais dans la plainte. Ils savent que riches, puissants et malheureux, ça ne passe auprès de personne. Ils sont, enfin, dans l'action, de la tête au pied, rejetant comme vain et creux les spéculations métaphysiques, car s'arrêter un instant pour réfléchir, c'est prendre le risque de ne plus jamais repartir. Ce qui les intéresse : avoir une puissance de feu. On dit d'ailleurs de Matthieu Pigasse, Jean-François Copé, Denis Olivennes, qu'ils sont « mégalomane » (le premier) ou « cassant » (le deuxième) ou « méprisant » (le troisième). Leur ascension vers les sommets du pouvoir est d'ailleurs marquante, non pas tant par l'absence d'erreurs et d'échecs, mais que par ce qu'ils font des erreurs et des échecs : un petit recueillement sur la tombe et ils passent immédiatement à autre chose. Ils ont la réputation d'avoir des caractères en acier trempé. Seuls Denis Olivennes et Martin Hirsch peuvent être, au dire de tous, minés par leurs états d'âme de garçons courant après une image parfaite. Entre celui qu'ils sont, celui qu'ils semblent être, celui qu'ils aspirent à être, il y a, parfois, carambolage. Alexandre Bompard, Denis Olivennes et Emmanuel Hoog passent d'ailleurs pour avoir des caractères mélancoliques. Ils le nient. C'est, en tous cas, seulement quand les échecs ne sont pas professionnels mais touchent au cœur de la vie, la mort d'un proche par exemple, que les masques tombent, un peu. Mais avoir été des premiers de la classe avec doigt levé au premier rang – une question, une réponse – prépare mal aux revers infligés par la vie.

Jean-François Copé a connu des heures noires. L'échec aux régionales de 2004, le scandale de l'affaire Copé-Gaymard en 2005 où il est accusé de posséder un logement de fonction en plus d'un appartement privé, contrevenant ainsi à la règle établie, la polémique autour de ses honoraires d'avocat au cabinet Gide-Loyrette-Nouel. Mais c'est son échec aux législatives, en 1997, qui le marque le plus. « Je me suis souvenu de l'enseignement familial. Il faut toujours être positif et rechercher les éléments de rebonds même quand la situation est difficile. Il y a un contraste fort entre les soirs de victoire et les soirs de défaite. On oublie assez vite les victoires alors qu'on n'oublie pas les défaites. On vit avec, toute sa vie. Les défaites sont un vrai test pour mesurer si l'on a, ou non, une colonne vertébrale. J'ai été éduqué comme ça. » Il ravalera sa fierté quand il découvrira qu'il ne fait pas partie du gouvernement de Nicolas Sarkozy, après l'élection de 2007, mais saura, en effet, rebondir en démultipliant son énergie à l'Assemblée nationale. Il réussira à faire entendre, à l'Élysée et à Matignon, la voix du groupe UMP.

Nicolas Bazire a aussi connu la défaite, en 1995, avec Édouard Balladur. La campagne a été particulièrement violente. « Les guerres civiles sont les pires. » Nicolas Bazire prétend en garder un souvenir imprécis. « J'étais en train de divorcer. J'ai un souvenir confus de tout ça. Je ne savais pas faire et j'ai mal fait. On a loupé. Je n'ai pas d'explications vues de l'intérieur mais des explications vues de l'extérieur. François Mitterrand était malade et Édouard Balladur était au pouvoir. Tout le monde disait depuis dix-huit mois qu'Édouard Balladur allait gagner. Or les Français aiment bien qu'on leur demande poliment d'être président de la République. Jacques Chirac, dans ce contexte-là, a incarné un renouveau physique et politique en tenant un discours plus à gauche sur *la fracture sociale*. Jacques Chirac a fait une bonne campagne et, nous, on a fait une mauvaise campagne : il n'a pas hésité devant la démagogie. Il a, par exemple, annoncé qu'il allait supprimer le service militaire. Les petits-bourgeois sortaient enfin de leur milieu et les garçons, qui avaient quitté l'école tôt, se trouvaient confrontés à l'autorité durant un an. La notion d'autorité est vitale pour la vie en société et la vie professionnelle en particulier. Le service militaire avait une vertu sociale évidente. Alors tous les jeunes entre 18 et 25 ans, qui n'avaient pas encore fait leur service militaire, ont voté pour lui. On a perdu à 1 % près. Quand c'est si près, il n'y a pas d'explication majeure. »

Sophie Boissard garde un souvenir mitigé de son passage au Centre d'analyse stratégique (2006-2007). Elle a seulement 36 ans quand elle en est nommée directrice générale. Il a fallu qu'elle trouve un juste milieu entre avoir une véritable écoute de Dominique de Villepin et ne pas transformer le Centre en une structure au service de la présidentielle. « J'ai ressenti la difficulté de réformer les structures administratives avec des outils extrêmement rudimentaires par rapport à ceux existant dans une entreprise. » Le temps a manqué. Elle partira avec l'arrivée de François Fillon, au bout de deux ans, avec un goût d'inachevé.

Les médias annonçaient, depuis début 2010, son arrivée à la tête de France Télévisions. Alexandre Bompard connaîtra, dans la course pour la direction de France Télévisions, la première halte à un parcours sans faute. La même critique revient dorénavant à son propos comme une mauvaise musique. On lui reproche de s'être placé sous l'aile à la fois protectrice et destructrice d'Alain Minc, inspecteur des finances comme lui, pour réussir à prendre la tête de France Télévisions en 2010. Paradoxe : il réussira, grâce à son mentor, à aller loin dans la compétition et échouera, à cause de son mentor, sur la dernière marche. On est, à l'époque, en pleine polémique autour des nominations de Jean-Luc Hees à Radio France et de Philippe Val à France Inter. Alain Minc est l'un des conseillers occultes de Nicolas Sarkozy. Alexandre Bompard sera donc considéré, dans la compétition pour le poste de PDG de France Télévisions, comme un candidat sarkozyste. Nicolas

Sarkozy nommera finalement Rémy Pflimlin à France Télévisions pour apaiser les esprits.

Alexandre Bompard a été entouré, durant cette période, de rumeurs, d'articles, de chuchotements. Ses rapports avec Arnaud Lagardère se sont dégradés et il a été déstabilisé à Europe 1. Il profitera d'une bonne vague d'audiences, après une mauvaise durant l'été et avant une mauvaise durant l'hiver, pour accepter la proposition de prendre la tête de la Fnac. « Je n'ai jamais pensé qu'on pouvait mener sa vie professionnelle dans une succession de réussites. J'ai toujours été intéressé, dans ma mythologie personnelle, par des gens qui ont connu passages à vide, déserts, crises lourdes. Je n'ai jamais pensé que je ne connaîtrais pas de difficultés. Il y a même quelque chose qui me manquerait dans l'adrénaline du combat, si je ne rencontrais pas d'obstacle. Les bruits autour de la nomination du PDG de France Télévisions ont été une expérience singulière et compliquée parce que vous ne faites rien puisque vous ne pouvez rien faire. J'ai appris à relativiser. Il y a quelques années, je ne voyais dans les articles que les virgules de travers, mais, durant cette année, j'ai pris beaucoup de recul. Il y a eu tellement plus que des virgules de travers dans les articles que j'ai compris que cela n'avait en définitive pas beaucoup d'importance. J'ai connu un moment de fragilité quand tout cela s'est arrêté. Cela a créé une perturbation au sein même d'Europe 1. Mais aujourd'hui, avec le recul, je me dis qu'il y a eu plus d'éléments positifs que négatifs à vivre ça. On n'a pas beaucoup de surprises concernant les autres, mais on en a concernant soi. J'ai appris des choses négatives et positives sur moi durant cette période. Elle a contribué à me construire. On connaît tous des parcours en flèche d'hommes politiques ou d'hommes d'affaires qui, sur le tard, reçoivent un coup sur la tête et c'est la fin du monde. Leur sentiment de suprématie intellectuelle s'effondre. Je n'ai, bien sûr, jamais eu de sentiment de suprématie intellectuelle et je sais que chaque étape est essentielle dans la construction d'une personne. » Alexandre Bompard aura passé, en tout et pour tout, trente mois à Europe 1 puisqu'il est arrivé en juin 2008. C'est peu. Alexandre Bompard laisse un bilan mitigé. On met à son crédit le développement du numérique mais pas d'augmentation des audiences. Les résultats auront été, depuis mars 2010, une alternance de chaud et de froid. Alexandre Bompard annonce son départ le 23 novembre pour la Fnac. La décision a été prise rapidement à la suite d'une conversation avec François-Henri Pinault (PDG du groupe PPR et de la holding Artémis). Alexandre Bompard a accepté pour plusieurs raisons. « Il y avait une part émotionnelle parce que la Fnac est au cœur de la vie des gens depuis plus de cinquante ans. J'y ai moi-même passé des milliers d'heures – à découvrir de nouveaux auteurs, à dénicher de nouveaux talents musicaux, à partager tout simplement des moments de culture et des découvertes technologiques. Il y avait aussi le projet industriel proposé par François-Henri Pinault. 20 000 personnes, une pluralité de marchés, un positionnement international et une entreprise à la croisée des chemins, confrontée à une révolution numérique qui bouleverse ses marchés, transforme ses métiers, fait apparaître des nouveaux concurrents de taille mondiale. Avoir la responsabilité d'assurer la pérennité et le développement de cette enseigne et marque dans un tel environnement m'a profondément stimulé. Et puis peut-être à titre plus personnel avais-je envie de me retrousser les manches dans une aventure plus industrielle, j'allais dire plus ascétique. » Les magasins ne sont pas au mieux de leur forme avec une baisse de fréquentation. Alexandre Bompard serait, en fait, chargé de rendre la Fnac la plus attractive possible auprès des investisseurs afin de la revendre le mieux possible. Un véritable travail d'énarque. Il ne s'est pas tourné les pouces depuis son arrivée. Renouvellement des équipes dirigeantes, partenariat avec Lagardère Services pour implanter des magasins dans les zones de transport, association avec AlloCiné permettant de proposer sur ce site ses services de billetterie.

Emmanuel Hoog a eu en quatrième un problème de santé. « Je pratiquais beaucoup de sport jusqu'à un accident. J'ai eu à

14 ans un accident de ballon qui m'a enlevé un œil. J'ai dû arrêter le collège pendant deux mois et rester dans le noir. Je ne saurais pas l'analyser ni mettre des mots dessus mais, en pleine période d'adolescence, cela m'a obligé à me poser. J'ai appris, à un âge qui ne se prête pas à ça, la gravité. » Emmanuel Hoog avait, après sa réussite à l'INA, d'autres ambitions que de prendre la tête de l'AFP. On parlait de lui, notamment, pour France Télévisions ou la chaîne Arte. Mais, là aussi, comme pour Alexandre Bompard à France Télévisions (c'est non) et Laurent Solly à TF1 (c'est oui), Nicolas Sarkozy en aurait décidé autrement. Emmanuel Hoog juge cependant n'avoir connu qu'une seule véritable épreuve. Son père est mort de la maladie de Parkinson, en 2000, après des années quatre-vingt-dix marquées par la souffrance.

Martin Hirsch perd son père à 24 ans alors qu'il entre à l'ENA. « Les études de médecine familiarisent avec la mort, mais pas avec la mort d'un proche. C'est sûr et certain. La mort était structurante pour les générations d'avant car on ne pouvait avoir atteint l'âge adulte sans avoir été confronté à des deuils. J'ai vu mon premier mort à 18 ans dans le cadre d'un court stage d'agent hospitalier. » Martin Hirsch aura réussi à démultiplier le nombre de ses ennemis avec quelques pages dans un livre. L'ex-haut commissaire essuiera les foudres des dirigeants de l'UMP, lors de la parution en 2010 de *Pour en finir avec les conflits d'intérêts*, pour déloyauté. On lui reprochera de s'être servi des données transmises à la Commission pour la transparence financière de la vie politique, dont il faisait parti, pour dénoncer les conflits d'intérêts de ses anciens camarades de droite (Gérard Longuet et Jean-François Copé) ; d'avoir fait adopter au Parlement la proposition de loi relative au service civique, promulguée le 10 mars 2010, alors qu'il était haut commissaire aux solidarités actives et à la jeunesse ; de s'être attribué un salaire de 9 400 euros net par mois ; d'avoir épargné son ami Éric Woerth dans son livre. Il ne regrette rien. Il ne voulait pas que l'arbre Woerth cache la forêt des conflits d'intérêts. La vive polémique, née de quelques pages, a attiré l'attention sur le livre pour faire bouger les choses. Hasard ou pas. Jean-François Copé démissionne du cabinet Gide-Loyrette-Nouel en prenant la tête de l'UMP, mais c'est pour s'installer à son propre compte le 1er mars 2011 dans les mêmes bureaux que sa sœur, Isabelle Copé-Bessis, afin de poursuivre son activité de médiation, et Gérard Longuet n'est pas pris au gouvernement après la parution du livre, mais c'est pour devenir, lors du remaniement de février 2011, ministre de la Défense. Martin Hirsch va devoir lutter pour son service civique. Il ne pourra financer que 10 000 volontaires en 2011 alors qu'il espérait pouvoir en financer 25 000.

Matthieu Pigasse vivra comme des épreuves les disparitions de Francis Mayer et de Thierry de Villehuchet, le départ de Dominique Strauss-Kahn en 1999 suite à l'affaire de la MNEF et les accusations de viol portées contre lui en 2011, la défaite de Lionel Jospin en 2002. « J'ai vécu la défaite de Lionel Jospin comme un désaveu pour nous tous. » La démission de Charles Milhaud a aussi compté pour lui. Matthieu Pigasse le rencontre, en 1998, au ministère des Finances. Charles Milhaud est alors président de la Caisse d'épargne de Marseille. François Villeroy de Galhau conseille à Charles Milhaud d'aller voir Matthieu Pigasse pour discuter de la réforme des Caisses d'épargne. « Charles Milhaud est entré dans mon fameux placard à balai. Il m'a entraperçu – j'avais à l'époque 29 ans – et s'apprêtait à repartir : *Excusez-moi, j'ai dû me tromper !* On ne s'est, en fait, plus jamais quittés. » Charles Milhaud va être président du groupe Caisses d'épargne pendant dix ans. Matthieu Pigasse le conseillera notamment dans le rapprochement avec les Banques populaires. « J'ai vécu comme une défaite personnelle son départ forcé, le 19 octobre 2008, à la suite d'une perte de 751 millions d'euros. J'ai eu le sentiment de ne pas avoir réussi à le protéger dans l'épreuve comme j'aurais dû le faire. Il avait modernisé et internationalisé les Caisses de manière incroyable. J'y étais : il a dû partir comme un malpropre à l'issue d'un conseil de surveillance, un dimanche soir à 20 heures, par le parking, parce que les caméras étaient à l'entrée. Il y a des épreuves personnelles que vous subissez et où vous ne faillissez pas. J'ai eu, à tort ou à raison, l'impression d'avoir échoué. »

Laurent Solly apprend que sa femme est atteinte d'un cancer peu de temps avant l'élection présidentielle de 2007, qui portera Nicolas Sarkozy au pouvoir. Il se rendra tous les soirs à 20 heures au Val-de-Grâce voir sa femme. « Je vivais la vie et la mort. Le jour, on me demandait d'être efficace, productif, le meilleur possible, et on réussissait à l'être ensemble. Mais, dans le même laps de temps, face à ce qui était essentiel, la souffrance et la disparition, je me retrouvais impuissant. Mes journées étaient schizophrènes. Je pouvais beaucoup au travail et je ne pouvais rien du tout à l'hôpital. » Sa femme Charlotte Chandellier, mère de ses deux petites filles, meurt en février à l'âge de 35 ans. Yasmina Reza, dans *L'Aube le soir ou la nuit*, retranscrit les mots de Laurent Solly lui confiant : « Moi qui suis dans la suractivité en permanence, je me retrouve arrêté par l'essentiel. Maintenant il faut que je sache sur quelle pente je veux aller. La pente où le bonheur me sera interdit ?... » Laurent Solly continuera à travailler jusqu'au 3 février 2007. Il ne se sera arrêté, en tout et pour tout, qu'un seul jour de la campagne : le jour de l'enterrement de sa femme. Il connaîtra une double peine. La douleur de vivre la tragédie et la douleur de ne pouvoir vivre la tragédie. Car il a dû, aussitôt, reprendre son rôle dans la campagne. Il en garde, avouent ses proches, un sentiment de culpabilité. Ceux qui l'ont côtoyé, dans ces moments-là, disent simplement : il a tout mis en œuvre pour tenir debout. Il se montrera silencieux, peu démonstratif, renfermé en ce qui concerne la maladie de sa femme. Il sera blessé par la réaction sans chaleur de Nicolas Sarkozy à l'annonce de la mort de son épouse. Ils ne sauront pas se parler.

Le deuxième tour de l'élection présidentielle reste, contre toute attente, un souvenir mitigé. Laurent Solly en parle à mots comptés. Il pressentait, depuis plusieurs mois, la fin de l'aventure. « J'étais évidement heureux de l'élection de Nicolas

Sarkozy. Un événement comme on en connaît seulement un ou deux dans sa vie parce qu'il appartient au pays tout entier et dépasse notre personne. Mais je savais déjà que c'était la fin d'une histoire collective et personnelle. Notre équipe se délitait. L'arrivée à ce stade de pouvoir avait commencé à l'abîmer et allait continuer à l'abîmer. Je ne serais jamais, non plus, aussi proche de Nicolas Sarkozy que je ne l'avais été durant toute cette période. » S'il voit ses efforts récompensés par la victoire de son camp, Cécilia Sarkozy raye son nom, d'un trait rageur et vengeur, lors de la fameuse nuit du Fouquet's.

Laurent Solly fait partie à l'époque de « La Firme ». Une expression trouvée par le journaliste Jean-François Achilli (France Inter) pour désigner la garde rapprochée de Nicolas Sarkozy. Pierre Charon, Frédéric Lefebvre, Frank Louvrier et Laurent Solly en sont les membres. Cécilia Sarkozy leur reproche de s'être réjouis de son départ à New York, avec Richard Attias, et d'avoir fait mener la belle vie à Nicolas Sarkozy en son absence. Elle avait des « espions » qui lui rapportaient ses faits et gestes. Les proches de Nicolas Sarkozy l'ont distrait, non pas par charité d'âme, mais pour le maintenir à flots. Il s'écroulait. Cécilia Sarkozy s'est vengée d'eux, dès son retour à Paris, en exigeant leur tête. Les uns et les autres témoignent d'un probable accord. Nicolas Sarkozy ne pouvait pas se passer d'eux, à quelques encablures de la victoire. Cécilia Sarkozy a alors, sans doute, obtenu de son mari qu'ils disparaissent de leur vie le jour même de la victoire.

Yasmina Reza, présente lors de la victoire de Nicolas Sarkozy, s'en souvient. « Tous ceux qui s'étaient battus pour lui étaient fous de joie. Ils l'ont été jusqu'à la salle Gaveau. Après nous sommes partis pour le Fouquet's. Nicolas Sarkozy s'y arrêtait avant la place de la Concorde. Nous sommes arrivés vers 21 heures, j'étais avec Élodie Grégoire, nous avons donné nos noms à l'entrée. Ils ne figuraient pas sur le registre. Laurent est arrivé juste derrière avec les membres de l'équipe dont je ne veux pas encore citer les noms, mais aucun d'eux n'était sur le registre. La fille qui tenait ce cahier était en bas de l'escalier. Ce qui signifiait qu'aucun d'eux n'avait le droit de monter. Nous sommes restés un moment en bas, assis et prostrés, sans dire un mot. Laurent Solly avait donné, avec la plus grande loyauté, des heures précieuses de sa vie à Nicolas Sarkozy. Les gens qu'on voyait monter n'étaient rien et n'avaient rien fait. Le Fouquet's l'a obligé à un autre deuil. » Nicolas Sarkozy rendra hommage, au Fouquet's, à la mère de Cécilia Sarkozy et à la femme de Laurent Solly. Une façon d'éponger sa culpabilité, de faire apparaître Laurent Solly parmi eux, de vivre enfin un drame non vécu par lui. Mais il y aura eu, avant, une deuxième blessure. Yasmina Reza en témoigne. Le débat télévisuel entre Nicolas Sarkozy et Ségolène Royal du 2 mai 2007 est un événement attendu par tous. Mais Yasmina Reza, Laurent Solly, Jean-Michel Goudard, Pierre Charon sont interdits de présence par Cécilia Sarkozy. « Pierre Charon nous a invités chez lui à manger des pâtes. Il a ouvert la porte revêtu d'une toque et d'un grand tablier blanc. On a regardé le débat tous les quatre ensemble sur sa télé. C'était une scène très forte émotionnellement. Ces trois hommes auraient dû être au premier rang sur le plateau. Je l'ai écrit dans un de mes cahiers. Aujourd'hui, je regrette de ne pas l'avoir fait figurer dans mon livre. Elle reflétait vraiment la dimension cruelle et arbitraire de tout ça. Jean-Michel gardait obstinément le silence. Je crois qu'il n'a pas ouvert la bouche de toute la soirée. Pierre servait les spaghettis et s'efforçait de nous faire rire. Laurent s'échauffait et gavait Nicolas Sarkozy de conseils à travers le poste tandis qu'il recevait des textos de félicitations émanant de l'équipe de Ségolène Royal. »

Grande et petite histoire, vie privée et vie publique, amitié et amour. Un témoin surprendra Nicolas Sarkozy, avant son discours de la place Gaveau, comme enroulé sur lui-même et suppliant au téléphone Cécilia Sarkozy : « Je t'en supplie, viens. » Tout s'entrechoque lors de cette journée du second tour. Laurent Solly ne veut pas s'étendre sur l'épisode du Fouquet's. Il avoue avoir éprouvé de « l'étonnement », mais ne souhaite faire aucun commentaire. La journée du 7 mai 2007 porte à son point d'incandescence tout ce que le pouvoir apporte et abîme dans un même mouvement. Le second tour est un précipité de vie. L'abattement, la satisfaction, l'incompréhension, la tristesse, la joie, la trahison. « J'ai éprouvé des sentiments intenses et contradictoires. Je vivais la fin de quelque chose, mais je l'avais anticipé. » Laurent Solly quitte (définitivement) la vie politique à 37 ans.

15. Canal + : bonheurs et malheurs

Denis Olivennes a connu ses temps sombres à Canal +. Il se rend à un dîner chez des amis où se trouve Pierre Lescure. Le dîner est mouvementé. Des employés à la maintenance retiennent leur directeur dans les bâtiments d'Air France à Orly. Denis Olivennes passe une partie du dîner au téléphone avec, un coup, les policiers et, un coup, la CGT. Insultes, engueulades, menaces. Le directeur est enfin libéré. Pierre Lescure, PDG du groupe Canal + depuis 1994, appelle le lendemain Denis Olivennes : « Vous ne voudriez pas me rejoindre à Canal + ? » C'est non. Quelques semaines après, la gauche gagne les élections, avec refus de privatiser Air France. Christian Blanc et Denis Olivennes démissionnent. L'offre de Pierre Lescure est acceptée. Denis Olivennes s'occupe d'une petite filiale durant un an et demi, NC Numericable, puis devient directeur général de Canal + et président de Canal + France. Un mauvais souvenir pour Denis Olivennes. « Un chemin de croix. » C'est l'ère Jean-Marie Messier. « J'avais le sentiment désastreux d'être monté sur le ring de boxe avec une main liée dans le dos et des chaussures en plomb. » Denis Olivennes part avec 3,2 millions d'euros en poche. On lui reproche encore aujourd'hui le montant de ses indemnités. « Tout cela était légal : cela représentait deux ans de mon salaire de l'époque. Ce montant avait été déterminé par une procédure d'arbitrage, validée par un juge, pour qu'il soit incontestable. Mais si c'était à refaire, je ne le referais pas. » Il devient directeur général distribution du groupe PPR en 2002 puis président-directeur général du groupe Fnac en 2003. « Il y a eu l'effort collectif d'une entreprise pour se sauver : on a redressé les comptes, on a accéléré le développement international, implanté la Fnac dans les zones commerciales peu fréquentées. Et la Fnac est repartie. » Il se livrera à un tour de force concernant une nouvelle organisation de la Fnac. Il convaincra les salariés de ne pas suivre les syndicats. Si Denis Olivennes a quitté Canal + (2002) avec bonheur, Alexandre Bompard y arrive, lui, avec bonheur (2004).

Alexandre Bompard a connu son heure de gloire à Canal +. Il est au cabinet de François Fillon, lorsqu'il est appelé par Bertrand Meheut (PDG de Canal + depuis 2003) sans en connaître la raison. Ils ne se sont alors jamais rencontrés et le PDG de Canal + est passé par un cabinet de chasseurs de têtes. On est en pleine réforme des retraites et Alexandre Bompard imagine que Bertrand Méheut veut un éclairage sur les conséquences de la réforme des retraites dans les entreprises. Ce n'est pas ça. Ils vont discuter ensemble durant près de trois mois. Bertrand Meheut demande à Alexandre Bompard de le rejoindre à Canal +. Alexandre Bompard interroge quelques personnes de son corps d'origine. On lui déconseille fermement. 1) Canal + va mal, et 2) Bertrand Meheut est inconnu d'eux. C'est « mais qu'est-ce que tu irais faire dans cette galère ? ». Alexandre Bompard accepte finalement de rejoindre Canal +. « Je connaissais mal, à l'époque, les médias, Canal +, Vivendi. Le facteur humain a été déterminant. Bertrand Méheut a mis attention et conviction dans son recrutement. » À peine a-t-il donné sa démission à François Fillon, qu'il remonte dans son bureau et trouve un article disant que Canal + allait être vendu à la fin de l'année. « Je me suis dit : mon Dieu, ça va être très très court ce passage-là ! Il faut peut-être que je demande que l'on me garde un bureau. » Alexandre Bompard arrive comme directeur de cabinet.

« Bertrand Meheut a une particularité. Il fait ce qu'il dit et il dit ce qu'il fait. Il est trop dans un souci d'efficacité pour perdre du temps à être florentin. Le poste proposé est, à la virgule près, celui que j'ai trouvé en arrivant. » Alexandre Bompard, Rodolphe Belmer, Olivier Courson vont, autour de Bertrand Meheut, faire des miracles et redresser la chaîne. Il y a la certitude que Canal +, à partir d'un parc d'abonnés entre 5 et 6 millions et d'une marque forte, peut être sauvée. On est en 2005. Alexandre Bompard est là depuis seulement huit mois, quand Bertrand Meheut lui propose d'être chef de projet du prochain appel d'offres de la Ligue 1. Un de ses souvenirs les plus forts. « On travaillait en petit comité et on explorait 8 500 scénarios possibles. » Il se souvient d'une réunion avec Bertrand Meheut et Jean-René Fourtou, le jour des résultats de l'appel d'offres, à 7 h 30, dans les bureaux de Canal +. « L'appel d'offres est d'une complexité inouïe. Bertrand Meheut prend la décision de mettre 1,8 milliard sur trois ans, engageant par là même l'avenir de l'entreprise et sa rentabilité immédiate. On commence à remplir les différentes enveloppes. On est sur un plan de trois ans et on a le droit d'augmenter de 10 % chaque année. On a beau avoir travaillé neuf mois là-dessus, on a fait en le remplissant une erreur de calcul qu'un élève de sixième n'aurait pas faite. Bertrand Meheut s'en est aperçu : *Vous êtes sûrs de vous, là ?* On a vite corrigé. » Alexandre Bompard se rend à la ligue de foot avec les enveloppes. La ligue se réunissait avec les présidents de club et dévoilait les résultats deux heures après. « Je suis revenu à Canal + à midi. On se retrouve en petit comité dans le bureau de Bertrand Meheut pour une attente qui a duré près de six heures. L'entreprise s'est comme arrêtée. À un moment, on s'est dit : si ça se trouve, ils sont tous partis et on ne nous le dit pas. Mais, à 19 heures, le téléphone a sonné pour nous annoncer qu'on venait de gagner l'exclusivité des droits de la Ligue 1. » Alexandre Bompard, devenu directeur des Sports de Canal + à 32 ans, recommencera trois ans plus tard. Il acquiert, durant les vingt mois passés auprès de Bertrand

Meheut, des réflexes de manager. « J'ai apporté, comme d'autres, ma pierre à l'édifice. Mais la réussite revient à Bertrand Meheut. C'est le numéro 1 qui impose les gens, la rupture, le rythme, les choix. » Denis Olivennes et Alexandre Bompard auront l'occasion de comparer, à nouveau, leur bilan respectif à Europe 1 et à la Fnac depuis le jeu des chaises musicales de novembre 2010.

V. Les allées du pouvoir

« Qu'est-ce qu'on va laisser comme trace ? »
(Alexandre Bompard)

Qu'ont-ils fait de leurs idéaux ? « Je vois bien une jeunesse qui s'agite et qui dit : *À moi l'avenir !* Mais où sont ses talents ? Quelle énergie a-t-elle montrée ? Que d'espérances n'a-t-elle pas déjà déçues ? Si vous en exceptez cinq ou six jeunes gens de mérite réel, quel troupeau de générations libertines, avortées, sans convictions, sans foi politique et religieuse, se précipitant sur l'argent et sur les places comme des pauvres sur une distribution gratuite ; troupeau qui ne reconnaît point de berger, qui court de la plaine à la montagne, de la montagne à la plaine, dédaignant l'expérience des vieux pâtres durcis au vent et au soleil. Il est vrai que ces générations infimes ne sont que de passages. Elles forment la chaîne pour atteindre les mains qui cueilleront l'avenir » (Chateaubriand, *Mémoires d'outre-tombe*). Ils n'ont pas abandonné le rêve de faire partie des quelques hommes et femmes de « mérite réel » de leur génération.

On raconte la destinée d'un Jean-Charles Naouri (né en 1949) dont Louis Schweitzer dit qu'il est l'un des hommes les plus brillants de sa génération. L'actuel PDG du groupe Casino possède un parcours scolaire de surdoué. Il réalise, à 14 ans, un doublet au concours général (premier aux épreuves de latin et de grec) ; obtient son bac, à 15 ans, avec mention très bien ; devient premier de sa promotion au concours d'entrée à l'École normale supérieure (section sciences) ; réussit en une seule année un doctorat d'État en mathématiques ;

fait Harvard puis l'ENA (promotion Guernica, 1976) dont il sort inspecteur des finances. Il servira l'État à un haut niveau (directeur de cabinet de Pierre Bérégovoy entre 1982 et 1986) puis, à partir de 1987, le monde de l'entreprise. Il est emblématique du changement de valeurs de l'époque actuelle, même si son pantouflage a été provoqué par sa mise à l'écart par la droite en 1986.

1. Le passage dans le privé
« On ne rentre quand même pas dans les ordres ! »
(Nicolas Bazire)

Seuls Martin Hirsch, Sophie Boissard et Emmanuel Hoog poursuivent, parmi les neuf, leur carrière dans le public. Jean-François Copé émarge comme avocat. Les autres ont pantouflé. On appelle « pantouflage » le fait, pour un haut fonctionnaire, de rejoindre une entreprise privée. Le pantouflage peut devenir un délit lorsque le haut fonctionnaire passe d'une administration exerçant un contrôle sur une industrie à une entreprise de cette industrie. La loi surveille dorénavant de tels mouvements avec règles et délais. La création d'une commission de déontologie en 1993 a commencé à mettre fin aux abus les plus visibles. L'obligation est faite aux hauts fonctionnaires, ayant surveillé ou contrôlé une entreprise privée, d'attendre cinq ans avant de travailler pour elle.

Louis Schweitzer est le prototype du haut fonctionnaire. Il a pourtant rejoint à 44 ans, après l'échec de la gauche en 1986, Renault dont il deviendra le PDG. « Le parcours type des gens des Finances était d'atteindre le sommet de l'État entre 40 et 50 ans puis d'aller dans des emplois privés ou publics. Un pantouflage de fin de parcours de carrière. Il n'y avait pas beaucoup de différences entre gouverneur du Crédit foncier et directeur financier dans une entreprise. Je suis parti, dans mon cas, dans l'industrie parce qu'il n'y avait pas de débouchés dans l'administration. Il existe après des pantouflages précoces, comme ceux d'Alain Minc ou d'Alexandre Bompard, que je juge une bonne chose s'ils restent minoritaires. J'ai toujours pensé qu'il fallait des déviants par rapport à un groupe donné. Il faut faire payer une pantoufle et s'abstenir de jugements moraux. » Jean-Pierre Jouyet est sur la même longueur d'onde. « Le pantouflage est une bonne chose si on le consomme avec modération. Il y a en France un certain colbertisme. Une connivence entre l'État et le privé. On est longtemps partis de l'État pour diriger des entreprises publiques qui sont devenues, aujourd'hui, des entreprises privées. Le pantouflage, bien encadré, ne pose pas de problème. Tous les pays le pratiquent à l'exception, peut-être, de la Corée du Nord ! On continue à poser cette question seulement aux énarques. On pourrait la poser aux polytechniciens, en leur disant que leur vocation est de construire des ponts et d'assurer la défense en ce qui concerne l'armement, mais on ne le fait pas. »

Denis Olivennes souligne un changement d'époque. « Pour la génération d'après-guerre, être énarque avait un sens. Un pouvoir politique faible, une administration forte, un secteur privé inexistant, la nécessité de la reconstruction. Mais, nous, nous sommes arrivés à la fin, avec un État essoufflé, dans lequel la politique avait repris ses droits, et avec des entreprises privées en plein mouvement. Nous sommes arrivés au pire moment. On est partis, non à cause de l'argent, mais parce que l'action se passait ailleurs. » C'est un fait. L'État a perdu de son influence et le secteur public s'est réduit. Le journaliste Alain Duhamel avance d'ailleurs comme explication, au pessimisme des Français, la perte de confiance dans leur État. Alexandre Bompard note, comme Denis Olivennes, qu'il faut tenir compte du sens de l'Histoire. Le temps d'un État jacobin, centralisé et puissant, ne reviendra plus. Les privatisations, la décentralisation, l'Europe, la mondialisation sont passées par là. On est enfant de son époque et Alexandre

Bompard le ressent. « Quand l'État était puissant, le secteur public l'était, aussi. Il y a eu toute une période où, lorsqu'on dirigeait un certain nombre d'établissements industriels ou bancaires, on œuvrait dans le secteur public. Le nombre d'entreprises publiques a été puissamment réduit depuis 1986. Elles étaient dirigées par des gens sortant des Grands Corps de l'État, mais ils n'avaient pas pantouflé puisqu'ils étaient au sein d'entreprises publiques. Il y a eu un rétrécissement de la taille de l'État qui rend plus visible le pantouflage. Le second élément, dont il faut tenir compte, c'est que le cœur du réacteur n'étant plus l'État comme avant, les lieux de pouvoir sont pluriels parce qu'il y a eu un rééquilibrage public/privé. L'ENA, qui vit cette ambiguïté entre école de l'élite ou école de la haute fonction publique, suit cette tendance-là. »

Emmanuel Hoog, qui appartient à la même promotion que Denis Olivennes, replace les choses dans un autre contexte. L'actuel président de l'AFP a été à deux doigts, à plusieurs reprises de sa carrière, de passer dans le privé. « La gauche a été au pouvoir de 1981 à 1986. Beaucoup d'énarques de droite étaient passés dans le privé en se disant qu'ils ne pourraient sans doute pas accéder à des fonctions à la hauteur de leurs ambitions. Quand je suis arrivé à l'ENA, en 1986, ce discours favorable au privé marquait un peu le pas. La droite était à nouveau au pouvoir et créait de nouvelles opportunités à des énarques proches de la nouvelle majorité. »

Matthieu Pigasse se retrouvera les bras ballants, en 2002, après la défaite de Lionel Jospin. La direction du Trésor, son corps d'origine, ne lui propose rien. « Il y avait un discours officiel qui était qu'on n'avait pas de poste de mon niveau à me proposer, mais la vérité était autre, sans aucun doute politique. Je m'étais donné sans compter pour l'État, de manière intègre, donc j'ai vécu leur refus de me garder comme une profonde injustice. Le gouvernement a changé et la fonction publique m'a dit : va-t'en ! » Ils sont quelques-uns à se souvenir que Matthieu Pigasse rêvait, à l'époque, de partir travailler au

Japon. Cela ne se fera pas. Matthieu Pigasse rejoint la banque Lazard en 2002.

Alain Minc a été parmi les premiers énarques à quitter la fonction publique, en 1979, pour rejoindre le privé. Il s'agissait, en l'occurrence, de Saint-Gobain. Il démissionnera ainsi, à la suite de Roger Fauroux et d'Alain Gomez, de l'Inspection des finances. Alain Minc considère le pantouflage comme une excellente chose. « Le mode de formation doit être le plus ouvert, le plus compétitif possible. Je trouve positif que des énarques aillent concurrencer des MBA de Harvard dans le privé, comme je trouve positif que des MBA de Harvard aillent concurrencer des énarques dans le public. » Jean-François Copé est sur la même longueur d'onde. « L'État n'est pas en mesure de fournir aux cent trente élèves d'une promotion une carrière passionnante. Arrivé à un certain cap, vers 45 ans, on sait qu'on ne pourra plus progresser. Les postes ne sont pas assez nombreux et les rémunérations ne sont pas à la hauteur. On a fait le tour du boulot. Je suis pour un maximum de passerelles entre le privé et le public et le public et le privé. Sinon, on forme des ayatollahs. Il y a un piège pour l'énarque à choisir la voie protégée qu'on lui propose. Celui qui sort dans "la botte" peut, à 25 ans, penser que toute sa carrière est programmée. Alors qu'il faut juste se dire que l'ENA est une formation initiale et que c'est la vie qui apprend l'essentiel. » Laurent Solly souligne aussi qu'il est dangereux que le monde privé et le monde public s'ignorent. « Il est important que la circulation des responsabilités se fasse. Chaque univers peut avoir une vision caricaturale de l'autre. Le passage public/privé doit être encouragé mais encadré, et c'est le cas. » Nicolas Bazire a remboursé sa pantoufle lorsqu'il est passé dans le privé. « Quand j'étais jeune, je ne m'imaginais pas passer dans le privé et puis, après, je ne m'imaginais pas faire toute ma carrière dans la fonction publique. Je crois aujourd'hui que c'est une bonne chose que la fonction publique s'aère un peu. On ne rentre pas dans les ordres, quand même, en faisant l'ENA. Je n'ai eu, à aucun moment, un sentiment de trahison. Faire fonctionner une entreprise privée ou participer au fonctionnement d'une entreprise privée est tout aussi utile que d'être dans une entreprise publique. Je suis administrateur d'une société, Carrefour, qui est le plus gros employeur français. Elle emploie 170 000 personnes en France et 500 000 dans le monde. Je n'ai aucun sentiment de culpabilité en étant passé dans le privé. » L'actuel directeur de l'ENA, Bernard Boucault, comprend qu'on veuille découvrir, après une dizaine d'années dans l'administration, l'entreprise privée. « Cela peut aussi être pour l'ENA une manière de diffuser les valeurs de la collectivité dans une entreprise privée. Il faut qu'elle porte en elle une part de l'intérêt général. »

Martin Hirsch, Sophie Boissard, Emmanuel Hoog tiennent un discours nettement moins positif sur le pantouflage. Le mot « pantouflage » était considéré, dans la famille de Martin Hirsch, comme une insulte. Martin Hirsch, lors du baptême de sa promotion, a désiré la baptiser Service public. « Je voulais montrer qu'on était entrés là pour aller dans le service public et non pas pour aller dans la banque. Il y a certains élèves de l'ENA qui ont monnayé leur diplôme pour gagner de l'argent dans le privé et jouer ainsi sur les deux tableaux. » Sophie Boissard avoue conserver une vision idéaliste de l'ENA. « Je m'étais dit au départ : pas de pantouflage. La vie est sans doute, après, un peu plus compliquée que ça. On doit aussi tenir compte de la capacité des administrations publiques à offrir des déroulements de carrière intéressants sur quinze ou trente ans. Il n'est pas bon, d'ailleurs, que les deux univers demeurent étrangers l'un à l'autre. On risque de se trouver dans une situation où, au sein de l'administration publique, on ignore tout du fonctionnement de l'économie réelle, de la vie des entreprises et être conduit à prendre des décisions sans connaître les contraintes des secteurs auxquels elles s'appliquent. Il faut donc permettre des allers et retours, sans écarts de rémunération insupportables, entre les deux univers. Mais ce que je désapprouve, c'est la logique du : j'entre à l'ENA-je sors de l'ENA-je fais quatre ans dans le service public-je vais dans le privé. L'ENA est alors un passage pour améliorer son carnet d'adresses. » L'administration devient ainsi une simple étape dans un parcours de mercenaire. Emmanuel Hoog évoque un devoir vis-à-vis de la collectivité. « J'ai l'impression de devoir restituer dans le cadre de l'intérêt général, car restituer dans un cadre privé, c'est restituer pour soi : on se rémunère soi-même. Je considère avoir eu de la chance car, pour moi, travailler c'est aussi restituer, faire partager à d'autres, cela me paraît plus évident dans un cadre public que dans un cadre privé. »

Alexandre Bompard a un point de vue nuancé sur le passage public/privé. « L'ENA a vocation à former des hauts fonctionnaires et non des gens qui partent dans le privé. Quand je reçois des jeunes gens, je leur dis : *Explorez d'abord tout ce que vous pouvez faire au sein de l'État*. Je me rends compte que, de la place où je suis, ça peut paraître incongru. Le pantouflage n'est pas ce à quoi est destinée l'ENA. Mais parfois vous pouvez, comme Nicolas Bazire, avoir le sentiment d'avoir fait tout ce que vous pouviez faire dans la sphère de l'État ou avoir une opportunité forte dans le privé. » Alexandre Bompard est le seul pour qui le passage du public au privé a provoqué un cas de conscience. « Je me suis interrogé. Je n'ai pas servi suffisamment l'État pour me dire que j'ai rendu à l'État tout ce qu'il m'avait donné. L'ENA a compté dans ma formation. Je ne considère pas mon parcours comme une donnée immanente liée à mon talent personnel. Je me suis construit, avec tous ces éléments, jusqu'à aujourd'hui. Je n'aurais pas eu le même parcours ni la même vie sans l'ENA. Je n'aurais pas acquis la même compétence et je n'aurais pas reçu les mêmes coups de fils. Je suis redevable à l'ENA et à l'État de certaines choses et je serais heureux de pouvoir les rendre. Peut-être serais-je un jour amené à servir à nouveau l'État. »

2. L'attrait de l'argent « On ne gagne pas des millions d'euros par hasard » (Emmanuel Hoog)

On reproche à nombre d'énarques de courir après pouvoir, argent, notoriété. Dans ce contexte-là, partir dans le privé, c'est gagner plus d'argent. La philosophe Élisabeth de Fontenay, dont le père fut le premier directeur de l'ENA, déplore ce qu'est devenu l'ENA. Une école de passage pour se constituer un carnet d'adresses qui permettra d'accéder à des postes fortement rémunérateurs. Le problème reste celui des limites. « Ceux qui possèdent beaucoup veulent toujours posséder plus » (François Mitterrand). Le désintéressement est pourtant au cœur des valeurs du service public. Louis Schweitzer, dont le père était fonctionnaire, a fait l'ENA dans le but d'être fonctionnaire. « Il y avait, quand j'ai fait l'ENA, les gens qui gagnaient de l'argent et les gens qui servaient l'État. C'était alors deux groupes différents. » Servir les autres ; se servir soi. On veut croire, aujourd'hui, que les deux sont possibles.

C'est ainsi. Les Français admettent des rémunérations élevées pour les sportifs ou les acteurs mais absolument pas pour les patrons d'entreprise. L'argent reste un tabou. Les plus décomplexés rejoignent les plus complexés : aucun n'aime avouer le montant de ses rémunérations et aucun n'avoue considérer l'argent comme un moteur. On peut avancer n'importe quel montant de salaire : ils nient systématiquement gagner autant d'argent. Mais il y a ceux pour qui l'argent n'est pas un problème (Jean-François Copé, Laurent Solly, Nicolas Bazire, Matthieu Pigasse) et ceux pour qui l'argent est un problème (Alexandre Bompard, Denis Olivennes, Martin Hirsch, Emmanuel Hoog, Sophie Boissard). Les reproches deviennent aigus lorsqu'on se dit de gauche tout en gagnant beaucoup d'argent. C'est l'éternelle question : peut-on se prétendre de gauche tout en étant richissime, comme le banquier Matthieu Pigasse ? « J'ai des idées qui ne sont pas celles de mes intérêts contrairement à la bourgeoisie qui aligne ses idées sur ses intérêts. Je n'ai aucun problème avec l'argent. Je suis fier d'avoir gagné de l'argent et de l'avoir réinvesti à risque. C'est ma façon d'être et de vivre. Je pense des choses et je vis ces choses. La gauche, c'est le risque, et la droite, c'est la rente. La gauche, c'est le risque et la possibilité d'être récompensé de son risque. Ça ne signifie pas jouer au poker. C'est le mouvement face à l'ordre. Cela signifie que chacun doit avoir la même chance dans la vie, la même chance de pouvoir décider de sa vie, de pouvoir changer sa vie. La clef est l'égalité. Ça passe par l'égal accès à l'école, l'égal accès au système des soins, l'égal accès à la sécurité. Chacun ayant la même chance, que le meilleur réussisse ! On redistribuera derrière pour ceux qui, pour telle ou telle raison, ont du mal. Je ne trouve pas honteux de vouloir gagner de l'argent et de vivre sa vie comme on l'entend. » Matthieu Pigasse gagnerait autour de 6 millions d'euros par an à la banque Lazard. Il est, des trois propriétaires du *Monde*, le moins riche. C'est lui qui prend le plus de risques. Il a investi plus de 30 millions d'euros dans les médias. Jean-François Copé n'a aucun problème avec l'argent. Le secrétaire général de l'UMP dénonce l'hypocrisie qui entoure le sujet. « Il faut oxygéner le système. Comment voulez-vous qu'un énarque, qui a fait toute sa carrière dans l'administration avec une rémunération inférieure à celle qu'il obtiendrait dans le privé, ne soit pas aigri ? La génération de René Lenoir (directeur de l'ENA entre 1988 et 1992) préconisait un mur de séparation entre le privé et le public. Elle amenait l'administration à fiscaliser et matraquer n'importe comment afin de rééquilibrer le pouvoir entre administration et entreprise. Je suis quelqu'un qui assume toujours tout. » Il faut en effet pouvoir tout assumer pour avoir été en même temps président du groupe UMP à l'Assemblée et avocat d'affaires (2007-2010) dans le cabinet Gide-Loyrette-Nouel. Jean-François Copé y aurait gagné autour de 20 000 euros par mois. Le recrutement d'un ancien ministre du Budget par un cabinet d'affaires aura créé la polémique. Risques de conflits d'intérêts, problèmes d'emploi du temps, goût pour l'argent. La loi relative à la fusion des Caisses d'épargne et des Banques populaires est adoptée en juin 2009 par les députés du groupe UMP alors que Jean-Fançois Copé est conseil de la Caisse d'épargne. Jean-François Copé s'est retrouvé à nouveau, comme lors de l'affaire de l'appartement en 2005, dans l'œil du cyclone médiatique. La journaliste Solenn de Royer, passée de *La Croix* au *Figaro*, souligne que son rapport à l'argent demeure son talon d'Achille. « Jean-François Copé prend beaucoup de risques pour l'argent parce qu'il pense qu'il se faufilera toujours entre les mailles du filet. Mais il se lève, dans la société, un désir d'éthique. Sa force reste d'assumer. » Pour Laurent Solly c'est, en ce qui concerne les énarques, un faux problème. « Les gens de ma génération qui voulaient gagner de l'argent partaient faire des MBA à Londres. Ils ne faisaient pas l'ENA. J'ai, en ce qui me concerne, un rapport décomplexé à l'argent. Je ne suis pas issu d'une famille fortunée et je n'ai aucun grand patrimoine. Le seul argent que je gagne, pour faire vivre ma famille, provient de mon travail. Je suis, d'autre part, un contribuable comme un autre et je verse ma part proportionnelle à l'impôt national, ce qui me paraît normal. » Nicolas Bazire gagnerait aux alentours de 4 millions d'euros par an à LVMH. Il aurait perçu en 2007, selon le magazine *Capital*, plus de 10 millions d'euros annuels sous forme de salaire et de stock-options. Il pense que le problème tient au rapport qu'on entretient en France avec l'économie de marché. « Est-ce que l'économie, et la croissance, et le profit, sont un moteur légitime de l'économie, ou est-ce que l'économie doit être une économie administrée par des gens qui n'en sont pas les propriétaires ? À partir du moment où l'on croit en l'économie de marché, il n'y a pas d'illégitimité à la constitution de patrimoine ou de revenu. Mais si l'on ne croit pas en l'économie de marché, on a évidemment un gros problème avec l'argent. » Aucun d'eux ne voit l'argent comme une motivation essentielle et personne ne les croit quand ils l'affirment. Alexandre Bompard ne pense pas un seul instant qu'on passe dans le privé pour gagner plus d'argent. Il croit, comme Denis Olivennes, qu'on y va parce qu'on veut bouger. Ils font en cela penser au duc de Montenotte, dans *Le Rose et le Vert* de Stendhal, méprisant le gouvernement de Louis-Philippe : « Mais est-ce ma faute à moi, se dit-il indigné, si le gouvernement ne fournit plus à personne l'occasion de s'illustrer ? » Le jeune lieutenant d'artillerie, romanesque en diable, se rend compte que l'époque des champs de bataille et des hommes illustres n'est plus. On peut identifier les besoins actuels de son pays et les satisfaire dans la difficulté, mais on ne deviendra pas un « homme sublime » célébré par tous : à peine un type bien. Est-ce que c'est suffisant ?

Emmanuel Hoog dit avoir hérité de ses parents son rapport à l'argent. Il a poursuivi son ascension professionnelle avec, en parallèle, l'explosion folle des salaires des grands patrons. « Il n'y a pas de politique générale des hauts fonctionnaires, ce qui autorise des rémunérations disparates et occultes. L'argent n'a jamais été un sujet de discussion dans ma famille et je n'ai jamais fait mes choix professionnels en fonction de l'argent. Les garde-fous ont été chez moi posés très tôt. L'âge arrivant, je me dis que j'aimerais bien gagner un peu plus d'argent, surtout quand je me compare à d'autres condisciples, mais ça ne constitue pas une motivation en soi. Je n'ai pas un discours moralisateur sur l'argent, si ce n'est sur l'argent facile et les rentiers. J'estime avoir de la chance et bien gagner ma vie. Mais je ne constituerai probablement jamais ma fortune. Je ne suis sans doute pas doué pour cela. On ne se retrouve pas à gagner des millions d'euros par hasard. Il faut un talent que je n'ai pas. J'ai du respect pour les entrepreneurs individuels qui réinvestissent leurs gains. Ce qu'a fait Matthieu Pigasse à l'égard du journal *Le Monde* m'impressionne. » Jacques Attali (promotion 1970) souligne avec justesse que le problème n'est pas l'argent mais ce que l'on fait de l'argent. « L'argent circule comme le sang. Il est la condition de la vie d'une société. Si on le gaspille, c'est la saignée ; si on l'accumule au même endroit, c'est l'hémorragie cérébrale. L'argent doit circuler au service d'autre chose, comme le sang circule au service de la vie. On peut définir l'avare comme celui qui fait de l'argent une finalité en soi et non pas un moyen. La richesse est une bénédiction si elle est mise au service du bien, des autres, du progrès. »

Denis Olivennes a connu, tout au long de sa carrière, des salaires élevés. On parle d'une somme tournant autour de plus de 1 million d'euros annuel chez Lagardère Médias. Il vient d'une famille d'intellectuels de gauche où gagner de l'argent était considéré comme honteux. « Je me suis parfois écarté involontairement des valeurs familiales de désintéressement, de courage, de droiture, de reconnaissance pour la culture, mais c'est quelque chose que je porte en moi. J'ai un imposant surmoi pour employer un terme psychanalytique. Je me pose toujours la question, avant de faire quoi que ce soit : est-ce que c'est conforme à la morale ? » Denis Olivennes sait aussi que notre rapport à l'argent dit beaucoup de nous. « Il témoigne du désir d'affection, de la volonté de réassurance profonde, du besoin d'autrui. » Il est ainsi connu pour être généreux.

Sophie Boissard affirme, comme les autres, que si l'on cherche à faire carrière dans des secteurs d'activités lucratives, l'ENA n'est pas un accélérateur de carrière. « Pour les gens de ma génération, faire un détour par la case service public n'est pas un moyen de se positionner vite et bien dans des activités lucratives. Les valeurs du service public sont des valeurs difficiles à porter en période de bulle financière et de mondialisation échevelée, mais les gens qui font l'ENA ne sont pas mus par l'ambition financière. Il y a en revanche, chez certains, la volonté de faire une carrière politique : le pouvoir, oui, l'argent, non. »

4. L'attirance pour les médias
« Les médias, c'est sexe » (Martin Hirsch)

Le monde des médias les fascine. Les noms de Denis Olivennes, Emmanuel Hoog, Alexandre Bompard ont circulé pour prendre la tête de France Télévisions en 2010. Alain Minc et Denis Olivennes ont proposé à Nicolas Sarkozy de supprimer la publicité sur les chaînes publiques. Jean-François Copé a présidé la commission pour la nouvelle télévision publique. Nicolas Bazire est non seulement directeur général de LVMH mais aussi directeur du groupe presse de LVMH. Il a été en charge du rachat des *Échos* en 2007. L'attirance des énarques pour les médias semble naturelle à Sophie Boissard. « Le quatrième pouvoir est de plus en plus puissant. L'ENA recrute une partie des éléments brillants d'une génération. Il n'y aurait pas l'ENA, on retrouverait d'une autre façon les mêmes dans le même type de fonction. Tout système permet de faire émerger un certain nombre d'éléments doués. Après, ils veulent agir et ils vont aller là où ils peuvent le mieux agir. Excès d'honneur ou d'indignité. » Martin Hirsch comprend aussi la fascination des énarques pour les médias. « Les médias, c'est sexe. »

On propose à Alexandre Bompard, à 36 ans, d'être PDG d'Europe 1. Il s'attend à ce que son préavis soit immédiatement levé à Canal +. Ce n'est pas le cas. « Je me suis senti durant deux semaines en surplomb. Je dirigeais toujours la direction des sports mais je ne pouvais plus prendre de décisions. Je me baladais dans les bureaux et j'imaginais que les gens devaient se demander ce que je faisais là et quand est-ce que je partais de là. » Les tensions sont vives. Alexandre Bompard n'a averti Bertrand Meheut de son départ qu'après sa signature avec le groupe Lagardère. La presse multiplie les papiers huile-sur-le-feu. Alexandre Bompard explique ses faits et gestes. Il faut dépendre de ses propres projets et non pas de l'homme providentiel ou d'un hypothétique concurrent. La politique est une drogue dure. Mais il ne faut pas confondre pouvoir et politique. Ce sont deux choses différentes. Il y a en politique beaucoup de drogués qui n'ont pas de pouvoir réel. On peut se croire au cœur du pouvoir sans être au cœur des choses. »

On leur prête des ambitions politiques. On entend : si la gauche passe, Denis Olivennes sera ministre du Budget ; si la gauche passe, Emmanuel Hoog sera ministre de la Culture ; si la gauche passe, Matthieu Pigasse sera ministre de l'Économie et des Finances... Denis Olivennes aurait été à deux doigts d'entrer dans le gouvernement de Nicolas Sarkozy, en 2008, pour un poste de ministre délégué au Numérique. C'est Emmanuelle Mignon (major de la promotion 1995) qui aurait endossé le rôle d'intermédiaire. Denis Olivennes jure n'être absolument pas attiré par une carrière politique. « J'ai fait de la politique militante jeune par goût de la justice. C'était un engagement civique. J'ai été ensuite à la périphérie du système dans les cabinets ministériels, mais l'affaire Pierre Bérégovoy m'a définitivement vacciné. Je me souviens de l'avoir accompagné à un comité directeur après son départ de Matignon. Il a pris la parole dans un brouhaha considérable. Il était rentré dans l'indifférence. J'ai eu alors une image cynique de la politique. Des gens qui ne la faisaient plus par idéal mais par intérêt personnel. Je n'ai aucune ambition politique. Aucune. La politique doit être dépassée par son objet sinon elle est un déchirement d'ego, d'ambitions, de carriérisme. Elle doit être un dévouement désintéressé au bien public. Elle ne doit pas être un métier. Je peux avoir le regret de vivre une période de l'Histoire à faible intensité, mais je n'ai aucun regret de ne pas tremper dans la politique politicienne. » Denis Olivennes se souvient d'une réunion à l'American Foundation, aux États-Unis, où la conversation roule sur le pouvoir politique. On choisit un thème et on débat pendant plusieurs heures sur ce thème. Le sujet était ce jour-là : « Quel est le ressort de l'ambition politique ? » C'est blablabla avec belles théories et poses avantageuses sur l'intérêt public, jusqu'au moment où un jeune gouverneur américain arrête le tout pour dire que le ressort des politiques est le même que celui des comédiens. La politique c'est, simplement, « *show-business for ugly people* ».

Nicolas Bazire a été au cœur du pouvoir politique avec des responsabilités de haut niveau. Son nom a un temps circulé pour remplacer Claude Guéant au poste de secrétaire général de l'Élysée. Il n'a pas été tenté. Il sait qu'il vaut mieux être un ami de Nicolas Sarkozy qu'un ministre de Nicolas Sarkozy. On est mieux considéré. Nicolas Bazire assure qu'il ne reviendra jamais en politique. « La politique est effectivement une drogue dure et, quand on s'en est désintoxiqué, on n'a pas envie de repiquer. Si l'on avait gagné en 1995, je n'aurais pas quitté la vie politique. Mais on a perdu et j'ai changé de vie. J'ai six enfants. Je n'ai pas eu envie de les mettre de côté. Il y a un décalage important entre la vie qu'on prête aux politiques et la vie qu'ils mènent réellement. Les problèmes d'aujourd'hui sont intellectuellement presque insolubles. Comment faire pour diminuer les dépenses, réduire la fracture sociale, rembourser la dette ? Quand on voit des gamins de 15 ans manifester contre les retraites en 2010, il y a de quoi rendre son tablier. C'est intellectuellement insupportable de les voir manifester alors qu'on demande un tout petit effort pour qu'eux-mêmes aient un tout petit bout de retraite, ce qui n'est même pas garanti. Mais, bon, cela doit aussi être dur à gauche de promettre la lune alors qu'on sait que, si par hasard on est élu, on va être obligé de faire exactement le contraire de ce qu'on a promis. La politique n'est cependant pas un sacerdoce. Les gens qui font de la politique le font aussi parce que ça les amuse. Maintenant, est-ce qu'on doit passer sa vie à s'amuser ? C'est donc, aussi, une vie extrêmement passionnante, un jeu permanent. Mais c'est un jeu qui exclut beaucoup les autres : les autres jeux et les autres, tout court. Je trouve que c'est très bien de faire de la politique et je trouve que c'est très bien aussi de ne pas en faire. » Nicolas Bazire continue la politique autrement, avec la Fondation pour l'innovation qui est européenne, libérale, progressiste. Les membres de la fondation réfléchissent autour de la réhabilitation en temps de crise de l'économie de marché ; des rapports entre l'économie et l'environnement ; d'une définition des valeurs de droite par rapport aux valeurs de gauche. Nicolas Bazire avance que la suprématie du politique vient du goût pour la politique. « Quand on appartient au monde politique, on a l'impression que tout s'y fait. Mais quand on appartient à la sphère économique, on voit le monde politique comme une espèce de petit satellite qui tourne autour de l'économie avec une volonté d'arrogance déplacée. Mais je dois avouer qu'il y a en France une révérence pour la politique. La politique est la grande passion française. Ce n'est pas illégitime. On est le plus vieil État centralisé du monde, au moins occidental. »

Laurent Solly a, comme Nicolas Bazire, accompagné la conquête du pouvoir présidentiel. « La politique est une aventure extrême dans les sensations. Tous les sentiments s'y retrouvent à un niveau exceptionnel : les meilleurs et les moins bons comme la violence et la lâcheté. On mûrit rapidement sur la nature humaine, le pouvoir, la complexité des jeux de cour. C'est aussi pour cela qu'il est difficile de quitter la politique. Peu d'autres activités professionnelles atteignent un tel niveau d'adrénaline. Mais il faut faire attention parce qu'il vient un moment où l'intensité est telle que vous ne vous appartenez plus vraiment. La fonction l'emporte sur la personnalité. Le jour où vous quittez les responsabilités, vous quittez la fonction. Il ne faut donc jamais oublier que vous êtes découplé et que ces fonctions ne vous appartiennent pas. On vous confie une parcelle infime de pouvoir mais vous n'êtes pas le pouvoir. Quand un ministre démissionne, son portable vibre des centaines de fois dans une journée mais, peu à peu, il ne restera qu'une toute petite poignée d'appels. On subit un choc en quittant le monde de la politique. On doit vivre ces moments-là tout simplement, parce que la vie est comme ça. Une succession de moments de forte et de faible intensité. Il faut du temps pour se désintoxiquer et se rendre compte que tout ne tourne pas autour de l'élection du président de la République et que la vie est belle, par ailleurs. » Laurent Solly se montre, après quatre ans dans le bain politique, aussi catégorique que Nicolas Bazire : il ne retournera pas en politique. Emmanuel Hoog assure ne pas être tenté par une carrière politique. « J'ai vu Jacques Barrot serrer des mains en Haute-Loire tous les dimanches. Il y a une dimension sacerdotale dans l'investissement politique qui n'est pas la mienne, même si je la respecte profondément. »

Sophie Boissard, Alexandre Bompard et Matthieu Pigasse disent, eux, ne pas fermer la porte à la politique. Alexandre Bompard est celui qui modère le plus l'aventure politique. Il existe, selon lui, beaucoup de mythes autour de la politique. « La responsabilité peut devenir une drogue dure. Le combat permanent, le goût de conduire les gens, le sentiment de centralité. Mais certains membres de cabinets sont souvent jeunes et immatures et donc ils surjouent la responsabilité. Le niveau de responsabilité d'un grand patron est le même avec, parfois, la même dureté de combat. C'est aussi déchirant pour un homme politique que pour un grand patron quand on leur dit : *C'est fini, vous partez.* » Matthieu Pigasse désirait faire de la politique dans sa jeunesse. « Je veux absolument faire quelque chose, même de modeste, qui soit du domaine de l'utilité sociale. Je pense, encore une fois, que tout est politique. Faire un journal, par exemple, c'est politique. Je ne ferme, de toute façon, jamais aucune porte. Mais si la politique c'est avant tout se présenter dans une circonscription, je n'ai aucun projet de cet ordre-là. »

Sophie Boissard a pu remarquer, lors de son passage dans les cabinets ministériels, combien la politique est un monde masculin. « Les rumeurs contre Christine Lagarde au début de sa nomination à Bercy ont été violentes. Elle a dû démentir en plein milieu de la nuit – elle était à Tokyo pour le G8 – des bruits infondés sur sa démission. La politique est un milieu dans lequel il faut serrer les dents. Les affrontements sont virils avec parfois des comportements de petits caïds dans la cour de récréation. La politique est un condensé de la société humaine, avec des phénomènes de cour, où l'appétit de pouvoir est souvent exacerbé. On y retrouve ce que décrivait Saint-Simon à la cour de Louis XIV. Les hommes et femmes politiques ont une force de vie plus importante que la moyenne. Il faut tenir physiquement dans une sorte de sport d'endurance qui nécessite d'être en permanence – tôt le matin, tard le soir – dans une posture d'action et d'énergie. On perçoit un peu de notre génie national dans la manière dont nous, Français, exerçons le pouvoir. Il n'y a pas tout cet apparat dans les pays du nord de l'Europe. On peut raconter ce qu'on veut, mais ça correspond à la manière dont les citoyens français veulent voir exercer le pouvoir. » Sophie Boissard dit ne pas renoncer à la politique. « C'est une période qui compte double ou triple en énergie, en investissement personnel, en temps. Cela n'a donc de sens qu'auprès d'une personne de valeur et au service d'un projet majeur. » La plupart d'entre eux – Martin Hirsch est une exception à cet égard – lient leur entrée dans la politique à une rencontre avec un homme. Yasmina Reza a montré dans *L'Aube le soir ou la nuit*, comme Raphaëlle Bacqué dans *Le Dernier Mort de Mitterrand* (Grasset/Albin Michel), combien la politique était un univers masculin. Yasmina Reza a pu l'observer en suivant Nicolas Sarkozy. « C'est un univers d'homme à homme. Aucune femme n'existe aux yeux des hommes quand leur héros entre dans la pièce. Les liens entre eux sont invisibles et sentimentaux. » On parle ainsi des dévotions masculines suscitées par des personnalités comme Nicolas Sarkozy ou Dominique Strauss-Kahn.

Jean-Francois Copé : une machine de guerre

Jean-François Copé, né en mai 1964 et père de quatre enfants, reste un homme politique de la tête au pied. Il a l'ambition d'être candidat à la présidence de la République en 2017. Son club, Génération France, est très actif. La veille de ses vœux 2010 à la presse dans les salons de la questure, un grand article a paru dans *Le Parisien* sur le livre *Copé, l'homme pressé* de Solenn de Royer et Frédéric Dumoulin. La biographie de Jean-François Copé, par les deux journalistes, lève des lièvres sur ses rapports à l'argent. Mais dans la salle, au moment des questions, personne ne souffle un mot du livre. Jean-François Copé se dirigera, à la fin, vers les deux journalistes pour leur dire : « C'est un travail sérieux. » Il choisira ainsi, à l'inverse de Xavier Bertrand, furieux du *Chouchou* (Anne Carrière) de Christophe Jakubyszyn et Muriel Pleynet, de ne pas faire de vague. Jean-François Copé sait faire et y faire. Il s'est autoprogrammé, dès ses jeunes années, pour avoir un grand destin politique. Laurent Bérard-Quélin le connaît depuis l'âge de 14 ans. Ils étaient ensemble au lycée Victor-Duruy dans le VIIe arrondissement de Paris. La légende est vraie. « Jean-François voulait être ministre au lycée Victor-Duruy, puis Premier ministre à Science Po, puis président de la République à l'ENA. » Stratège, déterminé, ambitieux, cassant. Solenn de Royer et Frédéric Dumoulin montrent, dans *Copé, l'homme pressé*, que tout est fait en fonction de la présidentielle de 2017. Solenn de Royer insiste sur son désir et sa volonté. « Tout est construction. Il était, lors de ses études, un crâne d'œuf arrogant. Il a appris à être drôle. Il a su faire fructifier, aussi, chacune de ses connaissances. Il ne doute de rien et il est, en cela, une machine de guerre. » Jean-François Copé a représenté, lors des débats sur l'identité nationale et la laïcité, une droite dure. Sécuritaire et identitaire. Il juge les centristes sans fermeté. On le dit cash. Il répète : « Il faut honorer sa signature. » Il étonnera par la virulence de ses propos contre François Fillon lors du *Grand Journal* de Canal + le 28 mars 2011. Laurent Bérard-Quélin souligne une différence entre son image et sa réalité. « Jean-François est obligé d'incarner un rôle et une fonction. Il n'a pas le droit à l'erreur. Mais l'homme possède, dans la vie, une dimension humaniste. »

Il parle facilement de tout et difficilement de lui. Il racontera tardivement et brièvement, dans *Un député, ça compte énormément* (Albin Michel, 2009), l'histoire de son père et de ses grands-parents sauvés, en 1943, d'une rafle nazie par des Creusois. Sa famille est un mélange de conformisme et d'anticonformisme. Le père poursuivra, sur le tard, une carrière de comédien. On aime, chez eux, la musique, la peinture, le cinéma. La famille chante et joue à chaque réunion.

Le parallèle avec Alain Juppé, fait par le maire de Bordeaux lui-même, semble infondé. L'un aime le temps long, l'autre aime le temps court ; l'un incarne l'homme de racines, l'autre incarne l'homme de désirs, l'un représente la culture, l'autre représente l'aventure. Des proches en témoignent. Quand Jean-François Copé perd aux législatives de 1997, plus que la défaite amère, c'est la poignée de mois gâchée qui l'horripile. On revient aussi toujours, quand on parle de lui, à son rapport à l'argent : il trouve bien, même pour un homme politique, de faire de l'argent.

Jean-François Copé cumule toutes les fonctions. Secrétaire général de l'UMP, maire de Meaux, avocat conseil. Il répond à la totalité des sollicitations des médias. Il veut tout, donc expédie tout. Durant ses cinq années passées au porte-parolat, il a appris les rouages de la communication. Il pense, comme Dominique de Villepin, que plus que l'intelligence, c'est le caractère qui fait la différence. « Je ne sais pas si l'impatience est un défaut ou une qualité. » Il est totalement et simplement moderne, même s'il utilise un autre vocabulaire. « Je ne me reconnais pas dans la notion de modernité. La bonne ligne de partage n'est pas entre anciens et modernes, mais entre conservateurs et réformateurs. » Il attend tout de lui.

4. L'attirance pour les médias
« Les médias, c'est sexe » (Martin Hirsch)

Le monde des médias les fascine. Les noms de Denis Olivennes, Emmanuel Hoog, Alexandre Bompard ont circulé pour prendre la tête de France Télévisions en 2010. Alain Minc et Denis Olivennes ont proposé à Nicolas Sarkozy de supprimer la publicité sur les chaînes publiques. Jean-François Copé a présidé la commission pour la nouvelle télévision publique. Nicolas Bazire est non seulement directeur général de LVMH mais aussi directeur du groupe presse de LVMH. Il a été en charge du rachat des *Échos* en 2007. L'attirance des énarques pour les médias semble naturelle à Sophie Boissard. « Le quatrième pouvoir est de plus en plus puissant. L'ENA recrute une partie des éléments brillants d'une génération. Il n'y aurait pas l'ENA, on retrouverait d'une autre façon les mêmes dans le même type de fonction. Tout système permet de faire émerger un certain nombre d'éléments doués. Après, ils veulent agir et ils vont aller là où ils peuvent le mieux agir. Excès d'honneur ou d'indignité. » Martin Hirsch comprend aussi la fascination des énarques pour les médias. « Les médias, c'est sexe. »

On propose à Alexandre Bompard, à 36 ans, d'être PDG d'Europe 1. Il s'attend à ce que son préavis soit immédiatement levé à Canal +. Ce n'est pas le cas. « Je me suis senti durant deux semaines en surplomb. Je dirigeais toujours la direction des sports mais je ne pouvais plus prendre de décisions. Je me baladais dans les bureaux et j'imaginais que les gens devaient se demander ce que je faisais là et quand est-ce que je partais de là » Les tensions sont vives. Alexandre Bompard n'a averti Bertrand Meheut de son départ qu'après sa signature avec le groupe Lagardère. La presse multiplie les papiers huile-sur-le-feu. Alexandre Bompard explique combien, dans ces cas-là, chacun se dit que l'autre ne se souvient pas de tout ce qu'il a fait pour lui. « La période a été intense. C'est, de toute façon, difficile d'arriver dans le bureau de celui qui vous fait confiance depuis cinq ans et de dire : *Je pars*. Chacun, à la place qui est la sienne, se dit que l'autre minimise l'investissement qui a été fait dans la relation personnelle. Quand on fait les comptes, Bertrand Meheut m'a beaucoup plus apporté que je ne lui ai apporté. Et donc je suis heureux que notre relation soit aujourd'hui toujours aussi amicale parce que j'aurais mal vécu de ne plus voir quelqu'un à qui je dois tant. » L'arrivée d'Alexandre Bompard à Europe 1 est vécue de manière brutale. Les têtes valsent. Des gens sont renvoyés sans même avoir eu l'occasion de le voir. Il en accuse le calendrier. Il arrive physiquement dans les locaux le 18 juin avec une rentrée à préparer pour le 25 août. « J'ai décidé de changer beaucoup de choses en un laps de temps court. J'avais en gros le mois de juillet pour renouveler les équipes, se séparer de certaines personnes, faire venir des collaborateurs, repenser le modèle. Quand on est patron, il faut endosser cette responsabilité. Licencier un salarié est l'une des décisions les plus dures qui soit à prendre, mais c'est au cœur de la responsabilité. On ne peut pas s'exonérer de ça. J'avais observé Bertrand Meheut le faire. Il le faisait avec déplaisir mais netteté et franchise. Il n'y a pas d'autres moyens de procéder. J'ai été obligé de faire vite avec le soupçon qui accompagne toujours la vitesse : la brutalité. Ce que j'ai appris à l'ENA, puis auprès de Bertrand Meheut, est que le pire est de ne rien faire : il faut décider nettement puis endosser la décision prise. » Alexandre Bompard parle même d'exercice légitime de la violence. Les journées à Europe 1 sont rythmées par le direct (entre 17 heures et 18 heures de direct sur 24 heures) et les problèmes qui surgissent. « Il y a l'antenne, d'un côté, et la conduite classique d'une entreprise, de l'autre. Il faut trouver un équilibre entre ces différentes fonctions. » Les médias sont un secteur en pleine mutation et un lieu de rencontres. C'est aussi, pour eux, un tremplin pour leurs rêves politiques et un moyen d'exercer leur influence, même s'ils le réfutent dans une belle unanimité. Martin Ajdari (France Télévisions) le souligne pourtant avec justesse. « Il y a un côté *spin doctor*. Les idées passent à travers les médias dans un monde où les voix institutionnelles politiques sont affaiblies et c'est, de plus, un secteur dynamique. »

Laurent Solly rejoint TF1 en 2007 à la direction générale. Il est nommé en 2008 président de TF1 Digital, filiale regroupant les chaînes thématiques, et réalisera le rachat des chaînes TMC et NT1. Il est aujourd'hui directeur général de la régie publicitaire de TF1 et président de TF1 Distribution. Il voit, dans les médias, un métier d'avenir. « On se retrouve au croisement d'une industrie, d'un bouleversement technologique avec le numérique et du jeu médiatique. Nos connaissances de la sphère publique peuvent être intéressantes, parce qu'une partie des médias demeure des entreprises publiques (France Télévisions ou Radio France) et parce que l'autre partie, aujourd'hui privée, est soumise à une régulation publique forte (TF1). » Emmanuel Hoog est à la tête de l'AFP depuis avril 2009. Il doit élaborer, pour l'Agence France Presse, une stratégie mondiale sur Internet. « C'est une grande mutation dans laquelle nous nous engageons. C'est ce qui justifie durée, investissement, passion. »

Claude Perdriel l'avait choisi, entre tous, pour qu'il reprenne son groupe (*Le Nouvel Observateur*, *Challenge*, Sanibroyeurs SFA). Denis Olivennes a eu l'impression un temps, avec *Le Nouvel Observateur*, de retrouver ses rêves de jeunesse : le milieu intellectuel. « Mon arrivée au *Nouvel Observateur* n'a pas été facile parce que les journalistes ne sont pas faciles et ils ont bien raison. C'est un petit club anglais où l'on n'entre pas comme ça... Ils voyaient débarquer un énarque avec effroi. Je comprends tout ça. Il a fallu qu'on apprenne à vivre les uns avec les autres. » On lui reprochera notamment un entretien avec Nicolas Sarkozy, durant le mois de juin 2009, fait sans avoir prévenu la rédaction. Il n'a jamais eu véritablement les coudées franches entre Claude Perdriel et Jean Daniel. Une autre aventure va vite se présenter. Tout s'est fait, comme souvent avec les énarques, en un temps record. Arnaud Lagardère, Denis Olivennes et Bernard Murat se retrouvent lors d'un déjeuner, le vendredi 26 novembre 2010, au restaurant du théâtre Edouard VII. Alexandre Bompard a annoncé, le mercredi 23 novembre, sa décision de quitter Europe 1 pour la Fnac. Arnaud Lagardère dresse le portrait, durant le déjeuner, du futur patron idéal d'Europe 1. Denis Olivennes s'en souvient bien. « C'était moi, trait pour trait. » Arnaud Lagardère lui propose le poste, quelques heures plus tard, le jour même. Denis Olivennes en rend compte à Claude Perdriel, propriétaire du *Nouvel Observateur*, durant le week-end. Denis Olivennes veut avoir plus d'autonomie au *Nouvel Observateur*, mais Claude Perdriel n'est pas prêt à lâcher davantage les rênes. L'échec de l'offre de candidature, déposée en juin 2010, pour la reprise du *Monde* avait, de toute façon, momentanément éloigné les deux hommes. La nomination de Denis Olivennes à la tête de Lagardère Médias est annoncée le mardi 30 novembre. Son ambition pour Europe 1 est claire. « Replacer Europe 1 au centre du paysage radiophonique français, peut-être pas la première radio par l'audience mais la première par l'image en tant que radio de référence sur l'information et de préférence pour le divertissement. La radio où cela se passe, la radio qui fait l'événement. Bref, une révolution au sens étymologique du terme. »

On trouve de nombreux énarques dans l'histoire de la recapitalisation du *Monde*. Il y a non seulement Matthieu Pigasse, Denis Olivennes, Stéphane Richard, mais aussi Alain Minc (l'ancien président du conseil de surveillance du *Monde*, évincé en 2008, est proche du groupe espagnol Prisa) et Louis Schweitzer (il démissionnera le 15 décembre 2010 de son poste de président du conseil de surveillance du *Monde*, en désaccord avec la nouvelle direction). Matthieu Pigasse, Pierre Bergé, Xavier Niel se sont retrouvés en concurrence avec Claude Perdriel et Denis Olivennes (*Le Nouvel Observateur*), José-Luis Cebrian (Prisa), Stéphane Richard (Orange) pour la conquête du *Monde*. Ils se connaissent tous.

Ils ont en commun Laurent Fabius (Louis Schweitzer et Matthieu Pigasse) ou Dominique Strauss-Kahn (Stéphane Richard et Matthieu Pigasse). Matthieu Pigasse a été la tête pensante du projet d'OPA sur *Le Monde*. La prise de contrôle du *Monde* est, en grande partie, sa victoire. Il a fait notamment le lien entre Pierre Bergé et Xavier Niel. Les deux camps opposés se sont déclarés en même temps. Matthieu Pigasse a été surpris de la violence des affrontements et de l'importance des pressions. « Nous avons toujours été confiants. Il y avait un effet de souffle, une volonté de changement. Nos intérêts à tous trois, nos parcours, nos sensibilités n'étaient pas contradictoires, mais complémentaires. Alors qu'il y avait, dans le camp d'en face, une alliance hétéroclite. Les pressions de Nicolas Sarkozy ont été en plus renforcées par la présence d'Orange aux côtés du *Nouvel Observateur* et de Prisa. » Les sociétés de personnels du *Monde* choisissent effectivement leur offre à 90,8 %.

Matthieu Pigasse parle des *Inrockuptibles* (2009) comme d'une passion, et du *Monde* (2010) comme d'une responsabilité. Le premier numéro de la nouvelle formule des *Inrockuptibles*, racheté 3,5 millions d'euros sur sa cagnotte personnelle, mettra en couverture le président Lula. Matthieu Pigasse veut, via sa holding Les Nouvelles Éditions indépendantes, étendre son territoire dans le domaine des médias. Il a rencontré Marc-Olivier Fogiel par l'intermédiaire d'Alexandre Bompard. L'animateur annoncera, dès l'arrivée de Denis Olivennes à la tête d'Europe 1, sa décision de rejoindre la holding de Matthieu Pigasse. Le banquier est devenu un personnage médiatique à double titre : il est décideur (propriétaire des *Inrockuptibles* et actionnaire du *Monde*) et acteur (cible des paparazzis depuis sa liaison avec la journaliste Marie Drucker). Il lisait, avant d'en être victime, la presse people pour s'amuser. Il a pu constater la souffrance que cela occasionnait chez les proches et, particulièrement, chez les enfants. Il dit avoir perdu un peu de sa liberté en devenant un peu paranoïaque quand il se rend dans les endroits publics.

Matthieu Pigasse : sous tension

Il est sans cesse dans le mouvement comme dans la continuité d'une enfance herbe folle et nez au vent. C'est du *keep moving* à outrance. Vivre sur les nerfs et être brise-lame. Il court, zappe, gomme, repart. Il arrive tout le temps en retard aussi bien pour les rendez-vous importants que pour les rendez-vous moins importants. Matthieu Pigasse, né en mai 1968, a besoin de beaucoup d'adrénaline pour se sentir vivant. Les violents écarts de température ne lui font pas peur. Il s'invente des sommets à gravir. Ne pas être repu et ne pas être en repos. C'est non pas « après, on verra », mais toujours « après, on fera ». Il n'y en a jamais assez. Il possède, selon les mots de Freud, un « caractère pulsionnel ». Il se refrène et se restreint rarement dans ses désirs, alors que l'éthique commence justement dans la correction et la restriction de ses désirs. Il est continuellement dans la course en avant. Aventurier et aventureux. Les défauts de repli sur soi lui semblent les plus condamnables.

On le dit séducteur, drôle, rapide, joueur ; on le dit égocentrique, impitoyable, oublieux, susceptible. Administrateur du Châtelet et amateur de téléréalité. Tout est vrai. Ses contradictions sont visibles à l'œil nu. Il est contre l'establishment, tout en étant un pur produit de l'establishment. Sa personnalité semble un curieux assemblage de parties grandies et de parties non grandies. Il peut dire blanc un jour et noir un autre. Il a su s'attacher, tout au long de sa carrière, des personnalités fortes. François Villeroy de Galhau, Dominique Strauss-Kahn, Laurent Fabius, Francis Mayer, Charles Milhaud ont été des hommes clés dans sa trajectoire.

Il fait partie des énarques médiatiques. On sait de lui l'essentiel et l'accessoire. Son 1 m 86, ses 67 kilos, son horreur des cravates, son alimentation minimale, ses baskets flambant neuves, sa passion du punk rock, ses longs séjours à l'hôtel Coste. Il est celui des neuf qui recherche le plus la lumière, jusqu'à aller parler dans *Paris Match* de ses costumes Dior. Il martèle les mêmes références et les mêmes phrases, avec constance, d'une conversation à l'autre : ça va des Clash à Camus. Ses proches ne le voient pas rester bien longtemps éloigné de la politique. Il a voté, sans état d'âme, pour Ségolène Royal en 2007 dont il a été le conseiller économique durant la campagne.

Matthieu Pigasse est père de trois enfants. Il est un insomniaque chronique (4 heures de repos maximum par nuit). Il possède, depuis l'enfance, un rapport compliqué au sommeil. Ne surtout pas se laisser surprendre par la nuit qui tombe et la mort qui rôde. Il passe aujourd'hui une partie de sa vie dans les avions. Il part pour Buenos Aires avec la certitude réconfortante d'être coupé du monde durant quatorze heures. « Il ne peut rien arriver. » Il ne peut rien arriver ou il ne peut rien m'arriver ? Matthieu Pigasse ne dort bien que dans les avions. C'est normal. On continue à y être dans le mouvement sans avoir à faire quoi que ce soit. Le banquier de chez Lazard est devenu, en une petite poignée d'années, l'un des hommes les plus puissants de sa génération. Le journaliste de *Libération* Jean-Pierre Perrin ne cessera, pour son enquête dans la revue *XXI*, de croiser des gens acceptant de parler de lui mais en *off* (pour ne pas se fermer des portes au cas où) ou refusant tout simplement de parler de lui (pour ne pas lui donner plus d'importance que ça). L'auteur du *Monde d'après* (Plon) écrit avec Gilles Finchelstein, pour dénoncer la gloutonnerie des banques de financements et de marchés, a pour l'instant réussi tout ce qu'il a entrepris. Et, à son propos, on dit : oui, d'accord, mais jusqu'à quand ?

C'est son style : appuyer vingt fois sur le bouton des ascenseurs de la banque Lazard pour les faire arriver plus vite. Les portables qui vibrent, les réponses qui fusent, les jambes qui bougent. On ne peut pas l'entrapercevoir sans noter ce quelque chose de fiévreux et de fébrile. Matthieu Pigasse fait penser au personnage d'Herzog dans le roman éponyme de l'Américain Saul Bellow. Herzog est un professeur juif américain de 47 ans, renommé dans le monde de l'université, sur le point d'imploser à force d'en faire trop. Il possède un tempérament donquichottesque. Théâtral, sensible, narcissique, inflammable. C'est tout un art de ne pas vouloir être celui que l'on est. Herzog ne cesse de s'interroger sur les traits de son caractère, rebelle avant tout à ses idéaux personnels d'ascèse et de calme. « Pourquoi faut-il que j'aie tout le temps le cœur battant... » ; « mon équilibre vient de mon instabilité » ; « un homme doit trouver à s'occuper en faisant son devoir, en se rendant utile, en étant poli, en faisant de la politique au sens aristotélicien du terme » ; « je suis obligé de jouer de l'instrument que j'ai » ; « invariablement, ce sont les gens les plus dangereux qui recherchent le pouvoir » ; « j'ai en moi un esprit qui ne connaît pas de frein ». Herzog est excessif pour ne pas être dépressif. Il convoque ses propres démons et se sent soulagé seulement lorsqu'il les a anéantis un à un. Ses seules et vraies victoires sont silencieuses.

5. La volonté d'être utile
« La parabole des talents » (Sophie Boissard)

Le temps des grands fonctionnaires au service de l'État est lié à l'époque de la reconstruction de la France. Martin Ajdari (né en 1968) est conscient d'appartenir à une génération individualiste. « On appartient à une génération où l'esprit public et les valeurs collectives sont en érosion. Elles sont en effritement, voire en effondrement, par rapport à l'individualisme et au matérialisme forcenés. Les aventures collectives portées par l'État sont dévalorisées, or les énarques trouvent leur valorisation dans les projets collectifs portés par une institution étatique. La désillusion, liée à l'air du temps, est particulièrement grande. » L'État a un genou à terre. Emmanuel Hoog note qu'à défaut de croire en l'État on peut croire en l'intérêt général. Martin Hirsch est resté treize années à Emmaüs. Il est devenu président de l'Union centrale des communautés d'Emmaüs en

1995 et a succédé à l'abbé Pierre en 2002 comme président bénévole d'Emmaüs France. « Mon travail a été que les gens d'Emmaüs soient suffisamment organisés et reconnus pour qu'ils ne dépendent pas à 100 % de l'abbé Pierre et qu'ils résistent après sa mort. Je devais porter une parole politique pour être présent dans les débats. Il s'agissait d'incarner sans accaparer. Il y a eu des moments dramatiques, comme l'incendie qui a fait dix-sept morts quai de la Gare et des moments fantastiques, comme le premier défilé de mode Emmaüs porte de Versailles. » Jacques Chirac avait promis le service civil en 2006 sans que cela soit suivi d'effet. Martin Hirsch, avec la création de l'Agence du service civique, le 10 mars 2010, espère combler un vide dans la société, dû au manque de cohésion sociale depuis la suppression du service militaire. Il s'agit de permettre aux moins de 26 ans de s'engager, pour une période allant de six mois à un an, au service de la collectivité en France comme à l'étranger. Ils peuvent rejoindre une ONG ou une collectivité locale. « On voit bien que face au malaise dans la jeunesse, à la perte de repères, au manque d'engagement, il faut combler un vide en France. On voit bien, à droite comme à gauche, qu'il y a un trou. Le service civique contribue à le combler. Il y a, en filigrane, la question de la citoyenneté. Il y avait deux principales inconnues. Est-ce qu'on était capable de trouver suffisamment de missions pour les jeunes ? On en a rapidement trouvé 10 000. Est-ce que les jeunes ont envie de faire leur service civique ? On a rapidement été à 45 000 candidats pour 10 000 places. L'objectif est que, en 2014, un jeune sur dix puisse faire son service civique, soit 75 000 jeunes par an. » L'objectif semble difficile à atteindre car les moyens manquent pour financer les missions. Martin Hirsch dispose d'un budget de 72,6 millions d'euros pour l'année 2011. La principale évolution de l'ENA réside pour Martin Hirsch dans la perte d'intérêt pour le service public. « On faisait avant l'ENA pour servir l'État. On pouvait alors choisir le service de l'État en inspectant les finances de l'État, en contrôlant les comptes de l'État, en mettant une casquette de préfet, en devenant administrateur civil... Il y avait peut-être une minuscule différence de noblesse entre ceux qui appartenaient aux Grands Corps et les autres, mais il n'y avait pas de différence d'essence. Le service de l'État est aujourd'hui un débouché parmi d'autres quand on fait l'ENA. L'exception d'hier est devenue la règle d'aujourd'hui. Parmi les élèves de ma promotion, certains savaient, en rentrant à l'ENA, qu'ils ne voulaient pas être au service de l'État. Il s'est passé la même chose avec Normale supérieure, il y a une trentaine d'années. Certains, dont je faisais partie, y entraient en sachant qu'ils ne voulaient pas être professeurs. La transformation de l'ENA est là. On peut, après, être pour ou contre, même si c'est plus compliqué que ça. » Martin Hirsch divise aujourd'hui son temps entre quatre activités : 1) il consolide l'Agence civique ; 2) il siège dans la commission dirigée par Michelle Bachelet, ex-présidente du Chili, pour créer une protection sociale mondiale ; 3) il tente de promouvoir, avec Joschka Fischer, les valeurs européennes du XXIe siècle ; 4) il se bat, avec le prix Nobel Muhammad Yunus, pour une économie sociale dans le cadre de la chaire Social Business/Entreprise et Pauvreté de HEC. Il a aussi rejoint Terra Nova (laboratoire d'idées proche de la gauche fondée en février 2008) pour penser notamment le plafonnement des hauts revenus. « On vit dans un monde où il y a 36 000 urgences. Il faut donc mettre les bouchées doubles et en faire quatre fois plus que dans un monde sans crise. »

Sophie Boissard décide, après la fusion ANPE/Unedic, de prendre des responsabilités opérationnelles. L'énarque Guillaume Pépy arrive à la tête de la SNCF et fait appel à Sophie Boissard. Elle devient, en septembre 2008, directrice de la stratégie ferroviaire et de la régulation et, en mars 2009, directrice de l'activité Gares et Connexion. Sophie Boissard arrive dans une entreprise à la veille de connaître de profonds bouleversements avec, notamment, l'ouverture à la concurrence. « Le transport est une activité de service public par excellence. On assure ce qui rend la vie de dizaine de millions de gens possible. Ce que les Anglais appellent des *utilities*. En plus, c'est une activité en pleine réinvention. La demande de mobilité ne cesse de croître, et sur le plan technologique, les offres de mobilité se démultiplient : le train, le tram, le métro, mais aussi les deux-roues, l'autopartage, et tous ces nouveaux véhicules qui se développent pour répondre au défi d'une mobilité propre dans un environnement urbain dense. » Sophie Boissard croit en l'État. « Dans le système démocratique français, le service de l'État, cela reste le service de l'intérêt général. L'État doit se réinventer dans ses modes de fonctionnement, dans la formation de ceux qui le servent, il doit apprendre à fonctionner avec des autorités publiques différemment positionnées, organisées, mais on a plus que jamais besoin d'État. »

Sophie Boissard, Emmanuel Hoog, Martin Hirsch veulent continuer à œuvrer dans le service public. Sophie Boissard s'en explique. « J'ai conscience de vivre une période de bascule profonde de la place de la France en Europe et de la place de l'Europe dans le monde avec beaucoup d'incertitudes et de risques. En même temps, cela crée une responsabilité forte et passionnante, des devoirs. On ne se le dit sans doute pas assez : nous avons beaucoup de chance de vivre en France, en Europe, dans ce territoire si riche, de belle et grande culture et cela vaut vraiment la peine de se mobiliser pour défendre et faire fructifier notre bien commun. C'est la parabole des talents : le devoir de chacun est de mettre ses talents au service du pays. »

6. Le goût du pouvoir
« Les deux moteurs » (Denis Olivennes)

Comment peuvent-ils vouloir le pouvoir à ce point-là ? Comment font-ils pour se préserver d'un pouvoir qui perturbe, isole, modifie ? « Le pouvoir corrompt, le pouvoir absolu corrompt absolument. » La phrase de Lord Acton, datant du XIXe, n'est pas devenue si célèbre par hasard.

C'est un fait. Ils ont conquis le pouvoir parce qu'ils l'ont voulu, prêts à tous les sacrifices pour ça. Matthieu Pigasse accumule les responsabilités de haut niveau. On ne le voit pas laisser passer une seule balle sans courir après. « Je le sais, mais je n'arrive pas à en tirer les leçons. J'essaie de me sauver moi-même, et de moi-même, sans oublier les autres. Je ne réussis guère à résoudre l'équation et cela me désespère. » Matthieu Pigasse assure ne pas être un homme de pouvoir. « Je me dis parfois que si j'étais resté dans mon village, sans subir d'emmerdes, j'aurais peut-être été plus heureux qu'aujourd'hui. Mais la vie étant ce qu'elle est – courte – et les injustices étant ce qu'elles sont – immenses –, il faut se battre. Encore et toujours. Ne jamais s'arrêter. Je pense qu'aujourd'hui je n'ai rien changé, si ce n'est un peu en faisant du conseil aux gouvernements. Mais peut-être qu'un jour je pourrai un tout petit peu plus agir sur les choses. C'est pour ça que je ne suis pas un homme de pouvoir : aujourd'hui, je n'agis pas sur les choses. Mais si ma trajectoire me mène dans le mur, quoi qu'il arrive, j'aurai eu cette volonté-là. Je suis fier de vouloir me battre pour ceux qui n'ont pas la chance de pouvoir se battre. » Denis Olivennes analyse la volonté de pouvoir en deux temps. « Il y a un moteur noble et conscient : changer les choses. Il y a sans doute un moteur moins noble et inconscient : être au centre des choses. On ne peut pas passer sous silence la part narcissique, le besoin de reconnaissance. On veut, en obtenant le pouvoir, être aimé. Mais vouloir le pouvoir, ce n'est pas vouloir l'argent. Les gens qui aiment l'argent appartiennent à une autre catégorie. » Emmanuel Hoog avoue un certain goût pour le pouvoir. « Il y a le goût de faire, d'inventer, de changer la vie. Mais il faut qu'il y ait, en contrepartie du pouvoir, le travail. C'est une vertu à mes yeux, essentielle, le goût du travail et du travail bien fait. »

Laurent Solly souligne les difficultés liées à l'exercice du pouvoir. « On vous confie le pouvoir pour une mission. Il n'est pas à vous. Le pouvoir n'est pas un bouton sur lequel vous appuyez pour que les choses se fassent d'elles-mêmes. C'est une responsabilité, une exigence, une solitude, une âpreté.

C'est une capacité à faire bouger les choses mais dans un monde d'interdépendances où le meilleur chemin pour arriver à l'objectif est rarement la ligne droite. Le pouvoir n'est pas un cadeau. » Sophie Boissard partage le discours de Laurent Solly. « L'exercice des responsabilités, c'est savoir décider et prendre des risques. Il faut analyser et ressentir. On peut faire preuve de ces qualités jeunes ou les acquérir avec l'expérience. Comment peut-on exercer l'autorité ? C'est une question majeure. Il faut exemplarité et humilité dans l'exercice du pouvoir. On a tendance à oublier que l'alpha et l'oméga de l'honnête homme, c'est la rectitude morale. L'arrogance naît du vase clos de la classe dirigeante française. Car il faut savoir comparer ce qu'on fait avec ce qui se fait d'autre dans le reste du monde. Il faut savoir se remettre en cause. » Alexandre Bompard rappelle que l'une des principales dérives du pouvoir réside dans la rupture avec les autres. « Exercer le pouvoir, c'est encadrer des équipes, les faire progresser auprès de vous et avec vous. C'est construire une aventure humaine. Ce que j'aime par-dessus tout, c'est le défi collectif. »

Le pouvoir suprême est-il le pouvoir politique ? Nicolas Bazire trouve, comme Alexandre Bompard, que le niveau de pouvoir et de pression d'un grand patron et d'un ministre sont assez comparables. « L'homme politique est autant dans l'incantation et la séduction que dans l'action. Le patron doit davantage tenir compte des réalités et il ne peut jamais être dans l'incantation. Le patron et le politique ont chacun une légitimité mais acquise de manière différente. Le patron acquiert sa légitimité par le résultat. Le politique tire sa légitimité d'un rapport de séduction avec son corps électoral. On connaît des politiques qui séduisent sans réussir et on connaît des politiques qui réussissent sans séduire. Donc, ça se termine mal. » Jean-François Copé pointe du doigt les rapports des journalistes avec les gens de pouvoir. « Les médias sont animés, à la fois, par un état de fascination et par un esprit de vengeance à l'égard du pouvoir. Il n'y a pas un manque d'objectivité mais un manque de sérénité. » Martin Hirsch a renoncé au pouvoir de lui-même en quittant le gouvernement de Nicolas Sarkozy. Mais ils restent nombreux à lui reprocher son bref passage en sarkozie.

7. La course contre le temps
« Je brave l'interdit social » (Denis Olivennes)

Ils ont des emplois du temps surchargés et ils font tout pour ça. « Celuy qui meurt en la meslée, les armes à la main, il n'estudie pas lors la mort, il ne la sent ny ne la considére ; l'ardeur du combat l'emporte » (Montaigne, *De la diversion*, livre III des *Essais*).

Françoise Chandernagor, fille de l'énarque André Chandernagor, est la première femme à sortir major de l'ENA en 1969. Un événement médiatique. Les femmes énarques sont aujourd'hui légions (Martine Aubry, Simone Harari, Ségolène Royal, Élisabeth Guigou...), même si elles restent moins nombreuses que les hommes. La philosophe Sylviane Agacinski le note dans *La Plus Belle Histoire des femmes* (Seuil). Les filles réussissent à l'école mais demeurent encore inhibées face aux positions de pouvoir. Emmanuel Hoog regrette leur faible nombre dans les allées du pouvoir. « Incontestablement, il est plus difficile pour une femme que pour un homme d'accéder aux hautes sphères du pouvoir. Les statistiques sont là, la vérité est cruelle, et l'augmentation du nombre de femmes aux postes de responsabilité est beaucoup trop faible. C'est pour cela que je suis favorable aux mesures contraignantes en matière de parité. Le machisme ne connaît, malheureusement, aucune restriction sociale ou intellectuelle. » La difficulté majeure pour les femmes demeure l'articulation douloureuse entre vie professionnelle et vie familiale. Sophie Boissard, mère de quatre enfants, court après le temps. « On mène plusieurs vies de front qui toutes, à elles seules, mériteraient une vie entière. On aimerait avoir l'esprit beaucoup plus disponible pour être soit tout à sa famille, soit tout à son travail, mais on ne le peut pas. Il y a cette impression d'être dans le compromis des deux côtés. J'ai toujours pensé qu'il suffisait de faire preuve d'organisation et de volonté pour que tout marche. Je me rends compte, en fait, que je mobilise mon entourage. Je pèse sur eux, mais j'espère que c'est pour la bonne cause. »

Ils sont sans cesse pressés, reçoivent entre deux portes, craignent le vide. Et aiment ça et n'aiment que ça. Ils vous offrent quarante-cinq minutes de leur temps comme s'ils vous offraient un mois de leur agenda. Ils font les choses avant les autres. Jean-François Copé a été « un des plus jeunes maires de France » à 31 ans et « plus jeune député de l'Assemblée nationale » en 1995, Matthieu Pigasse a été numéro trois de Bercy à 31 ans et a pris la tête de Lazard France à 41 ans, Alexandre Bompard s'est retrouvé PDG d'Europe 1 à 36 ans, Nicolas Bazire a été le plus jeune directeur de cabinet de la Vᵉ République en 1993. Il y a ceux qui sont incapables de se poser (Matthieu Pigasse et Laurent Solly), ceux qui sont capables de se poser (Emmanuel Hoog et Nicolas Bazire). Car plus on monte dans la hiérarchie, plus on a de responsabilités, moins on a de temps. Et alors, qu'est-ce qu'on sacrifie ? Matthieu Pigasse se montre clairvoyant sur les sacrifices appelés par le pouvoir. Il se souvient d'une anecdote racontée en 1995 par François Villeroy de Galhau. Elle concerne un directeur de cabinet qui sera sous-gouverneur de la Banque de France. Il avait coutume de dire, comme tout le monde, que « ce qui compte ce n'est pas la quantité, mais la qualité de temps qu'on donne aux siens », jusqu'au jour où il est allé chercher son fils à l'école qui l'a à peine reconnu. « Il y a une illusion selon laquelle ce qui importe, ce n'est pas la quantité mais la qualité, alors que la meilleure façon d'avoir de la qualité, c'est d'avoir de la quantité. » Matthieu Pigasse n'est pourtant pas prêt de lever le pied. Il semble ne jamais mettre assez de charbon dans la chaudière de la locomotive. Être sur tous les coups, avoir mille rendez-vous, jongler avec différentes activités. « Il faut imaginer Sisyphe heureux. Ne jamais s'arrêter, continuer à pousser la pierre parce que, sinon, vous êtes mort. Il faut donner un sens à la vie. J'essaie de faire le maximum de choses pour qu'il en reste un peu quelque chose. Alors, oui, je ne veux pas m'arrêter de pousser la pierre. Si je m'arrête, je vais me retrouver seul face à la pierre et à la pente, et c'est l'absurde qui va l'emporter. Je sais qu'il ne faut surtout pas que je m'interrompe. » Il croit au *momentum*. Il est un adepte de l'immédiateté. Faire tout de suite ou ne pas faire du tout. Alexandre Bompard, père de trois enfants, a senti le temps lui filer entre les doigts à partir de Canal +. Il note qu'ils sont comme des moteurs. Ils peuvent faire seize heures par jour et tout se passe bien. Mais quel est le niveau de performance au bout de seize heures ? « Le problème du temps qui passe et le problème de l'utilité de ce que l'on fait sont réels. On est tous dans des logiques de compensations. Je n'ai pas encore trouvé le bon équilibre entre vie professionnelle et vie personnelle. J'aimerais dégager du temps pour plus de réflexion et pour l'écriture. Mais tous ces outils techniques auxquels je suis très très attaché réduisent la capacité de concentration. Ils suppriment l'ennui qui génère la frustration qui génère l'idée alternative. Notre capacité d'analyse et d'observation s'amenuise. Je ne crois qu'au temps long dans les parcours individuels, les amitiés, l'histoire d'un pays. Je participe, par mon métier, à l'instantanéité. Mais je tente de tout remettre en perspective. J'aime discuter avec les personnes âgées parce que, même égoïstement, je trouve cela éclairant. Les petites et les grandes histoires sont souvent des répétitions. Quand je suis arrivé à Europe 1, j'ai fait ressortir les photos des quarante dernières années. Est-ce que notre génération va réussir à générer quelque chose d'intellectuellement durable ? Il faut se poser la question des traces que l'on va laisser. » Mais seule la carrière d'Emmanuel Hoog, à l'inverse de celles d'Alexandre Bompard ou de Denis Olivennes, s'inscrit dans la durée. Neuf années à la tête de L'INA. Denis Olivennes, arrivé au *Nouvel Observateur* en mai 2008, devait y rester trente ans, selon les mots de Claude Perdriel. Ça sera deux ans et demi. Le temps de redresser les comptes, mais pas celui d'enrayer la baisse des ventes. Alexandre Bompard a connu trois postes en dix ans. « Les départs me sont pourtant difficiles et j'espère m'inscrire sur des parcours dans la durée. Mais il est vrai que quand on arrive pour une nouvelle aventure, tout est à nouveau à prouver. C'est insécurisant et stimulant. J'ai besoin d'un éveil perpétuel. » Ils aiment remettre leur couronne en jeu et sentir le sol vibrer sous leurs pieds.

Martin Hirsch dit ne pas savoir gérer son temps. « Je suis impatient et je tente de lutter contre mon impatience. Je suis aussi extrêmement désorganisé et l'une des choses les plus terribles qui soit c'est d'avoir besoin de quelqu'un pour tenir votre agenda. » Martin Hirsch avoue avoir un rapport angoissé à l'ordre et au temps. Il déteste le désordre et vit dans le désordre, il manque de temps pour faire les choses et ajoute des choses au manque de temps. Il aime être coincé dans un avion pour écrire ou coincé dans un chemin de montagne pour réfléchir. Il adore une fausse citation, extraite d'une pièce d'Édouard Pailleron intitulée *Le monde où l'on s'ennuie*. « Les personnages veulent paraître distingués. Il y a donc ce type qui, pour impressionner une salle, invente une citation de Tocqueville : *Comme disait monsieur de Tocqueville, ce que l'on croit du temps perdu est bien souvent du temps gagné.* C'est mon rapport au temps : utiliser du temps perdu. »

Denis Olivennes désirerait trouver du temps pour paresser. « Les choses inutiles me manquent. J'aime prendre le temps de m'arrêter, de déambuler et de rêvasser dans les rues d'une ville, d'aller admirer un Goya au musée. Je brave l'interdit social. Il y a une paresse métaphysique qui m'est nécessaire. Je suis allé la dernière fois, en sortant d'un rendez-vous, visiter pendant quarante-cinq minutes la salle des Antiquités grecques du Louvre. J'étais beaucoup plus utile professionnellement après. Mais je fais cela dans un état de mauvaise conscience permanent parce que j'ai peur qu'on se dise : mais qu'est-ce qu'il fout ! » C'est toujours chez lui ce qui relie l'homme d'hier à l'homme d'aujourd'hui : l'amour de la culture. Nicolas Bazire a trouvé un équilibre entre vie professionnelle et vie personnelle. « Je ne pourrais pas sacrifier mes enfants. C'est tout à fait égoïste. J'aime passer du temps avec eux. Je n'ai jamais pensé avoir des enfants. Ils sont nés et ils ont rempli ma vie. Mon rapport au temps est un rapport à la mort. J'ai appris il y a peu que j'avais seulement trois chances sur cent d'être centenaire et je le regrette beaucoup. » Emmanuel Hoog entretient un rapport serein au temps. Il réussit sans problème à trouver des heures de libre pour sa fille et il juge essentiel de rester longtemps au même poste. « Je veux inscrire mon action dans la durée dans un monde qui tourne à toute allure et dont les repères changent sans cesse. Je n'ai pas une âme de mercenaire. »

8. Marc Lambron : le choix de la liberté

Il a choisi d'imprimer à sa vie son propre rythme et non celui des autres. Tous ne font pas l'ENA pour accéder aux hautes sphères du pouvoir. Le romancier Marc Lambron, né en 1957 à Lyon, normalien et agrégé de lettres, avoue avoir fait l'ENA par paresse et orgueil. Paresse car il s'agissait de différer le moment du choix pour quelqu'un qui n'était pas certain de vouloir devenir professeur et orgueil car qui peut le plus peut le moins pour un normalien sorti major de l'agrégation de lettres. Il a obtenu 19/20 en littérature comparée. Marc Lambron pouvait passer le concours interne par Normale supérieure mais, ne voulant pas d'un « concours au rabais », il a passé le concours externe. Il se souvient d'avoir beaucoup polardé pour réussir le concours d'entrée. « Normale demande du talent et l'ENA exige du travail. » Il passera un mois entier à travailler avec Jean-Claude Mallet. « Je me suis enfermé, tout le mois d'août, avec un protestant dans une jésuitière. » Le concours de l'ENA se déroule sans problème. Le Grand Oral est plus facile pour ceux qui ont déjà connu celui de Normale supérieure, mais Marc Lambron n'y donnera pas sa pleine mesure. Il devra commenter un texte de Jean Lacouture sur Pierre Mendès France devant dix jurés. Il s'en tirera avec un 9/20. Marc Lambron sent, dès son arrivée à l'ENA, de « sales vibrations ». Le premier trimestre de la scolarité commence par la comptabilité et l'informatique. Les littéraires ne sont donc pas à leur aise. L'obsession du classement est là, dès les débuts, écartelant nombre d'élèves entre service public (intérêt général) et obsession des Grands Corps (intérêt particulier). Marc Lambron note, comme tous les autres, que les stages représentent le meilleur de l'ENA. « Un lieu commun martelé devient une vérité. » Il découvre, lors de son stage, la ville de Madrid. Il en tirera un roman, *L'Impromptu de Madrid* (Flammarion, 1989, prix des Deux Magots), qui le fera connaître. Il appartient à la promotion Léonard de Vinci (1985). Ils ont été à deux doigts de s'appeler promotion Michel de Montaigne, mais un élève a avancé que l'auteur des *Essais* avait quitté Bordeaux lors de la peste. Il travaillera en groupe avec Hélène Vesture, Guillaume Hannezo, Jean-Claude Mallet, Jean-Pascal Tranié. Des liens d'amitié qui résisteront à tout. Les séminaires collectifs ne restent pas un bon souvenir. « On était en 1984. Pierre Mauroy était alors Premier ministre. On devait faire du social. Chaque groupe se voit affecter un sujet, lors des séminaires collectifs, et nous sommes tombés sur les quartiers sensibles. On a donc décidé de se mettre dans la peau d'un fonctionnaire chargé de remettre un rapport. On s'est tournés vers la commission Bonnemaison. On a été dénoncés par un élève disant qu'on avait une commande de Matignon. » Cet élève, c'est Richard Descoing, actuel directeur de Science Po. Marc Lambron fera aussi un putsch, lors d'un séminaire collectif, pour se débarrasser des moins bons élèves et finir ainsi le rapport à quelques-uns seulement. Il a travaillé, en aveugle, tout au long de sa scolarité. Il a mis en scène, comme Alexandre Bompard, la découverte de son classement. Marc Lambron a ouvert une quinzaine d'enveloppes, de la première à la dernière, sur un *Quatuor* de Mozart. À la deuxième note, il était 75e. Il sortira finalement 6e de l'ENA. Est-ce qu'il y a plusieurs façons de vivre sa scolarité à l'ENA, en attachant plus ou moins d'importance au classement ? « Quand on s'est mis dans les tuyaux de l'ENA, le but est de sortir parmi les mieux classés. » Le jour du choix des corps, il est cloué au lit par une appendicite, et c'est donc par téléphone qu'il choisira le Conseil d'État.

Il est toujours maître des requêtes au Conseil d'État : c'est sa garantie sociale. Il décide, dès sa sortie de l'ENA, de consacrer du temps à l'État (le Conseil d'État), au journalisme (il devient chroniqueur au *Point* dès 1986), à l'écriture (*L'Œil du silence*, prix Femina, 1993). Il a refusé différents postes par goût de l'indépendance, recherche du plaisir, inaptitude à commander les autres. Il préfère avoir du temps pour lire et écrire. Mais peut-on avoir passé deux ans dans la « moulinette énarchique » sans que cela ait laissé de traces ? Marc Lambron a été pendant longtemps dans la course aux prix littéraires et Marie Masmonteil est présidente du SPI (Syndicat des producteurs indépendants). Le goût de la compétition, le goût du commandement. Marc Lambron avoue des similitudes entre énarques. « On se reconnaît entre nous. On est passés par le même chas d'aiguille. » Il voit arriver de nouveaux énarques au Conseil d'État et note un changement générationnel. « Les nouveaux venus veulent être des techniciens du droit. Il y a une recrudescence, depuis quelques années, du caractère scolaire qui s'accompagne de moins de fantaisie. Il y a eu des générations d'énarques écrivains comme Pierre-Jean Rémy et Françoise Chandernagor puis, après, François Sureau et moi. Il n'y en a pas parmi les nouvelles générations. » Marc Lambron veut pouvoir flâner, lire, étudier. Quand on le rencontre, en octobre 2010, il va interviewer Patti Smith pour *Le Point*. Il a un jugement sévère sur l'ENA (« une école de machinaux ») et les énarques (« suffisants et insuffisants »). Il note que si les générations précédentes ont été créatrices (la reconstruction de l'Europe, la décentralisation, l'aménagement du territoire, le TGV...), les générations suivantes ont été conformistes.

9. L'ascenseur social bloqué

« La République ne reconnaît que ses enfants » (Matthieu Pigasse)

C'est la raison d'être de l'ENA. L'École a été créée pour démocratiser l'accès à la haute fonction publique. Ouvrir géographiquement et socialement le recrutement. Ça a marché. Louis Schweitzer le reconnaît. « L'ENA est un progrès par rapport au système précédent. L'ENA a permis une démocratisation de la haute fonction publique, mais une démocratisation imparfaite. » L'ENA a, un temps, joué un rôle de brassage social dans l'accès à la haute fonction publique puis le système s'est grippé et figé. La grande majorité des énarques reste, de nos jours, issue des classes socialement ou culturellement aisées. Si le concours interne permet une diversité sociale, le concours externe connaît une surreprésentation des enfants issus des CSP Plus. Les « fils d'archevêques », les enfants du sérail, demeurent favorisés. L'ENA reste essentiellement, pour résumer, une école bourgeoise, mais pas parisienne. 80 % des élèves ont passé leur bac en province. L'actuel directeur de l'ENA, Bernard Boucault, est conscient de la nécessité d'ouvrir encore davantage l'éventail du recrutement. « Pour avoir une bonne compréhension des besoins de la société, il faut que l'administration soit issue de l'ensemble de la société. Je sais bien que c'est une idée contestée mais, quels que soient l'ouverture et le talent des gens, il y a des choses qu'on ne peut connaître que si on les a personnellement vécues. Il faut donc que cette connaissance-là soit présente dans l'administration. C'est un problème de principes républicains et d'efficacité administrative. » Alexandre Bompard vient d'une famille où personne, avant lui, n'avait fait d'étude. « Même si je viens d'un milieu social plutôt favorisé du point de vue financier, personne n'avait eu la possibilité de faire des études supérieures dans ma famille. L'école républicaine, dans mon cas, m'a permis d'y parvenir. J'ai dû juste palier un manque d'information. Le système se bloque quand il y a milieu social défavorisé + éloignement géographique des centres d'informations + immigration de deuxième génération. Quand on cumule des handicaps, l'ascenseur social se bloque, et il faut alors mettre un mouchoir sur nos grands principes républicains d'égalité devant les concours et accepter dans certains cas le principe de la discrimination positive. » Les deux amis sont en désaccord. Matthieu Pigasse est totalement contre la discrimination positive. « Je suis un républicain pur et dur. La République ne reconnaît que ses enfants. Les quotas induisent des différences qui n'ont pas lieu d'exister. Je pense que ce sont des combats d'arrière-garde et que les choses vont se corriger naturellement dans la durée. » L'ENA est la dernière marche d'un système scolaire français normalement ouvert à tous de la même façon. L'un ne peut pas fonctionner sans l'autre. L'ascenseur doit franchir chaque étage de manière égalitaire, des classes du primaire aux baccalauréats, pour monter jusqu'à l'ENA. On ne peut, pour autant, exempter l'ENA de ses ratés démocratiques.

Les chances des enfants des classes défavorisées d'accéder à leurs rêves se font de plus en plus ténues. La différence tient, entre autres, dans l'héritage culturel. Le concours d'entrée à l'ENA demande culture générale, orthographe impeccable, facilités d'expression. Une assise à l'écrit et à l'oral. L'amour de la lecture est omniprésent durant les enfances et adolescences des neufs énarques. Alain Minc prend son propre cas. « Mes parents étaient des Juifs polonais arrivés en France en 1931. Mais je viens d'un milieu où l'on lisait énormément. Les fils de familles richissimes et incultes n'ont aucune chance de faire de grandes écoles. Les enfants issus du monde universitaire ont, en revanche, un maximum de chances. Je pense que tout cela va évoluer, mais doucement, par le fait que l'ENA se retrouve en concurrence avec d'autres formations et des modes de recrutement moins connotés culturellement. Les

TOEFL ou les GMAT, demandés pour entrer dans une université américaine, vérifient la rapidité d'esprit au lieu de la culture acquise. Les clés ne sont donc pas les mêmes pour entrer à Harvard ou à l'ENA. »

L'ENA est encore trop une école de la reproduction sociale, comme Pierre Bourdieu l'avait dénoncé en son temps. Chaque année cependant, de Jacques Rigaud (promotion 1954), en passant par Xavier Musca (promotion 1985), jusqu'à Alexandre Bompard (promotion 1999), elle permet à des jeunes gens de se hisser au sommet de leurs ambitions par leurs mérites scolaires. Mais les grandes écoles restent prises en étau entre les critiques d'une certaine gauche (le culte de l'égalitarisme) et d'une certaine droite (la haine de l'élitisme). Il n'y a pourtant pas de méritocratie sans sélection. Les concours sont le meilleur moyen de faire vivre l'élitisme républicain.

10. La suppression du classement de sortie
« Encore plus élitiste » (Alain Minc)

Entrer à l'ENA pose problème, mais sortir de l'ENA pose aussi problème. L'École nationale d'administration a connu, depuis sa création en 1945 par Michel Debré à la demande du général de Gaulle, une vingtaine de réformes. On parle de vingt-trois réformes. La nouvelle réforme de l'ENA est en cours depuis 2010 avec la durée de la scolarité réduite de trois mois (elle est dorénavant de vingt-quatre mois) concentrée sur trois modules ; une plus grande importance accordée aux stages qui représentent au moins maintenant la moitié de la scolarité ; une ouverture d'une classe préparatoire au concours pour les candidats issus de milieux défavorisés afin de ventiler le concours externe. La première classe préparatoire « Égalité des chances » a été inaugurée en octobre 2009. Les quinze étudiants de cette classe (onze filles et quatre garçons) étaient issus aux deux tiers de l'immigration. Ils étaient tous d'excellents élèves boursiers. Les nouvelles mesures ont été pensées pour éviter au maximum la reproduction sociale et pour que le plus grand nombre puisse accéder aux hautes fonctions. Pas facile. Ces quinze élèves issus de milieux défavorisés, recrutés en 2009 pour préparer durant un an le concours d'entrée à l'ENA, n'ont pas réussi à passer les épreuves d'entrée. Seule une élève a réussi l'écrit, mais elle a échoué à l'oral en décembre. Sur les quinze élèves, sept vont retenter leur chance. Quinze élèves sont d'ors et déjà en piste. L'école va sélectionner moins de littéraires dorénavant pour la classe préparatoire « Égalité des chances ».

Le grand changement, la suppression du classement de sortie souhaitée par Éric Woerth en 2009, ne cesse d'être reporté. Il devait être effectif pour la promotion 2012-2014. Mais, en avril 2011, les socialistes ont déposé un recours devant le Conseil constitutionnel. Ils avancent que la suppression du classement remettrait en cause le principe d'égalité d'accès aux emplois public. Le sénateur socialiste Jean-Pierre Sueur y voit une mesure favorisant marchandage et relations. Si la suppression du classement passe, les élèves seront recrutés sur un dossier d'aptitude (rassemblement de toutes les évaluations portées sur l'élève durant la scolarité), transmis de façon anonyme aux employeurs qui, sur cette base, convoqueront entre trois et cinq élèves par poste offert pour un entretien de recrutement. Une commission de professionnalisation indépendante, présidée par Jean-Pierre Jouyet, veillera au bon déroulement de la procédure. Elle proposera, à la fin, les nominations au ministre de la Fonction publique. La suppression du classement a plusieurs objectifs. Ne plus être affecté dans une administration en fonction de son classement mais bel et bien en fonction de ses compétences ; assurer la transparence de l'accès aux Grands Corps et leur retirer du poids ; ne plus faire de la scolarité à l'ENA une course utilitariste dont le seul but soit de sortir dans les premiers. Si la mesure est adoptée, les corps vont davantage sélectionner en fonction de leur métier. La Cour des comptes cherchera, par exemple, des élèves qui ont un profil d'audit pour certifier les comptes de l'État. Les corps recruteront, non pas forcément les élèves meilleurs en tout, mais les élèves en fonction de leur compétence.

Louis Schweitzer a été malade lors de sa scolarité. Il a donc appartenu à deux promotions. Il était à l'ENA en 1968 et a fait partie du mouvement pour réformer l'école avec la commission Bloch-Lainé. Il était à l'époque en faveur de la suppression du classement et il l'est toujours. « Toute la scolarité se retrouve biaisée par le classement final. On n'est pas dans un travail collectif mais en conflit ; on n'est pas tournés vers ce qui est innovant mais vers ce qui est répétitif. L'ENA est une école d'application. On ne peut pas faire une bonne scolarité tant que l'objet de l'école est de classer les élèves avec une importance de premier ordre pour la vie ultérieure. Un classement dans une école d'application à débouchés divers me paraît déraisonnable. Je trouve insupportable l'idée que votre vie soit sur des rails à 25 ans. Il y a une surdétermination par l'école que l'ENA essaie de corriger par la troisième voie sans vraiment y parvenir. » Jean-Pierre Jouyet note, comme Marc Lambron, que les jeunes générations sont plus professionnelles que les leurs. « Ils attendent de l'État qu'il se comporte comme un employeur responsable. La réforme de l'ENA va de pair avec la réforme de l'État. La suppression du classement n'a de sens que si elle amène l'État à se réformer, et à assurer plus de professionnalisation dans les carrières de fonctionnaires et plus de mobilité dans les postes. L'État vit sur des féodalités et incarne par sa sclérose le rejet de l'ENA par les Français. L'ENA est le bouc émissaire d'un État qui ne fonctionne pas bien. »

C'est le paradoxe. S'ils ont plus ou moins souffert des effets pervers du classement, ils ne souhaitent pas sa suppression, à part Jean-François Copé. Le secrétaire général de l'UMP pense que ça ne peut pas être pire qu'en l'état. Martin Ajdari est, lui aussi, plutôt favorable à la suppression du classement. « Il faut qu'on soit clair sur ce qu'on met en place. Si le système est fondé sur des épreuves sélectives combinées avec des auditions où les recruteurs choisissent en fonction de leur profil et de leur personnalité des élèves qui ont tous passé un même cap, cela me semble un mieux. »

Ils sont nombreux à craindre que cette mesure ait un effet inverse à celui recherché. C'est, pour Alain Minc, une fausse mesure démocratique. « Les Grands Corps ne laisseront plus personne passer entre les mailles de leurs filets. Car, avec les recrutements sur dossier, celui qui a des résultats au-dessus de sa valeur intrinsèque sera recalé et celui qui aura besoin d'être rattrapé le sera. Cela va être encore plus sélectif et élitiste. » Alexandre Bompard est aussi contre la suppression du classement de sortie mais pour une raison autre. « Le classement est le moyen le plus objectif de recrutement. Les noms, les réseaux, les recommandations ne comptent pas. Si le Conseil d'État n'a pas envie de prendre un élève issu du troisième concours, parce qu'il préfère un petit jeune surdiplômé, il va être obligé de faire avec si le premier précède le second. On risque de remplacer une obsession, *quel va être mon rang de sortie ?*, par une autre obsession, *comment je peux connaître untel ou untel ?* Mais peut-être que je réagirais autrement si le classement m'avait été plus défavorable. »

Sophie Boissard est aussi contre. « Je crains que ne se reconstruise un mode de sélection qui sera peut-être encore plus opaque ou plus arbitraire que celui-là. On a fini l'ENA, on prend sa canne et son chapeau, on va démarcher des administrations. Il est évident que les informations et les contacts aident dans ce cas-là. Mais le plus important est ailleurs. Il y a le premier poste, mais, après, il faut que les passages d'un ministère à un autre se fassent. Cependant, quand je regarde dix ans après les uns et les autres, il me semble que tous sont retombés sur leurs pattes. » Emmanuel Hoog souligne aussi que le problème n'est pas le classement, mais l'après-classement. « Il faut bien un rang de sortie, mais il ne faut pas que tout cela reste figé ou en donne l'impression. L'esprit de caste vit autant dans la tête de ceux qui sont inclus que de ceux qui en sont exclus. Et puis, il y a un tiers-état qui vit à côté. Je me sens du tiers-état, inclus et exclu, mais aussi en dehors, ou à côté. C'est de ce mélange de situation que je tire ma richesse et ma force. Le rang de sortie est pour certains une violence, une condamnation. Ces mots sont forts, mais je les crois justes. Il faudrait au bout de quatre ans, après la sortie, être en mesure de rebattre les cartes. Comment ? Le désir véritable de servir l'État et les valeurs du service public devrait être mieux pris en compte. » Jean-François Copé met également en avant la façon dont on gère l'après-classement. « En fonction de votre rang de sortie, vous avez votre carrière qui est faite. Et si vous tombez dans ce piège, à 25 ans, l'ensemble de votre vie professionnelle est programmé : vous êtes déjà un vieux. »

Matthieu Pigasse souligne l'injustice et l'arbitraire du classement, mais pour avancer que cela reste encore le meilleur des systèmes. « Le choix des stages est donné largement en fonction de votre origine sociale et la note qui en découle est aussi largement donnée en fonction de votre gueule. C'est donc arbitraire, mais c'est aussi injuste puisque votre destin n'est pas le même en fonction du corps dans lequel vous êtes sorti. C'est la double peine. On trouve de tout : du très mauvais très bien classé, du très mauvais très mal classé, du très bon très mal classé… Mais je pense que supprimer l'ENA et revenir, par exemple, à des concours administratifs par ministère serait stupide et dangereux. C'est recréer de la cooptation et de la sectorisation. Donner plus de place à l'arbitraire. Je ne suis pas issu des corps, je pourrais donc avoir un discours très dur sur les corps. Mais ce système limite quand même la cooptation. Le classement a, au moins, l'élégance du n'importe quoi. » L'histoire est sans doute autre. Matthieu Pigasse ne cessera, en vérité, de vouloir prendre sa revanche sur les inspecteurs des finances et les inspecteurs des finances ne cesseront de rappeler à Matthieu Pigasse qu'il n'est pas un des leurs. Laurent Solly, citant Winston Churchill sur la démocratie, pense aussi que le classement est le moins mauvais des systèmes. « L'ENA a été créée pour répondre à un besoin de transparence et à une absence de méritocratie républicaine dans la formation des hauts fonctionnaires. L'objectif a été rempli durant les trente premières années. On ne peut pas faire la blague que l'on fait autour du *Bulletin de la marine nationale* où l'on dit que les prénoms changent et les noms restent. Il faut certainement aller plus loin aujourd'hui dans l'évolution du mode de recrutement car la reproduction sociale est, comme dans toutes les grandes écoles, beaucoup trop forte. Le concours de sortie a toujours été un débat. Il y a, à l'intérieur du concours, des épreuves où la personnalité du candidat est connue, les stages ou les oraux par exemple, ce qui permet quand même à l'école de jouer un peu sur le curseur. Le classement est souvent cruel. Il est aussi parfois perçu comme injuste, mais est-il vraiment le pire des systèmes ? » Laurent Solly reconnaît que l'ascenseur social est bloqué et rejoint Alain Minc dans l'analyse du blocage. « Le degré de sélection peut être si fort qu'il exclut naturellement toute une classe de la population française. Il faut avoir un background social, éducatif, pour faire l'ENA. Les courbes d'enfants de familles modestes réussissant à faire de grandes écoles ont trop baissé ces vingt dernières années pour que cela ne nous interroge pas. » Martin Hirsch et Denis Olivennes avouent n'avoir pas d'avis tranché sur la question. Martin Hirsch n'a pas eu de pression là plus qu'ailleurs, à cause du classement. « Je pense que j'aurais été contre le classement, si j'avais été mal classé. J'ai joué le jeu et j'en ai bénéficié. Je n'ai pas de religion sur ce sujet. » Nicolas Bazire se réjouit de la suppression du classement : « Enfin, toute cette place au népotisme ! »

11. L'avenir de l'ENA
« Mais, alors, qui va-t-on détester ? » (Nicolas Bazire)

L'ENA se situe, selon le classement des Mines de 2010, dans les dix premières écoles pour le nombre d'anciens élèves d'une école se retrouvant à la tête de l'une des 500 plus grosses entreprises mondiales. L'École se retrouve ainsi aux côtés d'HEC et de Polytechnique. C'est un excellent classement pour l'ENA, selon ces critères précis, puisque ce n'est pas le but premier de l'ENA de former des grands patrons. Une poignée de grandes écoles reste donc encore la voie royale pour diriger une grande entreprise. L'ENA a quand même perdu du terrain avec les années. Le nombre d'élèves se présentant au concours a baissé, mais le nombre de postes offerts, aussi. La sélection du concours est toujours aussi difficile. Alors pourquoi continuer à vouloir intégrer l'ENA – si l'on ne le fait pas pour servir l'État – alors qu'un passage dans l'administration publique n'est plus aussi recherché ? Les modèles phares d'énarques comme François Pérol (Banques populaires-Caisses d'épargne), Philippe Crouzet (Vallourec), Stéphane Richard (France Telecom), Denis Olivennes (Lagardère Médias), Frédéric Oudéa (Société générale), Alexandre Bompard (Fnac), Frédéric Lemoine (Wendel) vont-ils être de moins en moins nombreux ? Il y a quarante ans, avec un État fort, faire l'ENA avait un sens. Mais, aujourd'hui, on peut occuper les plus hautes fonctions dans l'entreprise sans faire l'ENA.

Martin Hirsch ne dessine plus un avenir glorieux à l'École. « L'ENA a atteint son point culminant. Il y a eu une période de domination de l'ENA qui n'existe plus. » Un point de vue partagé par Alain Minc. « La place de l'ENA en France a beaucoup bougé. Le jeu s'est énormément ouvert et l'école n'a plus le monopole de la fabrication des élites. Toute personne de mon temps, qui avait des aptitudes aux études, faisait l'ENA. Ce n'est, Dieu merci !, plus le cas aujourd'hui. Il y a nombre d'autres modes de formation. La disparition de ce monopole est une bonne chose. Le rôle de l'ENA a décru en même temps que la place de l'État dans la société. » Jean-François Copé rêve que l'ENA se transforme en école de commandement. « Les gens qui ont dirigé l'ENA, jusqu'ici, ont eu pour principale ambition de la maintenir en état. Nous ne sommes plus là pour reproduire le modèle de nos anciens. L'École ne doit plus être une école d'application. La formation doit être plus générale. Il faut que les élèves soient formés à la gestion d'entreprise. L'enseignement ne doit pas ériger un mur supplémentaire entre le public et le privé. Quand on est dans l'administration, on doit s'occuper de l'intérêt du pays qui est économique, social et pas seulement administratif. Je ne crois pas aux carrières monolithiques. » Jean François Copé note que l'ENA ne propose pas des carrières à la hauteur des exigences demandées à l'entrée de l'école. « On entre à partir de là dans une ambiguïté et une frustration permanente. C'est une école qui est trop étroite par rapport au niveau demandé. Je suis pour une réforme complète de l'encadrement supérieur de l'État. Il faut transformer les statuts des 500 plus grands managers de l'État en contrat à durée déterminée. À part quelques fonctions régaliennes dans lesquelles on considère qu'il faut absolument être fonctionnaires, on doit pouvoir recruter dans le privé. On ne confie pas les codes de la bombe atomique au ministère du Budget ! Ça n'a pas de sens de réformer l'ENA, si l'on ne réforme pas la fonction publique et notamment les fonctions de commandement de la fonction publique. Ça va ensemble. »

Alexandre Bompard analyse le devenir de l'ENA autrement. « Tant que l'État était puissant, les choses étaient claires. On faisait Normale sup, HEC, Polytechnique, Science Po et on se retrouvait à l'ENA pour une petite compétition dans l'espoir de sortir dans les Grands Corps. Les choses ont changé. Si l'on veut faire aujourd'hui carrière dans le privé, l'ENA n'est plus un atout. Il faut alors envisager, par exemple, un MBA dans une prestigieuse université américaine. Entre un rang dans les profondeurs du classement à l'ENA et un diplôme d'une grande école de commerce et d'une université américaine, mieux vaut le diplôme de la grande école de commerce. L'individu est rationnel. Il me semble donc que l'ENA va redevenir une école de la haute fonction publique. Le sens de l'Histoire, dans le secteur privé, me paraît être dans des parcours internationaux. Donc, les gens qui feront demain l'ENA, le feront vraiment pour servir l'État beaucoup plus que les générations des vingt dernières années. Il y a, dans la manière dont je vois l'avenir de l'ENA, un élément positif et un élément négatif. L'élément négatif : l'École ne recrute plus forcément les meilleurs ; l'élément positif : un retour originel aux valeurs de l'ENA avec la formation de hauts fonctionnaires. » Bernard Boucault dit recevoir beaucoup de jeunes gens qui veulent devenir énarques pour participer à la régulation du système. Ils retrouvent, par là, les voies de l'intérêt général.

Louis Schweitzer pense aussi que l'ENA doit être une école d'application tournée vers l'État. « L'ENA doit être avant tout une école d'application mais, une fois qu'on a dit ça, il faut souligner qu'il y a des techniques de gestion, de management, qui sont communes au secteur public et au secteur privé. Il y a une interpénétration intellectuelle à assurer entre secteur public et secteur privé. Il ne faut pas faire une ENA à œillères d'un service public éthéré, si l'on croit que l'État a un rôle à jouer dans l'avenir d'une société. » Matthieu Pigasse veut croire en l'avenir de l'ENA. « Il faut chercher, non pas à la supprimer, mais à l'améliorer. Il doit y avoir brassage social et méritocratie. L'ENA doit assurer le recrutement et la formation, dans les meilleures conditions possibles d'égalité, des cadres et des cadres supérieurs de la haute fonction publique. C'est essentiel parce que c'est l'infrastructure d'une démocratie. Il faut faire abstraction de la mousse médiatique et se rendre compte que les énarques sont *low profile* et font vivre au jour le jour l'administration française. La seule vraie question concerne l'Europe.

Il faudra un jour une ENA européenne. » Jean-Pierre Jouyet souligne que l'ENA remplit parfaitement son rôle. « C'est une chance pour un pays d'avoir des fonctionnaires bien formés capables de remplir des fonctions publiques et privées. On a une des fonctions publiques les plus efficaces d'Europe. C'est un atout de taille que l'État se tienne, en France, quelles que soient les turbulences politiques. L'ENA est une chance pour le pays. »

Denis Olivennes pense que l'égalité des chances est le fondement de la République et qu'elle est aujourd'hui mise à mal. Le problème dépasse, selon lui, largement l'ENA. Il faut inventer tout autre chose et investir dans l'Université. « L'ENA est aujourd'hui moins un mécanisme de recrutement des serviteurs de l'État qu'un système de reconnaissance des jeunes élites. C'est la grande école des grandes écoles. Au Royaume-Uni, c'est Oxford ou la LES. Aux États-Unis, Princeton ou Harvard. Bref, la question est beaucoup plus vaste. C'est celle de la refondation de notre Université. Et pour moi, ça, et la rénovation en profondeur de notre système éducatif, c'est LA question. Si un candidat à la présidence disait : *Moi, je ne vais m'occuper que d'une seule chose pendant les cinq ans de mon mandat, une et une seule chose : remettre le système scolaire et universitaire français sur les premières marches du podium mondial,* je voterais pour lui tout de suite. »

Nicolas Bazire reste persuadé, comme Matthieu Pigasse, qu'on supprimera un jour l'ENA. « Cela sera considéré comme une avancée démocratique alors que cela sera une absurdité. On se retrouvera toujours avec les mêmes gens. L'ENA, c'est le reflet de la société avec un biais qui sélectionne certains profils. L'ENA a un avantage. Elle permet de repérer les ambitieux de tout poil. On leur met une étiquette et on dit : *ceux-là ; hum... c'est pas bon !* Avant l'abattoir final, c'est pas mal. La solution n'est pas dans la suppression de l'ENA, mais dans la suppression des énarques. Car si l'on supprime l'ENA, on ne va plus les repérer facilement et, alors, qui va-t-on détester ? »

Conclusion

Ils ont en commun des événements nationaux (le 10 mai 1981, le suicide de Pierre Bérégovoy, le non au référendum sur la Constitution européenne de 2005) et internationaux (la chute du mur de Berlin, la guerre en Irak, les attentats du 11 septembre 2001, la crise économique de 2008), des passions (la Résistance et la littérature), des figures aimées ou rejetées (François Mitterrand, Pierre Bérégovoy, Laurent Fabius, Nicolas Sarkozy), des lieux de pouvoir (les médias). On ne sait pas où certains d'entre eux se retrouveront dans dix ans, ici ou là, tant ils bougent, changent, courent. Ils tentent de conserver, dans leur horizon, le service de la collectivité. L'École nationale d'administration leur a au moins apporté, quoi qu'ils en disent, une vague mauvaise conscience. Car la problématique est bien là : être à son propre service ou être au service de l'intérêt général. Ils veulent lier les deux. Mais dans quel ordre et dans quelle proportion ? On pouvait au temps d'un État fort concilier le tout, comme le rappelle Louis Schweitzer, alors que c'est devenu aujourd'hui beaucoup plus hasardeux.

Changement d'époque. La puissance de l'argent est, pour Emmanuel Hoog ou Martin Ajdari, une donnée essentielle pour comprendre les nouvelles trajectoires d'énarques. L'argent a tout emporté sur son passage. Le président de l'AFP ne mâche pas ses mots. « La force des sujets et la dimension intellectuelle sont plus grandes dans la sphère publique

que dans la sphère privée. La sphère publique questionne des sujets d'intérêt général qui portent en eux plus de profondeur, notamment intellectuelle. La satisfaction intellectuelle, l'intérêt du travail se marient peu avec des rémunérations importantes. Ceux qu'on appelle l'élite iraient spontanément vers le public, si les questions de rémunération du talent n'entraient pas en ligne de compte. Savoir que, pour la même somme de travail, on peut être payé jusqu'à cinq fois plus perturbe le jeu. L'intérêt du travail ne justifie pas tout, surtout à une époque où certaines valeurs sont dépréciées. Le nihilisme ambiant autorise certaines positions de francs-tireurs. Ou de mercenaires. » L'argent reste pour beaucoup d'entre eux un sujet malvenu. Plus ils en possèdent et moins ils en soulignent l'importance.

Changement d'époque. Denis Olivennes note que Nicolas Sarkozy incarne la fin des hautes figures admirables et lointaines. « On a dit qu'il avait abaissé la fonction présidentielle. Il l'a dépouillée d'une large part de sa distance monarchique, en effet. Mais c'est la loi du triomphe moderne de l'égalité. Dans les démocraties continentales aujourd'hui, comme dans le monde anglo-saxon depuis longtemps, les citoyens attendent désormais de leurs gouvernants qu'ils leur ressemblent : un quotient émotionnel et pas seulement intellectuel ; regardez le succès de personnalités politiques comme DSK (avant Sofitel) et l'impopularité de Fabius ou le succès de Sarkozy et l'impopularité de Juppé. Les citoyens veulent de la proximité et de la pipolisation. Nous ne votons plus pour des candidats majestueux. On est passé de la politique selon Hegel à la politique selon Nietzsche, de l'accomplissement froid de la Raison à l'expression bouillonnante de la Volonté. Sarkozy aura été le moment de ce basculement. » Les grands serviteurs de l'État, type François Bloch-Lainé ou Simon Nora, sont rares et ils le seront de plus en plus. Louis Schweitzer rappelle que le rôle de l'ENA reste de former des bataillons de cadres de la haute fonction publique et non pas cinq grands serviteurs de l'État exceptionnels par décennie.

Les rapports des Français avec leurs élites demeurent négatifs, même si celles-ci sont issues de la méritocratie républicaine, comme c'est le cas pour Alexandre Bompard. Il faut garder en tête le paradoxe inconscient soulevé par Marc Lambron : « On préfère l'héritage au mérite. » On préfère l'argent reçu à l'argent gagné. Il est plus facile de s'en prendre aux autres que de s'en prendre à soi. On doit et on peut les critiquer. Les élites ont échoué à se montrer à la hauteur des attentes des Français. Elles ont préféré pérenniser plutôt que renouveler. L'affaire Dominique Strauss-Kahn a cependant ouvert la boîte de Pandore. Il a été présenté comme coupable avant même d'avoir été jugé. « La démocratie moderne c'est l'accomplissement du principe d'égalité. L'opinion ne supporte plus que ceux qui la dirigent bénéficient d'une quelconque extraterritorialité. C'est même l'inverse : on exige d'eux une exemplarité qu'on n'attend de personne d'autre. Est-ce bien, est-ce mal ? C'est ainsi et cela ne va pas s'arranger » (Denis Olivennes). La France est un pays en crise et les Français n'aiment pas les réussites visibles. Mais creuser encore un peu plus le gouffre entre le peuple et les élites fait le jeu des extrêmes.

On annonce, depuis des années, la fin du monde de l'énarchie. L'influence de l'ENA ne semble cependant pas près de s'éteindre. L'École enflamme toujours autant Internet de propos au lance-flammes sur ces énarques coupables de tous les maux dont souffre la France. « Toutes les familles de France critiquent l'ENA, mais toutes les familles de France aimeraient que leurs enfants fassent l'ENA » (Laurent Solly). L'École a réussi à rester synonyme de prestige et de sécurité. L'enjeu réside dans l'adaptation de l'ENA à un État nouveau et à une Europe nouvelle. « Il faut des critiques, des rénovations, des réformes, des modernisations. Il faut que l'ENA bouge » (Matthieu Pigasse). Mais tous notent que l'ENA est un moyen et non une fin. « Si l'État continue de devenir de plus en plus un centre de non-décision, il n'attirera pas les décideurs. François Bloch-Lainé ou Simon Nora décidaient. Il ne faut pas que l'ENA devienne une sorte de label dont on se sert pour faire autre chose » (Emmanuel Hoog).

L'Europe est leur échec. Emmanuel Hoog a un discours clair et net pour parler de ce qu'ils auraient dû réussir à faire et de ce qu'ils ont réussi à rater. « Notre génération porte la responsabilité de n'avoir pas su poursuivre le rêve européen de nos pères. Le dernier grand moment de l'ambition collective qu'on ait connu est celui de Jacques Delors, le tandem Mitterrand-Kohl en faveur de la construction européenne. Dans les années quatre-vingt, nous étions animés, politiquement, par la certitude que quelque chose nous transcendait : l'Europe. L'idée générale ne se confondait pas avec la somme des intérêts particuliers. Après, nous sommes rentrés dans une phase d'atonie collective, pendant que l'Asie et les États-Unis discutent ensemble et semblent nous laisser sur les marches du monde. C'est un peu dur à dire, mais qu'est-ce qu'on va mettre à notre crédit ? On peut parler de réussites individuelles, mais on ne peut pas mettre en avant de grandes réussites collectives. Il semble que l'énergie de notre génération s'est concentrée à faire sa place par rapport, notamment, à la génération précédente du baby-boom qui avait à son actif politique et économique Mai 68 et, professionnellement, pris durablement les commandes de la société. Mais c'est un discours de déculpabilisation. Il me semble que ma génération a été, sur le plan politique et collectif, plus spectatrice qu'actrice. »

Des aventures collectives aux aventures corsaires. Alexandre Bompard s'interroge sur le sens de leurs ambitions. « On n'appartient pas tous à la même génération, mais je ne peux pas m'empêcher de me poser la question : combien d'entre nous vont avoir l'intention et la possibilité de revenir, à un moment donné, sous d'autres formes, servir l'État ? » Est-ce qu'on peut tracer sa route, tout en portant des valeurs qui, forcément, alourdissent le pas ? Est-ce que la passion pour le service de l'État existe toujours ? Est-ce qu'on peut être utile à la collectivité tout en travaillant dans le privé ? Est-ce qu'il n'y aurait pas tout autant à inventer et à construire aujourd'hui qu'hier ? Est-ce que ça a un sens de donner du sens à sa vie ? Si les réponses sont claires pour ceux qui continuent à œuvrer dans le public, elles sont plus compliquées pour ceux qui sont passés dans le privé.

On peut continuer à servir la collectivité dans le privé. Chacun à sa place assure donc ne pas avoir coupé le fil de l'utilité sociale. Tous ont mis leur énergie, à une période de leur vie, au service de la collectivité. Ils ont cru, à un moment donné, à quelque chose de plus grand qu'eux-mêmes. Ils peuvent se souvenir, sous les lambris du pouvoir, d'un engagement à l'extrême gauche, d'une admiration pour une figure de la Résistance, d'un stage auprès d'un grand préfet, d'une jeunesse face à la mer, d'heures passées à lire les classiques, du rêve d'être médecin pour soigner les autres. Mais aujourd'hui, que veulent-ils ? Plus de pouvoir, d'argent, de notoriété, de gloire ? Pas si simple. Si on les a rencontrés en personnages balzaciens, on les a quittés en personnages stendhaliens. Le jeune duc de Montenotte, dans *Le Rose et le Vert*, est comblé par la vie. « Mais il était trop honnête ou trop pensif, ou, si l'on veut, trop triste, pour s'endormir sur cet oreiller. Au travers de toutes les velléités et de toutes les vanités de son âge, il commençait à avoir besoin de sa propre estime, celle des autres ne lui suffisait plus. » C'est peut-être leur seul point commun, qu'ils soient restés dans le public ou passés dans le privé : ils savent que leur propre estime passe par ce qu'ils auront réussi à mettre de force au service de la collectivité.

Remerciements

À mon éditrice Martine Saada, sans qui ce livre n'aurait pas été possible.

À mon éditeur, Patrick Rotman.

À Martin Ajdari, Anne-Marie Belondrade, Olivier Frébourg, Marc Lambron, Erik Orsenna, Yasmina Reza.

Table

Introduction 9

I. Avant l'ENA
« Après l'enfance, c'est fini, on est fait » (Nicolas Bazire) 17

1. Le regret de la médecine : Martin Hirsch et Nicolas Bazire 18
2. Deux familles de médecins : Jean-François Copé et Denis Olivennes 22
3. Deux enfances normandes : Nicolas Bazire et Matthieu Pigasse 25
4. Loin de Paris : Sophie Boissard, Laurent Solly, Emmanuel Hoog, Alexandre Bompard 29
5. La richesse culturelle 32
6. L'ouverture sur le monde 34
7. Le salaire de la peine 35
8. Des premiers de la classe 38
   Denis Olivennes : un écrivain sans livre 41
9. Les grands modèles 44
10. Les passions fixes 47
    Alexandre Bompard : entre passé et avenir 50
11. Des jeunesses politiques 53
12. Le goût de l'action 59
13. Le passage par Science Po 61
14. Le choix de l'ENA 63
15. Le concours le plus dur de France 66
16. Le Grand Oral 68
17. Le danger de l'arrogance 73

II. Pendant l'ENA
« Un divorce entre le discours et la réalité »
(Emmanuel Hoog) 77

1. L'image de l'ENA 77
2. L'arrivée à l'ENA 79
3. L'obsession du classement 83
4. Le souvenir des stages 85
5. Le baptême de la promotion 94
6. Les amitiés durables 96
7. Les séminaires collectifs 98
8. Les cours et les conférences 102
9. Le rite de la désoccultation 103
10. La question de la pression 105
Nicolas Bazire : l'art de la distance 107
11. Qu'est-ce qu'on apprend à l'ENA (I) ? 109
12. Qu'est-ce qu'on apprend à l'ENA (II) ? 112
Laurent Solly : un héros de Fitzgerald 113
13. Les valeurs de l'ENA 116
14. L'énarque-type 118
15. La préparation au pouvoir 126

III. Après l'ENA
« Un discours anti-élites démagogique » (Denis Olivennes) 129

1. Les Grands Corps 130
2. La Cour des comptes : Nicolas Bazire et Denis Olivennes 133
3. Le Conseil d'État : Sophie Boissard et Martin Hirsch 134
4. L'Inspection des finances : Alexandre Bompard 139
5. La direction du Trésor (1994-1998) : Matthieu Pigasse 141
6. Martin Ajdari : le choix du service public 144
7. Le corps préfectoral (1996-2001) : Laurent Solly 147
8. Les voies de la culture (1988-2001) : Emmanuel Hoog 151
Emmanuel Hoog : le principe de réalité 154
9. Les élites en question 156
10. La culture du réseau 161

IV. Le grand saut
« Je mettais TTU, très très urgent » (Matthieu Pigasse) 169

1. La rencontre avec Édouard Balladur (1988-1995) 170

2. La rencontre avec Pierre Bérégovoy (1991-1993) 173
3. Le suicide de Pierre Bérégovoy (1er mai 1993) 175
4. Le scandale du sang contaminé (1991-1999) 178
5. La santé et le social (1995) 179
Martin Hirsch : sur le fil 180
6. La rencontre avec Bernard Kouchner (1997-1999) 182
7. La rencontre avec Dominique Strauss-Kahn (début 1998 - fin1999) 183
8. La rencontre avec Laurent Fabius (1999-2002) 186
9. Le non à la Constitution européenne (2005) 190
10. La rencontre avec Gérard Larcher (2004) 192
Sophie Boissard : la voix de la raison 194
11. La rencontre avec Nicolas Sarkozy 195
12. La vie dans les cabinets ministériels 199
13. Leur heure de gloire 202
14. Le temps s'arrête 209
15. Canal + : bonheurs et malheurs 220

V. Les allées du pouvoir
« Qu'est-ce qu'on va laisser comme trace ? » (Alexandre Bompard) 225

1. Le passage dans le privé 226
2. L'attrait de l'argent 232
3. La suprématie du politique 237
Jean-François Copé : une machine de guerre 242
4. L'attirance pour les médias 245
Matthieu Pigasse : sous tension 250
5. La volonté d'être utile 252
6. Le goût du pouvoir 255
7. La course contre le temps 258
8. Marc Lambron : le choix de la liberté 262
9. L'ascenseur social bloqué 265
10. La suppression du classement de sortie 267
11. L'avenir de l'ENA 273

Conclusion 277

Remerciements 283

RÉALISATION : IGS-CP À L'ISLE-D'ESPAGNAC
IMPRESSION : CPI FIRMIN-DIDOT AU MESNIL-SUR-L ESTRÉE (EURE)
DÉPÔT LÉGAL : SEPTEMBRE 2011. N° 100121 (106247)
IMPRIMÉ EN FRANCE